日本東西大名

うりーべん柬しいだーみーん決戰

決戰

北條早苗 著

戰國末期武士家族的
權謀、背叛與最後一戰

武田家三代興衰,見證戰國最強軍團的最後一戰
德川、豐臣爭奪天下,各大武士家族迎來生死抉擇

勝者為王,敗者滅族!亂世終將落幕,英雄豪傑的時代走向終結

目錄

東國篇

武田家 …………………………………… 006

北條家 …………………………………… 061

上杉家 …………………………………… 089

真田家 …………………………………… 131

齋藤家 …………………………………… 178

伊達家 …………………………………… 199

西國篇

細川家 …………………………………… 226

大內家 …………………………………… 247

尼子家 …………………………………… 274

毛利家 …………………………………… 301

長宗我部家 ……………………………… 335

大友家 …………………………………… 356

島津家 …………………………………… 378

後記

目錄

東國篇

武田家

戰國早期的武田家

甲斐國的武田家，一直都是日本戰國時代人氣非常高的幾個家族之一。武田家的祖先是清和源氏出身的武士源義光的後裔，原本居住在常陸國那珂郡武田鄉，便以「武田」作為苗字。平安時代末期，武田家遷居至甲斐國，成為甲斐國的一大勢力。

「源平戰役」期間，武田家舉起打倒平家的大旗，「甲斐源氏」與源賴朝的「鎌倉源氏」、木曾義仲的「信濃源氏」並列當時的幾大勢力。到了鎌倉幕府時期，武田信光因為在「承久之亂」時立下戰功，受封安藝國守護，武田家的嫡流便遷移到了安藝國。南北朝時代，日本再度發生動亂，當時甲斐國的守護由武田家的庶流「石和武田氏」出任，不過石和武田氏在內亂中支持鎌倉幕府，因此也走向了沒落。北朝室町幕府的建立者足利尊氏不願讓甲斐武田家衰弱，便任命武田氏嫡流安藝武田氏出身的武田信武返回甲斐國，出任甲斐國守護，武田信武便是戰國時代甲斐武田氏的祖先。

室町時代中期，甲斐國守護武田信滿參加了上杉禪秀掀起

的戰亂，被幕府討伐，最終在木賊山（天目山）自盡而死。武田信滿死後，信滿之子武田信重、武田信長，弟弟穴山滿春擔心遭到追討，紛紛逃離了領國，甲斐國出現了「守護不在」的局面，武田家也差點因此滅亡。

當時的甲斐國屬於關東公方的管轄之下，關東公方足利持氏一直都有僭越的野心，在武田一族逃亡之後，足利持氏任命親近自己的國人逸見有直出任甲斐國守護，引起了室町幕府的警覺。在這樣的情況下，幕府將軍足利義持下令讓在高野山隱居的穴山滿春還俗，以「武田陸奧守信元」的身分返回甲斐國出任守護，並且命令信濃國守護小笠原政康對其進行支援。

可惜的是，武田信元來不及鎮壓甲斐國的動亂就英年早逝，武田信元早年曾指定武田信長為繼承人，但是因為武田信長曾經加入過上杉禪秀一方作亂，因而不被幕府接受，最終武田信元迎接了武田信長之子伊豆千代丸為養子。從名字便可以看出，伊豆千代丸尚且是個小孩，根本不足以鎮壓甲斐國的反對派，因此其父武田信長偷偷返回了甲斐國，協助兒子打理政務。此後，關東公方足利持氏不滿自己麾下的甲斐國被親幕府勢力占據，便出兵甲斐國擊敗了武田信長，武田信長也因此前往鎌倉臣服，正式出仕關東公方。

然而，在武田氏、逸見氏內鬥期間，甲斐國的跡部氏卻在國內崛起。跡部氏原本是信濃國伊那郡的國眾，在武田信元返回甲斐國時奉命協助武田家，因而舉家遷入甲斐國居住，受到

武田家重用。此時武田、逸見打得兩敗俱傷，跡部氏便大有下克上的傾向，威勢蓋過了武田家家督伊豆千代丸，武田信長雖然再次從鎌倉返回甲斐國支持兒子，但是卻在內戰中戰敗，父子二人流亡他國，甲斐國落入跡部氏的手中。

永享十年（1438年），幕府將軍足利義教與關東公方足利持氏對立，「永享之亂」隨即爆發。為了討伐關東公方，足利義教命令武田信重（武田信滿之子、信長的哥哥）回歸甲斐國出任守護，但是武田信重也沒能完成幕府的任務統一甲斐國就早逝了，死因不詳，據傳是在攻打穴山氏期間戰死。武田信重之子武田信守和父親一樣短命，繼承家督之後沒幾年就去世了，留下年幼的兒子武田信昌繼任家督。

武田信昌出任家督時，武田家的實權被守護代跡部明海、跡部景家父子掌握，如果不出意外的話，武田家也將如同室町幕府的其他守護家族那樣，淪為「下克上」時代的犧牲品。不過，武田信昌卻是個不服輸的人，雖然他生活在守護代的陰影之下，但是卻一心想要復興武田家。從十一歲開始，武田信昌就率領支持武田家的國眾與跡部氏交戰，內戰持續了近十年，直到寬正六年（1465年）七月跡部景家滅亡為止，武田家才真正統一了甲斐國，擺脫了守護家沒落的命運。

武田信昌是武田家的中興之主，對武田家來說意義非凡，直到武田信玄、武田勝賴時期，武田家都有下賜武田信昌名字中的「昌」字給家臣的傳統。雖然在統一甲斐國的兩年之後日本

就進入了戰國時代，關東也陷在「享德大亂」的內戰中，但是甲斐國在武田信昌的統治下卻異常和平，除了文明四年（1472年）甲斐國被信濃國眾入侵以外，幾乎沒有發生過大的戰亂，同當時的日本比起來反而有些格格不入。當然，因為甲斐國沒有捲入戰國時代的戰爭中，武田信昌一直都是以「守護」的頭銜統治甲斐國，所以導致武田家的「戰國大名化」要比其他家族晚上許多。

延德三年（1491年）四月，伊豆國主堀越公方足利政知去世，三個月後足利政知長子足利茶茶丸發動政變，殺死了繼母円滿院與異母弟弟潤童子，奪取了堀越公方之位。足利茶茶丸在這之後與山內上杉家締結同盟，同扇谷上杉家對抗，這次的政變也影響了甲斐國的局勢。

次年（1492年，延德四年，是年改元明應元年）六月十一日，武田信昌之子武田信繩發動政變，逼迫父親讓出家督之位，前往落合隱居。武田信昌在甲斐國內威望很高，被迫前往落合以後，他指定次子油川信惠為繼承人，號召甲斐國眾起兵討伐武田信繩，甲斐武田家分裂，甲斐國也因此進入了戰國時代。

值得一提的是，在舊說之中武田信昌、信繩父子對立的原因是因為武田信昌寵愛次子，想要廢長立幼導致，但是近年的研究卻認為甲斐國的內亂是被堀越公方的動向所影響的。親近幕府方的甲斐武田家一直都是支持幕府派往關東的堀越公方，

但是足利茶茶丸發動政變以後，武田信昌便不再支持堀越公方，反之，其子武田信繩選擇了繼續與堀越公方同調的路線，父子二人也因為政見不合產生對立。這點從武田家內戰後的局勢可以看出，親近幕府的駿河國、信濃國都對甲斐國派出軍隊，支援武田信昌，反之和堀越公方結盟的山內上杉家則站在了武田信繩的一方。

明應二年，細川政元在京都發動政變，廢黜了幕府將軍足利義材，擁戴足利政知之子足利義澄出任幕府將軍。由於異母兄足利茶茶丸殺死了自己的母親円滿院、胞弟潤童子，因此今川家的家臣伊勢宗瑞（北條早雲）在得到室町幕府、今川家的支持之後發兵伊豆國，攻陷了堀越御所。足利茶茶丸被迫逃亡甲斐國，接受武田信繩的保護，繼續指揮南伊豆的國眾與伊勢宗瑞作戰。

為了討伐足利茶茶丸，伊勢宗瑞多次率軍侵入甲斐國，與武田信繩交戰。武田信繩也不甘示弱，與足利茶茶丸方的南伊豆國眾、山內上杉家結成了「宗瑞包圍網」，試圖幫助足利茶茶丸奪回伊豆國。

然而，不久之後的明應七年（1498年）八月，東日本發生了以太平洋板塊交界處的海底為震源的大地震（明應大地震），這場地震引發的海嘯讓南伊豆國眾損失慘重，甲斐國也因為地震的襲擊遭受了巨大損失。內戰的雙方武田信昌、油川信惠與武田信繩都難以維持戰事繼續，甲斐國的住民也都認為這場地震

是上天看不慣武田家父子、兄弟內訌降下的天罰，使得武田家的父子兄弟不得不坐下和談。

和談的結果，是武田家的家督、甲斐國守護職依舊讓武田信繩出任，作為條件武田信繩必須將庇護下的足利茶茶丸引渡給武田信昌一方，也就是交給伊勢宗瑞處置。表面上武田家重新恢復了父慈子孝、兄友弟恭的局面，然而這場被外力（地震）給強行中止的內戰卻在甲斐國埋下了深深的禍根，甲斐國不可避免地走向了分裂。

幸運的是，在武田信昌之後，甲斐武田家又出現了一名英傑，在他的統治之下，甲斐國再次歸為一統。不僅如此，甲斐武田家也在這個人的率領之下，走上了戰國大名化之路。

武田信虎的中興

永正二年（1505 年），武田家的中興之主武田信昌去世，兩年之後，武田家家督武田信繩也撒手人寰，武田家由武田信繩之子武田信直繼承。以往認為武田信直出生於明應三年（1494年），時年十四歲，而近年的研究則認為武田信直可能出生於明應七年（1498 年），時年僅十歲而已。年幼的武田信直出任家督後，叔父油川信惠欺侮姪子年輕，再度掀起了內亂，連甲斐國都留郡的有力領主小山田氏都加入了油川信惠的一方作亂。

武田信直和爺爺武田信昌一樣，並不是一個好欺負的人，他親自率領武田軍與叛軍交戰，在永正五年（1508 年）十月殺死

了油川信惠、巖手繩美兩個叔叔，連油川信惠的子嗣也全部被處死。十二月，武田軍侵入都留郡與小山田軍交戰，陣斬小山田家家督小山田彌太郎為首的諸多小山田一族與重臣。永正六年秋季，武田信直再度率軍侵入都留郡，小山田軍再次大敗，由於冬季下起了大雪，武田軍難以繼續作戰，因而最終武田信直將妹妹嫁給了小山田家的新任家督小山田越中守信有，兩家達成了和睦。

不過，雖然武田信直平定了「油川信惠之亂」，但是此時的甲斐國因為先前武田信昌、武田信繩父子對立一直處於分裂的狀態，例如武田氏一族出身的河內穴山氏，家督穴山信懸因為在武田、今川兩家搖擺而被兒子穴山清五郎刺殺，之後穴山清五郎又被兄弟穴山信風殺死，並且投靠了今川家。除了穴山家以外，甲斐國西部的大井信達也依靠著今川家的支持在永正十二年（1515 年）十月舉起反旗，武田軍在攻打大井氏的居城富田城時陷入了城邊的深田之中，行動不便，導致在遭到大井氏反擊時慘敗。同時，今川家為了支援大井氏，也派出軍隊侵入了小山田家的領地。幸而武田信直沒有因為一兩次敗仗而氣餒，在他的反擊之下，今川家無法在甲斐國立足，最終武田家與今川家、大井家議和，武田信直迎娶了大井信達的女兒（瑞雲院）為正室夫人。此後，武田信直相繼又降服了今井氏等國眾，初步穩定了甲斐國的局勢。

在此期間，日本各地新興起了一批戰國大名，戰國大名為

了推動領國一元化統治，通常會實行「城下集住」政策，也就是將國眾們集中遷居到一座城池的城下町居住，將國眾剝離各自的領地，防止出現割據一方情況的政策。武田家由於在武田信昌時代維持了很長時間的和平，因而一直都是以守護大名的姿態統治甲斐國，武田信直為了改變現狀，下令廢掉了父祖時代的守護館川田館，在甲府修築新的居館「躑躅崎館」，命令國眾們遷居到此地。國眾們自然樂得做土皇帝，對武田信直的城下集住政策非常不感冒，武田信直下令之後，大井信達、今井信是、慄原信友等人逃離甲府返回領地，隨即掀起叛亂。不過，此時的武田信直已經對國眾們形成了絕對的優勢，這一次叛亂並未持續多久，僅僅一個多月後國眾們的聯軍就被武田信直擊垮。值得一提的是，武田信直在對付國眾們時，大量使用了「足輕」部隊作戰，這些足輕都是甲斐國的各個村落、町街裡召集來的下級武士、百姓等等，使用長槍結成方陣作戰，戰鬥力非常之高。

大永元年（1521年），武田信虎在朝廷運作，敘任從五位下左京大夫，同時將自己的名字改為了「武田信虎」。同年九月，駿河今川家派遣家臣福島氏侵入甲斐國，武田軍先敗後勝，在上條河原擊敗了今川軍，殺死許多福島氏一門。值得一提的是，在此期間武田信虎的嫡子勝千代也在躑躅崎館的的詰城要害山城出生，雖然通說中說「勝千代」是武田信虎為了紀念擊敗今川家而取的名字，但是實際上這個名字是武田家嫡流代代相

傳的小名。

擊敗今川軍以後，武田信虎分別前往甲斐國的身延山與富士山遊玩，這兩座山既是甲斐國的聖山，又位於穴山家、小山田家的領地內，武田信虎此舉意味著在向世人宣告自己甲斐國國主的身分。在此之後，雖然甲斐國內還陸續有一些戰亂，但是武田家的主要敵人已經由甲斐國眾，轉向別國的國眾了。

大永四年（1524年），扇谷上杉家與山內上杉家議和，隨後扇谷上杉家家督上杉朝興邀請武田信虎出兵關東，一同對付在關東新興的北條家。三月，武田信虎率領一萬八千人的軍勢侵入關東，於七月二十日奪取了北條家的岩槻城。北條氏綱為了緩解壓力，不得不與武田信虎議和，同時奉上一千貫銅錢作為禮金。

返回領國之後的武田信虎繼續著自己的擴張政策，北邊侵入信濃國與諏訪郡的諏訪家交戰，南邊則持續與北條家、今川家兩家作戰，甲斐國及周邊的局勢一直維持到了天文五年（1536年）為止。天文五年三月十七日，今川家家督今川氏輝突然暴斃，之後今川氏輝的弟弟栴嶽承芳與玄廣惠探掀起了爭奪家督之位的內戰。栴嶽承芳與師父太原雪齋同武田家締結了盟約，使得武田信虎在這次內亂中站在了栴嶽承芳一方，最終取得勝利。栴嶽承芳在這之後還俗取名為今川義元，還迎娶了武田信虎之女為正室夫人，曾經是世仇的武田家與今川家搖身一變變成了盟友。

穩固了後方以後，武田信虎的目光繼續盯向了信濃國。天文九年（1540年），武田信虎將女兒嫁給諏訪家家督諏訪賴重，與諏訪家締結同盟，隨後又率軍侵入信濃國佐久郡，一日之內接連攻取了三十六座城池。次年，武田軍侵入小縣郡，驅逐了當地的領主海野棟綱、真田幸綱，將勢力擴張到了此地。令人意外的是，在同年的六月，武田信虎前往駿河國探望女兒女婿時，嫡子武田晴信與武田家的家臣們一同將武田信虎給流放了。

武田信虎時代，武田家才真正擺脫了守護大名的身分，從而開始向戰國大名轉化。除了上述的「城下集住」政策外，武田信虎時期的武田家還開始將「棟別役」給常態化。「棟別役」本是室町時代的守護大名，為了修復寺社、守護館等建築而徵收的以房屋數量為單位的臨時賦稅與徭役，分為「普請役」與「棟別錢」，其中「普請役」就是服徭役，而「棟別錢」就是徵稅。不過到了戰國時代，例如今川家、北條家等戰國大名早已將「棟別役」作為定期徵收的賦稅，而武田家到了武田信虎時代才開始改革稅制，直到武田信玄（晴信）時代才逐步完善，比其他家族晚上好幾十年。

武田家的戰國大名化還可以從另外一個政策看出，那就是廢除寺社的「檢斷不入」特權。在室町時代，一些勢力較大是寺社在幕府將軍處獲得「守護使不入」的特權，也就是指守護派出的追捕犯人的「檢斷使」不能夠進入寺社領地搜查。各國的守護們為了拉攏領國內的寺社勢力，通常也會給寺社頒布這項特

權，武田信虎早年也是如此。不過，「檢斷不入」很容易造成寺社在大名的領國內形成一個個獨立王國，這對戰國大名的一元化統治非常不利。因此，在武田信虎晚年給寺社頒布的權利許可之中，武田信虎不再認可寺社的「檢斷不入」特權，此舉意味著在戰國大名武田家的領國之內，武田家擁有最高的公儀權力。

成功促使武田家轉變為戰國大名的武田信虎在被流放時只有四十多歲，在駿河國隱居之後，武田信虎從女婿今川義元處拜領了領地。從山科言繼在弘治三年（1557年）前往駿河國參加和歌會時，當時武田信友（武田信虎之子，推測在被流放後於駿河出身）、富樫二郎（加賀國守護富樫一族）都出席了和歌會，坐席還在今川家一門眾以上來看，說明二者是被今川家以守護家家格看待的，而出仕了今川家的武田信虎、武田信友、信堯祖孫三代，也開創了同武田信玄這一支完全不同的「駿河武田家」。

隱居期間的武田信虎經常往返於京都與駿河國之間，不但以「大名」身分出仕了幕府將軍足利義輝，成為幕府的重臣，甚至與細川家重臣三好政長交上了朋友。三好政長將名刀「左文字」贈予信虎，信虎返回駿河國又將此刀轉贈給女婿今川義元，最後在桶狹間之戰時被織田信長繳獲。值得一提的是，《甲陽軍鑑》、《松平記》記載武田信虎在武田家侵略駿河國前夕調略今川家家臣而被今川氏真驅逐，不過永祿九年（1566年）以後，直到今川家滅亡為止，武田信虎都呆在京都，並且駿河武田家的領

地也未被沒收，所以信虎與信玄勾結圖謀今川家這件事很可能只是後世的創作而已。

信長上洛以後，武田信虎出仕了幕府將軍足利義昭（足利義輝的弟弟），由於武田信虎在幕府的地位很高，又與朝廷的公卿們關係很好，所以武田信玄在此期間也與父親修復關係，希望利用父親的人脈給武田家謀取利益。

元龜四年（天正元年，1573年）二月，足利義昭舉兵與織田信長敵對，這時他想起手下還有一員老將武田信虎，便派遣武田信虎前往近江國甲賀郡，與六角家一同襲擾岐阜城至京都的通路。不過，足利義昭的舉兵很快就被挫敗了，武田信虎沒有選擇與六角家一同行動，也沒有前往紀伊國繼續追隨足利義昭，而是在聽說兒子武田信玄去世的消息後，想要返回老家甲斐國。

不過，孫子武田勝賴卻有些擔心武田信虎返回甲斐國以後，武田一族會轉而親近信虎，對自己的地位形成威脅，因而他最終沒有允許爺爺返回甲斐國，而是讓他在自己的故地高遠城居住。高遠城是武田勝賴回歸本家前的根據地，城內多是勝賴的親信，恰好可以起到監視武田信虎的作用。

天正二年（1574年）三月，武田信虎在信濃國病逝，從天文十年被流放開始，這位給戰國大名武田家的家業奠基之人，至死都沒能返回甲斐國。

東國篇

巔峰時代的武田家

大永元年（1521年）十一月三日，當時武田家正在抵禦今川家的侵攻，武田信虎的妻子在躑躅崎館的詰城要害山城避難期間生下了嫡子武田晴信。

武田晴信從小就被武田信虎當做繼承人培養，武田信虎先後為其迎娶了扇谷上杉朝興之女（難產去世）、公卿三條公賴之女為正室夫人。不過，在天文十年（1541年）六月時，武田晴信卻與家臣們一同將正當壯年的父親給流放了。

在舊說之中，武田信虎被流放的原因是因為他寵愛次子武田信繁，想要廢掉嫡子武田晴信的繼承人之位，所以導致了這場政變。然而，實際上武田晴信作為武田家的繼承人，從武田信虎為其迎娶公卿三條公賴的女兒等來看，實在是沒有廢長立幼的理由的。除此以外，《勝山記》記載當武田信虎被流放以後，甲斐國自上而下都感到欣慰，並且武田家的這次父子內訌也沒有像其他家族那樣分裂，說明武田信虎被流放的原因可能沒有那麼簡單。

那麼，為什麼武田家的家臣們要流放讓武田家蒸蒸日上的武田信虎呢？這大概是因為武田信虎的窮兵黷武政策所致吧。在武田信虎被流放的前一年，即天文九年時，甲斐國曾遭到颱風的襲擊，導致這年農作物欠收。緊接著，第二年甲斐國鬧起了饑荒，根據《勝山記》的描述，這次的饑荒是「百年難得一

遇」的大災荒。

在中世紀的日本，如果領國遭遇災荒的話，迷信的領民會認為這是領主不德所致，例如後來北條家在遭遇饑荒之後，北條氏康也引咎隱居，將家督之位讓給兒子北條氏政，同時頒布德政令，免除領民債務等等以恢復民生。反觀武田信虎，在天文九年的颱風、天文十年的大饑荒時，他非但沒有「罪己」、頒布德政令，反而還不顧領內民生凋敝，不斷地發兵攻打信濃國，加重了領民的負擔。

雖然後來上杉謙信以「流放親生父親」來指責武田信玄（晴信），但是在這次流放武田信虎的行動中，武田家沒有任何一個家臣站在武田信虎的一方，說明這次事件的主謀不僅僅是武田晴信一人，而是武田家全體家臣團結一致發起的政變。在流放武田信虎以後，武田晴信立即頒布了「一國平均安全」的命令，暫時停止了戰爭，甲斐國的民眾們紛紛奔走相告，慶祝改天換日。

武田家的政變讓海野棟綱、真田幸綱等人看到了機會。這年七月，山內上杉家為了支援海野氏、真田氏返回舊領，出兵信濃國，諏訪郡的諏訪賴重作為武田家的盟友率軍出擊。不過，由於山內上杉家勢力強大，諏訪賴重單獨與山內上杉家達成和睦，導致武田家的領地被上杉家占領，這使得武田晴信指責諏訪家背盟，兩家因此斷交。次年武田軍侵入諏訪郡，滅亡了諏訪大祝家。

不過，這個月也發生了一件幸運的事情，那就是北條家的家督北條氏綱去世，其子北條氏康繼承了北條家。一般來說，在家督更替之際，家族通常會有兩條路可走：1、繼承前任家督的路線。2、單獨開創自己的路線。北條家由於要應付山內上杉家、扇谷上杉家，因此當武田晴信派出使者以後，武田、北條兩家很快就達成了和睦。不過，武田家的另外一個盟友今川家卻與北條家因為駿河國河東的領地打得不可開交，為此，武田晴信作為仲介調解兩個盟友，最終讓北條家與今川家也達成了和睦，之後三家互相聯姻，締結了同盟，此即著名的「甲相駿三國同盟」。

穩定了後方的武田晴信繼續父親武田信虎的策略路線，不斷地對信濃國發起侵攻。武田家先後平定了諏訪郡、佐久郡、上伊那郡，而後又侵入安曇郡、筑摩郡與小笠原長時、北信濃的村上義清等作戰。

天文十七年（1548 年）二月，武田軍在上田原與村上義清展開激戰，武田家重臣板垣信方、甘利虎泰戰死，武田家大受打擊。趁著武田家元氣大傷的局勢，小笠原長時動員起信濃國的軍勢想要反擊，結果在鹽尻峠被武田軍打得大敗而歸。從這場戰役可以看出，武田晴信作為武田家的家督，並不會被一、兩場戰役的勝敗所影響，在關鍵的時刻總能做出非常正確的判斷，這也是後來的武田勝賴所不具備的能力。

武田家與村上義清的戰爭異常艱苦，上田原戰役的兩年後，武田晴信再度率軍包圍了信濃國小縣郡的戶石城，結果在

攻城未果撤軍時被村上軍反擊，再度慘敗。幸而在侵攻小縣郡期間，武田晴信赦免了小縣郡的國眾真田幸綱，命其返回本領，以「信濃先方眾」的身分參與武田家的攻略。真田幸綱就是舊說中的真田幸隆，也就是真田昌幸的父親、真田信之、真田信繁的爺爺，雖然電視劇喜歡將真田幸綱塑造成武田家重臣的形象，但是實際上真田幸綱只是武田家的一員城將，根本達不到家老的位置，真正讓真田家成為武田家家老得是真田幸綱之子真田昌幸出任家督時的事情了。

真田幸綱十分擅長計策，在他的調略之下，戶石城兵不血刃落入武田家手中，隨後武田軍繼續攻打村上義清的居城葛尾城，逼得村上義清北逃越後國，依附越後國的戰國大名長尾景虎去了。村上義清逃亡後，村上家麾下的屋代、香坂、室賀等國眾紛紛歸降武田家。

除了北信濃的大勝以外，武田家在這期間還攻略了木曾郡的木曾氏、下伊那郡的知久氏，甚至連美濃國的遠山氏都成為了武田家的家臣。不過，遠山氏在這時候屬於齋藤家、武田家的「兩屬家臣」，身分比較特殊。

基本平定信濃國後，武田家與越後長尾家的領地接壤，二者也因為邊境問題產生交鋒，武田家修築了海津城作為防禦長尾家的據點，長尾家也修築了飯山城用來防禦武田家。長尾家的家督長尾景虎就是後來的「上杉謙信」（下文統稱上杉謙信），十分驍勇善戰，被後人神化為「軍神」一樣的形象。

長尾家與武田家在信濃國川中島一帶多次展開戰役，其中最著名的就是永祿四年（1561年）的第四次川中島戰役，此戰中武田信玄（即武田晴信）的弟弟武田信繁、重臣山本菅助等都戰死，武田軍也遭受了重大損失。不過，武田家、上杉家（長尾家）圍繞北信濃的戰爭頻率在第四次川中島戰役後逐漸減少，武田家轉而侵入關東的上野國，支援北條家與上杉家作戰。

永祿八年（1565年），武田信玄轉變了外交策略，與尾張國的大名織田信長締結了盟約。相對的，昔日的盟友今川家在今川義元死後江河日下，再加上與上杉謙信的戰爭陷入僵局，武田信玄便決定拿盟友今川家的領地下手。永祿十一年（1568年）十二月，武田信玄與德川家康結盟，一同對今川家的領地發起攻擊。在攻打駿河國期間，貪得無厭的武田信玄覬覦起了原今川家領地的另外一個分國遠江國，然而當武田軍侵入遠江國以後，卻遭到了德川家康的抗議。由於雙方事先並未商議確切的國境線，導致關係急遽惡化。德川家康擅自與位於遠江國懸川城的今川家的家督今川氏真和談，後來將其送往相模北條家。

信玄原本的打算是讓德川家康在懸川城逼迫氏真自盡，這樣一來就可順利將今川家舊領收入囊中。可是家康卻放過了氏真，還將其送到北條家，導致駿河國各地都出現了今川家舊臣的叛亂，威脅到武田家在當地的統治。家康的行為在信玄眼中意味著背盟，因而武田家、德川家很快就變成了敵人，武田信玄也在元龜三年（1572年）年末率軍出陣，攻打德川家的領地。

由於武田信玄的西進沒有通知盟友織田信長，因此武田家、織田家的盟約也就此告吹，織田信長給德川家派出了援軍，但是織田‧德川聯軍卻在三方原戰役中被武田軍擊敗。然而，武田信玄的天命卻也到此為止了，次年四月，武田信玄舊病復發，在撤軍返回甲斐途中於信濃國去世，享年五十三歲。

武田家在武田信玄時代逐漸走向鼎盛，雖然信玄時代武田家的領地沒有武田勝賴出任家督時的大，但是信玄時代的武田家才是真正的指哪打哪，到處得罪人還不怕別人報復的囂張年代。

前篇文章有提到，武田信虎統治武田家時，武田家完成了戰國大名化的程序，而武田信玄時代則進一步地完善了政策，武田信玄制定了分國法《甲州法度之次第》，此舉說明武田家在自家領地內，推行了自家制定的《甲州法度》分國法，確定了武田家最高公儀的地位。除此以外，武田信玄進一步地完善了武田家的稅制改革，將「田役」與「棟別役」作為固定稅收，還對武田家的領地進行檢地，以便更好地統治分國。

然而，讓武田信玄沒有想到的是，織田信長在信玄死後不斷地發展壯大，最終成為促使了武田家滅亡的吹哨人。

長篠悲歌

在武田信玄死後，繼承武田家家業的是武田信玄的四子武田勝賴。武田勝賴的母親是諏訪大祝家的諏訪賴重之女，由於

他是庶出，所以早年間對武田勝賴的記載並不多。成年之後的武田勝賴繼承了高遠諏訪家，為了區分嫡庶關係，武田勝賴並沒有拜領武田家的通字「信」字，而是取名為諏訪勝賴。

永祿八年（1565年），武田家的繼承人武田義信因為謀反被武田信玄廢掉了繼承人之位，幽禁在了東光寺之中。兩年後，武田義信在東光寺死去，享年三十歲。在義信死後不久，勝賴就被武田信玄給接到了甲府，立為自己的繼承人。武田家的長子被廢、次子是盲人、三子早夭，因此，武田勝賴雖然名為四子，但是事實上卻是武田家的次子。於是，勝賴就這麼地把自己的姓氏從「諏訪」改回了「武田」。

在《甲陽軍鑑》中，武田信玄臨死前並未傳位給武田勝賴，而是傳給了武田勝賴之子武田信勝，武田勝賴只能以家督「陣代」的身分暫時管理武田家。這其實是不對的，《甲陽軍鑑》是江戶時代創作的史料，許多內容與一次史料中有許多衝突，並且這本書的作者彷彿與武田信虎、武田勝賴爺孫有著刻骨仇恨，在書裡這對爺孫一個是變態殺人狂，一個是自戀自大狂。

為了確立勝賴的繼承人地位，武田信玄甚至想向幕府將軍足利義昭討要賜字，最好能叫個「義勝」或者「義賴」什麼的。當然這事是失敗了，主要原因並不是將軍不想給，而是武田信玄和足利義昭、織田信長關係惡化，甚至到了兵戎相見的地步。當武田信玄在三方原擊敗了織田·德川聯軍時，足利義昭甚至因為擔心武田軍會不會趁機上洛，收拾細軟想跑路。最終

足利義昭也沒有跑成,一方面是他被織田信長攔住了,另一方面是武田軍在三方原戰役後不久,竟然撤軍回國了。

勝賴繼承家督以後,北條家、本願寺等武田家盟友也給武田勝賴去信,祝賀他繼承家督。後來穴山信君在祭奠去世母親的法會上,也在法語裡提到武田勝賴是「本州太守」,「太守」指的就是甲斐國守護,這就說明武田勝賴並不是什麼「陣代」,而是名副其實的家督。

武田勝賴繼承家督時,日本的局勢正發生著翻天覆地的變化。首先,織田信長在這一年相繼流放了幕府將軍足利義昭,滅亡了淺井家、朝倉家,將年號從「元龜」改為了「天正」,擺脫了「元龜爭亂」的困境。其次,武田家雖然隱瞞了武田信玄去世的消息,但是各種小道消息已經傳遍各地。

武田信玄的本意,是不想讓自己的死訊被敵人織田信長、德川家康、上杉謙信知曉。然而人算不如天算,除了武田家的盟友被矇在鼓裡以外,幾乎所有人都在第一時間知道了武田信玄的死訊。包括早年被武田信玄給流放了的前家督武田信虎。信虎在被流放以後四處流浪,信玄去世後曾想回到甲斐奪權,但是卻被武田勝賴給「請」到了信濃國居住。

另外一個被矇在鼓裡的是三河國國眾,山家三方眾之一的奧平家。奧平家和鄰近的領主產生了糾紛,向武田家上書請求武田家居中斡旋、裁決。然而當時負責武田家和奧平家外交的山縣昌景出兵在外,所以奧平家的訴狀就被擋在了躑躅崎館

外頭。奧平家感到非常奇怪，山縣昌景不在，那武田信玄總在吧，可以讓武田信玄仲裁此事。可是，奧平家收到的答覆依舊是主公因病隱居，不方便處理政務。因此，奧平家在多次申訴無果以後，憤而投靠了德川家。

這是武田信玄死後，繼承家督的武田勝賴將要面臨的第一個巨大的問題。

勝賴的選擇是嚴格遵守老爸的遺言，甚至以武田信玄的口吻和署名給畿內去信一封，告知幕府將軍足利義昭武田軍不日即將上洛打倒織田信長。這時候的足利義昭與織田信長已經鬧掰，對勝賴書信信以為真的足利義昭選擇舉兵打倒信長，隨後將軍直轄的奉公眾們便開啟御所大門將織田軍給放了進來。義昭對此早有準備，所以他本人並不在將軍御所裡，而是在京都郊外的槙島城守城。可是當槙島城的守軍也開啟大門迎接織田軍時，足利義昭對此並沒有準備。於是，因為武田勝賴的一封書信，統治日本兩百年左右的室町幕府就這麼滅亡了。

在武田信玄去世的消息傳到德川家以後，德川家康自然不會放過這個機會，對被武田家占領的領地發起反攻，甚至將武田信玄生前最後的著陣地長篠城都奪下了。武田勝賴也不甘示弱，勝賴繼承武田家家業時，武田家是東日本最強大的大名之一。除了驍勇善戰的武田軍以外，擅長軍略的武田信玄的威名也是廣布八方。所以，在武田勝賴的報復性進攻下，德川家在遠江國的重要據點高天神城迅速落入了武田家的手中。除此以

外,岡崎城內的「安祥眾」等對織田家不感冒的家臣們也有內通武田家的嫌疑,德川家康面臨的危險遠比武田信玄時代來的要大。

天正三年(1575年),岡崎城的德川家臣大岡彌四郎等與武田家內通,約定在武田軍攻打岡崎城時,他們會開城投降,因此武田勝賴決定再次侵略德川家。此時山縣昌景正奉命前往紀伊國高野山奉納武田信玄的牌位,他甚至沒有來得及返回武田領,就與武田軍的別動隊會合一同攻打三河國。而武田勝賴自己則率領本陣大軍,佯裝這次出兵是為了攻打遠江國,分散德川家的注意力。可惜的是,大岡彌四郎等人很快就被德川家康逮捕處死,武田家奪取岡崎城的計畫失敗。隨後,武田勝賴便決定轉變方向,策略目標也由之前的奪取岡崎城,變為了奪取奧三河地區。

長篠城守軍不過五百人左右,如果武田軍真的盡全力攻擊長篠城的話,這座小城很快就會陷落。然而,武田勝賴卻並不滿足於攻陷長篠城,而是想借攻擊長篠城之事,誘惑德川家在東三河的最大據點吉田城守軍出城野戰。當然,若是能將濱松城的德川家康給誘出,那則更好不過。這就是武田勝賴的兵法,圍點打援。雖然老套,但是確實挺實用。

德川家康是來了,但是不是自己來的,而是帶著織田信長來的,同來的還有信長手下的三萬餘大軍與三千多挺鐵炮。這些鐵炮是信長在出兵以前,臨時從各個家臣手中抽調而來的,

目的就是為了給武田勝賴好好地上一課。不過，當時的鐵炮因為技術落後，開完一槍後裝填彈藥十分費時費力，所以鐵炮通常只被用來當做守城武器，並不適合野戰。

織田信長的戰術水準並不輸給當時的任何一個「名將」，他也看出了武田勝賴的戰術是「圍點打援」。因此，織田信長選擇了設樂原附近的一處名為「連吾川」的小河，下令在小河的西岸布下柵欄防禦。可以說，信長是沒有想主動進攻武田勝賴的。如何讓武田勝賴主動攻擊織田‧德川聯軍，成為讓信長十分頭痛的問題。

為了治療信長的頭痛病，武田勝賴帶著大軍離開了攻打長篠城的前線，只在城下留下了一小部分守軍，而後朝著連吾川的東岸出發。進軍的路上，武田勝賴還得意洋洋地給後方的家臣寫信表示，敵軍已經完全亂了陣腳，中計出兵了。兩軍就這麼隔著連吾川對峙。如果武田勝賴不出兵攻擊織田‧德川聯軍的柵欄的話，信長的頭痛病依然好不了。可是讓信長沒有想到的是，他面對的武田勝賴是一個神醫。

當信長分兵派遣的別動隊擊敗長篠城下的武田軍時，武田勝賴得出的結論竟然是敵軍主力在抄自己後路，眼前的一定只是躲在柵欄後邊的小股部隊而已，於是傾巢而出，主動朝著連吾川西岸進攻。根據《信長公記》的記載，雙方的交戰過程是這樣的：

信長公來到了家康布陣的名為高松山的小山，看見敵軍的動向，下令全軍絕對不可以出擊。（信長）調集了鐵炮三千挺，

以佐佐藏介（佐佐成政）、前田又左衛門（前田利家）、野野村三十郎（野野村正成）、福富平左衛門（福富秀勝）、塙九郎左衛門（塙直政）作為奉行指揮。隨後，（我軍）步兵靠近敵陣發起挑釁，因為遭到前後夾擊，敵軍的軍勢也開始進軍了。

一番是山縣三郎兵衛（山縣昌景），敲著太鼓朝我軍進攻，遭到鐵炮的攻擊後退卻。

二番的正用軒（武田逍遙軒信綱）接替一番隊進軍，我軍用足輕隊引誘對方，對方一旦退卻就立刻追擊。引自陣前，一聲令下鐵炮齊發，敵軍過半倒在鐵炮下撤退。

三番的西上野小幡一黨以赤武者的姿態緊隨其後發起進攻，關東眾的善於騎馬的武士在太鼓聲下朝著我軍陣地攻來。我方立即躲在遮蔽物後以鐵炮迎擊，半數以上敵軍被擊倒，幾近全滅後退卻。

四番典廄（武田信豐）一黨的黑武者接替前隊攻來。雖然敵軍的攻勢不斷，但是我方仍然沒有任何部將率隊出擊，依舊以鐵炮部隊攻擊，將其擊退。

五番的馬場美濃守也隨著太鼓聲發起攻擊，我方防守，馬場隊也如同其他部隊一樣遭到攻擊後退卻。

五月二十一日自天亮開始至未時，我軍朝著東北方向布陣，敵軍各將不斷交替著朝我軍陣地進攻，許多將兵陣亡，隨後人數銳減。敵軍皆朝著武田勝賴的旗本聚集，認為已經難敵

我軍，朝著鳳來寺的方向敗退。在這時，我軍正式發起追擊。

可以看出，武田軍的每波攻擊，幾乎與排隊槍斃無異，大部分士兵在摸到柵欄以前，就傷亡過半或全軍覆沒。在武田軍的五次進攻均失利後，連吾川前留下了兩千多具屍體。不過，雖然軍隊傷亡過半，但是除了土屋昌續戰死在柵欄前以外，武田軍的大部分武將其實並未陣亡。

大概是神醫武田勝賴暈血的原因吧，當五波進攻失利以後，大家發現本陣的小板凳上怎麼空空如也，主將武田勝賴早就不知去往何處了。見武田勝賴溜了，武田信豐、穴山信君等武田一門便也藉口護衛主公一起溜了。留下山縣昌景、馬場信春等老將與近萬武田軍在戰場上任人宰割。長篠之戰武田軍的萬餘傷亡，幾乎全是在主將逃走以後，部隊潰散遭到追擊而死的。武田軍的大將們，也是在撤退路上陣亡的，戰死的大小家臣人數竟然達到了兩百多名。

長篠之戰對武田家來說是一個非常巨大的打擊，在這一戰中武田家損失了許多士兵不說，城代級別的家老幾乎死傷殆盡。為此，武田勝賴不得不在戰後命令武藤喜兵衛回歸真田家，出任城代，穴山信君則代替戰死的山縣昌景出任江尻城城代。幸運的是，武田家依舊有與敵軍一戰的本錢，例如武田家最善戰的「川中島眾」（第四次川中島戰役的主力）在長篠之戰時沒有參戰，而是留在了信濃國防止上杉軍南下，好歹給武田家保留了一定的兵力。

武田家的滅亡

天正六年（1578年）三月，越後國大名上杉謙信在春日山城病逝。上杉謙信生前沒有親兒子，只有幾個養子，其中又以他的外甥上杉景勝與從北條家來的養子上杉景虎二人最具有爭奪家督之位的潛力。

上杉景勝也是個微操聖手，本來他已經穩坐家督之位，但是卻逼反了一些家臣，導致這些不滿的家臣擁立上杉景虎，進入了上杉謙信的養父、前關東管領上杉憲政的居館之中，越後國因此爆發了「御館之亂」。

因為武田勝賴的後妻桂林院殿是北條家家督北條氏政的妹妹，兩家是盟友關係，所以北條家便邀請勝賴出兵越後，拉小舅子一把。武田勝賴收到求援以後，立即出兵越後國，向上杉家的根據地春日山城殺來。

要是覺得武田勝賴是個嚴格遵守盟約的誠信之人，那可就大錯特錯了。武田勝賴是個無利不起三分早的傢伙，此次出兵無非是想趁著上杉家內亂的機會，多占點上杉謙信生前沒能占到的地。既然是利字當頭，對付這種人自然好辦。當武田軍抵達春日山城城下時，上杉景勝送來了求和書信，同時還表示只要武田勝賴願意和談，上杉景勝願意迎娶勝賴的妹妹為妻，上杉家將把奧信濃地區（位於信濃國的武田家、上杉家領地邊境）割讓給武田家，此外武田家要多少錢都好說。

信還沒看完，武田勝賴的口水就流了一地。當然，武田勝賴對外還是演了一下的，表示自己已經嚴格遵守了盟友北條氏政的出兵要求，和上杉景勝和談並不意味著背叛北條家和上杉景虎。他的目的很單純，就是希望上杉家上下和睦，兄友弟恭。因此，在武田軍的威逼之下，上杉景勝、景虎被迫自願簽署了議和的誓約書。

和談之後，上杉景勝果然給武田勝賴送來了錢一千疋，也就是一百貫。除了武田勝賴以外，武田信豐、跡部勝資等在這次和談中出力的武田家臣也是人人有份，都拿到了上杉景勝送來的感謝金。

武田家上下賺得盆滿缽滿，興高采烈地撤軍回國。而北條氏政全程則處於懵逼狀態，他並不知道武田勝賴私自與上杉景勝議和了。然後上杉景勝就撕毀和約，殺死了上杉憲政，攻陷了御館，逼迫上杉景虎自盡而死。武田家和北條家的梁子就這麼結下了。不久後，武田勝賴老毛病又犯了，揹著上杉景勝與敵人織田信長議和，惹得上杉景勝大怒不已，兩家的關係也因此惡化。

於是，御館之亂以後，武田家不得不面對北條家、德川家兩個敵人，以及一個若即若離的盟友上杉家。

除了外交上出現失誤，武田勝賴對內的施政也有著很大的問題。

長篠之戰結束以後，武田勝賴並未認識到自己在戰術決策

上的問題，反而認為是戰馬不好，將士不用命，鐵炮不夠多。於是，武田勝賴下令，今後各地領主響應號召出兵，一定要帶上馬鎧與鐵炮。無形之中增大了武田家上下的軍役負擔。此外，長篠之戰戰死過多兵員也成為了武田家的頭號問題。為了解決這個問題，武田勝賴下令領內十五歲以上，六十歲以下的男子在戰時均要服二十日的兵役。

在武田信玄時代，武田家的下級百姓被分為「軍役眾」和「總百姓」，通常武田家只要求「軍役眾」參加軍隊作戰，作為替代可以免去部分或全部賦稅。「總百姓」則只要老實納稅，不需要參軍。武田勝賴的命令，意味著武田家打破了信玄時代制定的軍役制度，從今往後無論是軍役眾也好，總百姓也罷，都需要參加軍隊作戰。在長篠之戰結束的兩個月後，武田勝賴又召集了萬餘大軍，前去與德川家康作戰。這時候大家還沒從長篠之戰的慘敗中緩過勁來，便被迫出兵作戰。當然大家都明白，軍旗還是那個軍旗，大將還是那個大將，但是人早已不是兩個月前那驍勇善戰的武田軍了。

壓在甲斐武士、百姓身上的，不僅僅是軍役負擔，勝賴時代的賦稅負擔也較之前變得沉重許多。

在武田信玄時代，武田家的主要稅收為「棟別錢」，即按照房屋數量徵稅的房產稅，一年徵兩次。每次徵稅的額度為「本家二百文，新家五十文」，即首套房兩百文，二套房開始每間徵收五十文。當時武田家的盟友北條家對領民徵收的棟別錢是每間

屋子五十文，南陸奧地區的伊達家則是一百文。武田家徵收的棟別錢是北條家的四倍，伊達家的兩倍。

長篠之戰慘敗以後，武田勝賴痛定思痛，認為織田信長之所以有那麼多鐵炮，就是因為織田家有錢。那麼，武田家應該如何變得有錢呢？勝賴的做法便是增加棟別錢的收入。原本的徵收額度是「本家二百文，新家五十文」，在長篠之戰戰敗後，棟別錢的額度立刻變成了「本家二百文，新家一百文」。通常有兩套或兩套以上房產的都是土豪劣紳，勝賴的做法突然有了一絲劫富濟貧的味道了。然而不久之後，武田勝賴發現土豪劣紳們竟然想要逃避徵稅，紛紛出手第二套房，只留下首套房居住。於是，棟別錢就變成了「本家二百四十文，新家百文」。

這些只是固定稅收，還有一些沒有算進去的臨時稅收，比如修築諏訪大社。

武田勝賴認為，長篠之戰之所以戰敗，肯定是因為諏訪大明神打瞌睡了。大明神為什麼打瞌睡了呢？肯定是因為房子不夠好。因此，武田勝賴便下令徵收臨時賦稅和徭役，用來重新修繕諏訪大社。

武田勝賴的命令一出，百姓們頓時怨聲載道。因為武田勝賴的命令是在天正六年（1578年）下的，但是諏訪大社早在元龜三年（1572年）就曾在武田信玄的主持下大修過了一次，這才十年不到，武田家就又再度徵稅拉壯丁修神社。信濃國的許多村落便都拒絕響應號召出錢出人。武田勝賴不得不派遣家臣們前

往各處交涉，表示天下無不是的父母，更無不是的君父。武田家庇護百萬臣民的只有一個君父，而百萬臣民所供奉者亦只有一個君父。以天下四海為君父修建一神社，你們不應該在這個時候鬧事……

但是不懂事的村民們還是拒絕納稅，於是武田家就開始上大棒了。修繕諏訪大社乃是國策，上利國家，下利百姓，這天大的好事，為什麼就是推行不下去？原來是有內奸在煽動。隨後，武田軍在信濃國四處鎮壓反抗民眾，逼迫百姓響應號召。在威逼利誘之下，大家都只好老老實實地將諏訪大社從上到下修繕了一番。當華麗的諏訪大社落成之際，武田家也失去了下層百姓的民心。

不過，武田家的家臣們倒是鬆了口氣，總算把上頭交代的任務完成了，連年征戰、徭役繁重，早把家臣們折騰得人不人鬼不鬼，接下來最好休養生息，恢復國力。可是諏訪大社的油漆未乾，武田勝賴新寫的命令便又送到了家臣們的案頭上。

武田勝賴表示，自從繼位以來，老房子躑躅崎館已經破破爛爛，不足以承擔保衛武田家的大任。現在想要新修一座新府城作為遮風擋雨之處，用來抵禦敵軍的攻擊。要求不高，百姓們每十家出一人，每人做三十天即可。考慮到戰事頻發，軍役眾可以不用派人到工地幹活，但是需要承擔建築工人們的食宿，以及派人送水送糧去工地。

命令還沒看完，信濃國國眾木曾義昌便反了。木曾義昌是

武田信玄的女婿，位列武田家一門，木曾家的叛變使得武田家上下人心惶惶，明眼人都能看出武田家快不行了。

早在天正九年（1581年）時，武田家在遠江國的據點高天神城便陷入德川軍的包圍之中。高天神城自被武田家奪取之後，就一直是武田家在遠江國的前線據點，武田家也在這裡部署了許多精銳家臣。可是，當德川家康包圍高天神城時，武田勝賴卻沒有對高天神城派出援軍，坐視高天神城彈盡糧絕，最後陷落。

不僅如此，不知道是有意還是無意，許多高天神城的守軍從德川軍的包圍中逃出生天，返回領地後對家人們敘述高天神城陷落前的慘狀，導致武田勝賴見死不救這個消息傳遍了武田家的領地，國眾們紛紛對武田勝賴產生了不信任感，認為武田家已經沒有能力保護自己的生命財產安全了。武田家與國眾之間的主從關係，在織田軍侵攻甲州以前就已經瓦解了。

可是武田勝賴卻不自知，在木曾義昌謀反以後，下令出兵信濃國討伐木曾義昌。趁著武田勝賴出兵信濃國的機會，身負武田一族出身、信玄的女婿、勝賴的姐夫、甲斐國最強大的國眾之一等多重身分的穴山信君祕密派兵將妻兒老小從甲府救出，隨後便投靠了織田信長。

天正九年（1581年）時，穴山信君便向武田勝賴提親，希望自己的嫡子勝千代可以迎娶勝賴的女兒為妻。穴山信君的妻子見性院是武田勝賴的姐姐，兩家的聯姻也算是遵照舊例，武田

勝賴便答應了這門親事。沒曾想，當消息傳到武田勝賴的堂弟武田信豐耳中時，引起了武田信豐極大的警覺。

武田信豐是武田信玄胞弟武田信繁的兒子，而自武田信繁創立分家典廄家開始，武田典廄家就一直是武田家的一門眾筆頭（武田一族出身家臣裡的老大）。見穴山信君想與武田勝賴聯姻，擔心筆頭之位被搶走的武田信豐便動了歪腦筋，給武田勝賴的側近跡部勝資、長坂釣閑齋國清（光堅）等人送去厚禮。

跡部勝資等人拿人手短，於是日日夜夜在武田勝賴耳邊遊說。在側近集團的勸說下，武田勝賴下令取消與穴山家的婚約，轉而將女兒嫁給了武田信豐的兒子次郎，得知此事的穴山信君與見性院自覺受到羞辱，十分生氣。從此，在信玄時代還算忠心耿耿的穴山家就這麼叛變了。

穴山家的謀反讓武田勝賴遭到兩頭夾擊，不得不撤軍回國。原本還有八千餘的武田軍在回國路上紛紛逃亡，當武田軍返回新府城時，只剩下數百人。眼下何去何從，迷茫的武田勝賴在新府城內召開了軍議。

嫡子武田信勝表示，可以死守新府城，戰鬥至最後一刻，再燒毀傳家寶楯無鎧甲自盡而死，這樣即便武田家滅亡了，也可以在人們心中留下武田家的威名。

武田勝賴沒有理會兒子的提議，而是和家臣們商議該往哪兒逃。甲斐國郡內的領主小山田信茂表示新府城不利於防守，不如退到自己的領地岩殿城，利用郡內的地形與織田軍打游

擊，等待時勢的變化。上野國的岩櫃城的城代真田昌幸則表示不如退往上野國岩櫃城防守，岩櫃城的地勢十分險要，易守難攻，另外在上野國說不定還可以獲得上杉家的支援。

武田勝賴有些猶豫，並未當場做出回答。結束軍議後，又是長坂釣閒齋、跡部勝資等側近找到了武田勝賴，表示俗話說衣不如新，人不如故，可是衣服穿舊了貼身，人用舊了貼心。真田昌幸不過是一信濃國國人出身，信不過，而小山田信茂是武田家的譜代出身，信得過。

於是，武田勝賴最終決定前往郡內的岩殿城。離開新府城前，武田勝賴下令將各地反賊交到武田家裡的人質全部鎖在屋子裡活活燒死。伴隨著人質們的哀嚎，武田勝賴燒毀了新府城隨後帶隊離開。

在進入岩殿城之前，武田勝賴停留在了一個名為駒飼的地方。小山田信茂表示主公自己要先回岩殿城安排一下接風洗塵。而後又表示現在人多眼雜，容易暴露行蹤，不如讓自己將小山田家的人質先接回岩殿城，減少勝賴身邊的人數，降低關注度。

武田勝賴答應了，於是小山田信茂一去不復返，同時還派兵封禁路口，下令禁止武田勝賴進入郡內。此時的織田軍已經在帶路黨小笠原信嶺的帶路下進入甲斐國了，勝賴這時候想去真田昌幸防守的岩櫃城，已經是一件不現實的事情了。

跡部勝資向武田勝賴表示，現在在駒飼也不安全，不如前

往天目山。一百六十多年以前，武田勝賴的祖先武田信滿在天目山的木賊村自盡而死，山中的棲雲寺供養著信滿的牌位，與武田家的關係匪淺，勝賴大可前往天目山召集忠於武田家的子民，躲入山中寺院打游擊，武田勝賴再次同意了。

可是，讓武田勝賴沒有想到的是，一行人在山麓的田野村時，竟然遭到了當地住民的襲擊，一個叫甘利左衛門尉的傢伙，帶著村民們用鐵炮驅逐著武田勝賴，甚至直接對武田勝賴一行人發起攻擊。甘利氏是武田一族出身，往上倒幾百年也是姓武田的。甘利左衛門尉，則是武田信虎、信玄時期的重臣甘利虎泰的孫子。

眼看著陷入絕路，隨行的武田家臣紛紛表示要戰鬥至最後一刻，勝賴的側近土屋昌恆則抱怨說早知道這樣不如就留在新府城了。只有跡部勝資有所動搖，結果被土屋昌恆痛罵了一頓。跡部勝資深表慚愧，表示自己革命意志不堅定，今後一定痛定思痛一改前非。話音剛落，轉過頭來的跡部勝資便吩咐下人準備一匹最快的馬，自己有事要先走。

當只剩下寥寥數人的武田家臣與織田軍展開最後的對決時，跡部勝資騎著快馬一騎絕塵，想要逃離戰場。土屋昌恆奮戰之餘，抽空朝著跡部勝資射了一箭，將其射落馬下。

趁著家臣們奮戰的機會，武田勝賴不甘心地在天目山山腳下自盡而死。武田勝賴至死也想不明白，為什麼這幫刁民要投靠敵人織田信長，來對付統治了甲斐國數百年、對百姓有莫大

恩情的武田家。

　有人將武田家的滅亡歸咎於是家臣團的不團結，或者是武田勝賴的威望不足以服眾，這是不對的，因為並沒有足夠的證據支持上述的觀點。除此以外，很多人誤以為武田勝賴上位後重用信濃國出身的家臣，導致甲斐出身的家臣不滿，這更是一個流傳甚廣的謬論。武田勝賴的側近跡部勝資、長坂光堅都是武田信玄時代的側近老臣，勝賴只是延續父親的路線繼續重用他們而已，真正屬於勝賴嫡系家臣出身的，應該是高遠城時代的安倍宗貞、小原繼忠、保科正俊等人。

　歸根結柢，只能說武田勝賴具有一定的能力，但是對內對外卻有著諸多失誤，不足以應對局勢瞬息萬變的戰國時代，因而才被歷史給淘汰。

附錄

武田家的赤備騎兵

若是說起中國的精銳軍隊,大家都能脫口而出諸如虎賁軍等威名傳播後世的部隊,不過,如果談起日本的精銳部隊的話,除了戰國時代織田信長的馬迴眾以外,只怕屬「赤備」最為有名了。

赤備,指的是日本戰國時代至江戶時代的一支軍隊,因為成員的鎧甲、軍旗、武具等等,都是以紅色為主,因而獲此稱號。除了赤備以外,當時日本也有黑備等同樣由單一色彩的甲冑、軍旗等組成的軍隊,但是由於紅漆需要用到貴重的硃砂的緣故,大多數情況下,赤備的地位都要比較高。

在日本戰國時代,許多家族的軍隊中都有編成赤備,然而,其中最有名的幾支赤備,還是當屬武田家、德川家、真田家三家的軍隊。古代日本的馬種,大多是從大陸傳入日本的,其中,東日本的戰馬與西日本的戰馬又截然不同,由於馬種優劣的緣故,西日本的騎兵甚至出現了只將戰馬作為機動的運輸工具,抵達戰場需要下馬作戰的情況,而東日本的騎兵則沒有

這樣的情況，擅長騎馬渡河、集結騎兵衝散敵軍的陣型。

一般認為，赤備是由赤色鎧甲的純騎兵組成，不過實情可能並非如此。以日本戰國時代的軍事制度來看，基本上是不可能出現由純騎兵組成的軍隊。所謂赤備，其實正如上文所述一樣，只是穿著紅色鎧甲的軍隊，「赤備」僅僅只能代表他們的地位，無法代表他們的戰鬥力。

在日本戰國時代，武田家的赤備絕對是人氣最高的軍隊之一，不過，我們需要擺脫影視劇等藝術作品中的固有形象，從史料中慢慢剖析武田家的赤備究竟是一支怎麼樣的軍隊？

又或者說，武田家的赤備，究竟是幾支怎麼樣的軍隊？

武田家最早的赤備，由武田信虎、武田信玄時代的重臣飯富虎昌率領。飯富氏是甲斐國的名門，先祖同樣出自清和源氏出身的源義家，到了飯富虎昌時代，飯富氏曾經與敵國聯合約武田信虎對抗，最終歸降武田家，在武田信玄時代出任信濃國小縣郡的鹽田城城代，成為武田家的重臣之一。

然而，飯富虎昌在永祿八年（1565年）的「義信事件」（注：武田信玄嫡長子武田義信謀反事件）中受到牽連，被處以自盡。飯富虎昌死後，弟弟飯富昌景（舊說是外甥，按照現在的研究，兄弟說較為有力）一躍成為了武田信玄的寵臣，為了與飯富氏這個謀逆的家族劃清界線，武田信玄下令讓飯富昌景繼承已經絕嗣的原武田家家老山縣氏。

山縣昌景給人的印象是一員猛將，尤其是山縣昌景繼承了兄長的「赤備」，在武田家西進之時，山縣昌景率領的赤備給德川家康留下了深刻的印象，被稱為是「連德川家康也感到恐懼的男人」。

　　不過，很可惜的是，山縣昌景的猛將形象大多是近現代軍記物、影視劇中的創作，實際上山縣昌景在武田家承擔的更多工是負責外交以及以謀略調略敵軍城池，並且，武田信玄西進作戰中的「三方原戰役」時，由山縣昌景率領的武田軍前鋒甚至被德川軍擊潰。

　　除此以外，也沒有任何證據與記載能夠證明山縣昌景繼承了武田家的赤備。相反，飯富虎昌死後，武田家的有跡可循的「赤備」，分別是一門眾武田信豐的軍隊、上野國箕輪城城代淺利信種的軍隊、上野國國眾小幡信真的軍隊。

　　相信明白人一眼就能看出來，赤備其實就是個稱號，像流動紅旗一樣，並沒有固定的主人。自然，因為武田家有著赤備名號的軍隊一直在變化的緣故，赤備自然也不是什麼精銳部隊的代稱。

　　三方原戰役時，武田家的赤備是由武田信豐率領的。在武田信玄死後，武田信豐的軍隊奉命改用黑色的鎧甲與軍旗，從赤備搖身一變變成了黑備，而武田家的赤備稱號，傳到了上野國的國眾小幡信真的手上。

　　小幡信真，後世將其名字誤傳為小幡信貞，而大多數人對

這個名字都不大熟悉。根據《信長公記》的記載，長篠之戰之際，武田軍的第三波進攻是由「身著赤色鎧甲、關東的擅長騎馬的武者」發起的，這些赤色鎧甲的騎馬武士，正是小幡信真麾下的小幡赤備。

的確，同甲信出身的武士相比，「坂東騎馬武士」才是古時候日本人認知裡的驍勇戰士，因此說小幡信真的赤備是武田家擁有過「赤備」稱號的數支軍隊中最精銳的一支也不為過。不過，因為小幡信真在此期間生病的緣故，他並沒有參加長篠之戰，而是派出了陣代負責指揮。

因為織田・德川聯軍在連吾川對岸布置了許多馬防柵的緣故，河流、障礙物極大地限制了騎馬武士的發揮，經過織田軍鐵炮隊的一番齊射，小幡赤備幾乎沒有碰到敵軍一根汗毛，就傷亡過半，幾近全滅。

武田家的赤備，隨著長篠之戰，落下了帷幕。

武田家滅亡以後，較為有名的赤備共有兩支，一支是德川家康收納武田家遺臣組建的赤備，由井伊直政率領，當然，井伊直政的這支赤備也不是純騎兵。另外一支赤備，就是大坂之陣時，由大坂城守將之一的真田信繁率領的「真田赤備」。

這兩支赤備都和武田家有著千絲萬縷的聯繫，自然也就有了「誰的赤備更正宗」的爭議。不過，前文已經闡明瞭赤備本來就只是個稱號而已，對士兵的武藝什麼的並沒有要求，且經常換人，因而爭論誰更正宗，其實沒有意義。

根據《大坂御陣山口休庵咄》記載，大坂之陣時真田信繁麾下的六千人的軍勢皆身著赤色鎧甲、攜帶著赤色的武具與旗幟。

遺憾的是，真田赤備存在的時間非常非常短，甚至不足一年的時間。

傳聞真田信繁的父親真田昌幸臨死前料定德川家未來必定會討伐豐臣家，便給他留下遺計，命其輔佐豐臣家對抗德川家康。真田昌幸的遺計就是主動出擊，趁關東的德川家康聯軍還未來到京畿之時，以地利之便占領京畿各處要害，隨後再節節阻擊敵軍。

德川家康勞師遠征，若久在京畿作戰，剛建立的江戶幕府的脆弱根基就有可能發生動搖，趁這個時候，豐臣秀賴再振臂一呼，以太閣恩情召喚舊部，許多原本投入江戶幕府麾下的豐臣系大名，興許會臨陣倒戈也不一定。到那時，即便豐臣家無力討伐德川家，與德川家二分天下也不是什麼難事。

然而，在大坂之陣以前，真田信繁並未單獨作為大將指揮過軍隊，因而他在豐臣家並不受到重視，真田昌幸的遺計自然也被束之高閣，最終大坂城方決定籠城防守，以一城拒天下百萬雄師。

結果大家已經知道了，隨著大坂城天守的一聲爆炸，豐臣家在歷史上灰飛煙滅，真田信繁戰死在向德川家康本陣衝鋒的路上，真田赤備也倒在了歷史的洪流之中。

武田家滅亡之際，織田信長下令大肆捕捉武田家遺臣，這些人大多數都被織田家下令處死，織田信長想要抹去武田家曾經統治過這片土地的一切證據。

所謂樹倒猢猻散，武田家的舊臣們紛紛開始找起了新的下家，例如真田昌幸就主動獻出了沼田城討好織田信長，成功地保住了真田家。另外一些武田家的遺臣，有的投奔了上杉家，有的投奔了北條家，還有一部分，被德川家康偷偷保護了起來。

隨著織田信長在本能寺之變中死去，北條家立即叛變，織田家的勢力極速地從武田家的舊領退出，武田舊領頓時成為了一塊無主之地，所有人都盯上了它。德川家康趁著這個機會大舉侵入了甲信，將武田家舊領大部都收歸己有，許多武田家遺臣也被編入了德川家的家臣團中，例如山縣昌景的女婿三枝昌貞、舊部廣瀨鄉左衛門尉、三科肥前守等等。

德川家康收編了武田家家臣以後，將他們劃入井伊直政的麾下，授予井伊直政使用赤備的稱號的許可，組建起了井伊赤備。

真正讓井伊赤備大放光彩的是德川家康、織田信雄與羽柴秀吉之間發生的「小牧‧長久手戰役」。井伊直政麾下武田家舊臣們異常驍勇，戰爭結束之後，「井伊家的赤鬼」威名傳遍了整個日本。

江戶幕府建立以後，成為彥根藩藩主的井伊家將赤備傳統保留了下來，江戶時代井伊家軍隊的著裝便是赤色的。

嘉永六年（1853年），美國海軍準將佩里率領艦隊來到了日本，是為黑船來航，為了防備有可能發生的交戰，井伊家派出了赤備在日本的沿岸警備，這些赤備武士不知道的是，屬於他們的時代很快就要結束了。

慶應二年（1866年），第二次長州征伐爆發，井伊直憲率領井伊赤備從藝州口進軍，身著赤色鎧甲、手持鐵炮的井伊赤備在與穿著近現代的軍裝、使用著新式的步槍的長州軍交戰以後，大敗而歸。

在冷兵器為主的戰爭年代，赤色的鎧甲不僅拉風，還非常威武，當赤備軍隊出現在戰場上後，幾乎整個戰場的注意力都會被這支顯眼的軍隊所吸引。然而，隨著熱兵器時代的來臨，赤備逐漸就失去了存在的意義，當井伊赤備遭到長州軍的夜襲時，這些身著顯眼的赤色鎧甲的士兵們紛紛成為了夜裡的活靶子，再加上長州軍新式步槍的射程高於鐵炮，長州軍每打了一輪齊射就消失在夜色中，找也找不到，讓井伊赤備有氣沒地撒，最終，井伊赤備被長州軍擊敗，潰敗的士兵們瘋了一般地脫下自己身上的赤色鎧甲潰逃，生怕被敵軍的子彈追上。

井伊赤備的最後一次登場是在京畿發生的伏見・鳥羽戰役，隨著幕府軍的戰敗，彥根藩最終也臣服於新政府軍，井伊赤備從這時候開始徹底放棄了赤色的鎧甲，開始向近現代軍隊轉變。

赤備，這支日本史上赫赫有名的軍隊，也消亡在了歷史的潮流之中。

武田家與鐵炮

日本天正三年（1575年），時值日本戰國時代，畿內霸主織田信長、盟友德川家康與東日本的戰國大名武田勝賴在三河國爆發了著名的「長篠・設樂原戰役」，簡稱長篠之戰。

長篠之戰對於日本戰國時代的意義非同凡響，這場戰役直接影響了東日本的超級大名武田家未來的策略方向，讓曾經被武田家欺壓的德川家康轉守為攻，也改變了整個東日本的局勢。

在舊說之中，長篠之戰是一場「新時代武器」對抗「舊時代戰法」的劃時代戰役，走在時代前沿的織田信長在這一戰中利用數千名鐵炮（火繩槍）士兵採用了「三段擊」的戰術，擊敗了以保守傳統的騎兵、步兵為軍隊主力的武田勝賴。在織田信長修築的馬防柵工事前，武田軍的士兵一波又一波地撲向織田軍的陣地，一陣槍響過後，這支曾經驍勇善戰、享譽東國的武田軍紛紛倒在槍口之下。

當然，根據現在的研究，所謂的舊說其實就是在日本明治維新之後掀起的崇洋媚外的風氣下創作出來的：「織田信長的勝利是因為他學習了西方的先進技術，而武田勝賴的失敗則是井底之蛙，保守守舊。」那麼，事情的真相真的如此嗎？

雖然不是本文的重點，但是這裡還是簡單地提一提，長篠之戰時織田・德川聯軍之所以取勝，與織田信長成功的戰術關係非常大。

根據當時織田信長寫給細川藤孝的書信中描述，進軍三河國時的織田信長其實是相當頭痛的。當時武田軍已經包圍了長篠城，而且以武田軍的兵力，奪下城池並非難事，之所以沒有全力攻城，正是想吸引德川家康與織田信長的援軍，實施圍點打援的戰術。勞師遠征的織田軍若真按照武田勝賴的想法奔赴長篠城，即便能夠取勝，也將付出相當大的代價。

此時織田信長的敵人並不止武田勝賴一人，信長不願意在與武田家的戰爭中消耗過多的兵力，所以才會在戰前從各地的家臣手中調集了三千餘挺鐵炮。鐵炮是西歐傳入日本的單兵武器，但是因為時代的局限性，當時的鐵炮並不像現在的槍械那樣便捷，無論是裝彈還是射擊步驟都非常麻煩，所以並不適合在野戰中使用，基本上都是用於攻城戰與守城戰。因此，攜帶了大量鐵炮的織田信長，便打算將長篠之戰從一場野戰變為實質上的「攻城戰」，這才會在到達設樂原的連吾川時，沿著河的西岸布下馬防柵。這樣，連吾川就是織田軍陣地的天然「護城河」，馬防柵也成為了織田軍的簡易「城牆」。

然而，織田信長的這個戰術有個致命的缺陷，那就是織田軍此行的目的並不是守住某個地方，而是要救援被武田軍包圍的長篠城。織田信長在連吾川畔修築的易守難攻的工事不假，若武田軍不主動發起進攻，那這些工事也只能是擺設。

為此，織田信長採用了兩個計策。其一，是隱藏軍隊的人數，根據《信長公記》的記載，織田信長將三萬大軍隱藏在了

山林中的低窪地帶，故意製造出聯軍兵力不足的假象。由於前幾年武田軍對德川家發起侵攻之時，織田信長派出的援軍都不多，所以武田勝賴很可能錯判了形勢，這才會不把聯軍放在眼裡，在長篠城東部的鳶巢山以及長篠城下留下一部分軍隊，親自率軍朝著連吾川東岸進軍。

不過，雖然武田勝賴輕敵進軍，但是兩軍的陣地之間畢竟隔著一條連吾川，武田軍若是不主動渡河強攻，而是就地對峙，隨時都有能力撤軍，而在工事以及馬防柵背後的聯軍發起追擊十分不易，織田信長確實也拿對岸的武田軍沒有辦法。這時候，織田信長便採用了第二個戰法，逼著武田勝賴對聯軍陣地發起攻擊。

長篠之戰的前一天夜裡，織田信長派遣德川家家臣酒井忠次率領一支別動隊，走山路繞到了武田軍背後的長篠城。次日上午，酒井忠次對鳶巢山的武田軍發起奇襲，長篠城的守軍也配合酒井忠次的攻擊，出城與城下的武田軍交戰。

大約在中午十一時左右，武田勝賴得知了鳶巢山失陷，長篠城下的武田軍潰敗的消息。此時的武田軍進退兩難，若固守原地，就會遭到前後兩面夾擊，再加上武田勝賴曾錯判聯軍的人數，所以他才決定對正面的聯軍發起進攻，打算先擊敗正面的聯軍，再回頭對付偷襲的別動隊。

結果大家都知道了，武田勝賴一頭撞在了牆上。

另外，前文有提到，以前的舊說將武田家歸類於愚蠢的守

舊勢力，以傳統的冷兵器時代的戰術去對抗持有新式火器的織田信長，最終栽了個大跟頭。

可是，武田家真的就是所謂的守舊大名嗎？

當然不是。

事實上，武田家是最早察覺到鐵炮這種新式兵器作用的戰國大名之一，早在弘治元年（1555年）的第二次川中島戰役時，就有武田軍調遣三百餘名士兵組成的鐵炮隊的記錄，說明武田家最早在這一年以前，就已經裝備了鐵炮給軍隊。

這是個什麼概念呢？鐵炮傳入日本是天文十二年（1543年）的事情，在天文十六年（1547年）左右傳入京畿。也就是說，在鐵炮傳至京畿後的幾年之間，武田家就開始購買並裝備鐵炮了。

根據當時戰國大名留下的軍役帳來看，武田家對鐵炮這種武器非常重視，在徵召軍隊時，武田家對家臣要求的鐵炮裝備率約為10%左右，而上杉家則稍差，約為6%。長篠之戰時織田信長四處徵調鐵炮，其裝備率也不過只有11%～12%而已。

現如今的歷史學者們在對長篠城古戰場遺跡的挖掘中，也出土了不少鐵砲彈丸，證明武田勝賴在攻擊長篠城時，也使用了一定數量的鐵炮，用來攻擊守軍。以上的種種，足以說明武田軍並非是不了解新式武器的井底之蛙。

那麼，我們知道了武田家對鐵炮也是非常重視的，可是為什麼在我們的日常認知中，對武田軍使用鐵炮的印象並不深

呢？這便是我們下文將要介紹的內容，從另外一個視角來解讀武田家的敗因。

武田家雖然裝備了為數不少的鐵炮，但是實際上他們對鐵炮的使用率遠遠沒有織田信長那麼高。這是因為當時的武田家地處東國，雖然不便於購買鐵炮，但是鐵炮畢竟不是一次性用品，所以還是能夠囤積一定的數量。然而，作為使用鐵炮必須的消耗品火藥、硝石、彈丸卻不像鐵炮那樣可以靠時間囤積，且非常不容易買到。

學者們對長篠古戰場發掘出的鐵砲彈丸的鉛成分進行分析之後，發現當時鐵炮的彈丸約有三成是由來自東南亞進口的鉛製造出來的，也就是輸入日本的進口貨。當時無論是歐洲人、還是明朝、朝鮮與日本的貿易品，但凡要傳入東日本，都是走如下兩條線路：1、九州 —— 瀨戶內海 —— 京畿（陸路、水路） —— 伊勢灣 —— 太平洋沿岸。2、九州 —— 日本海 —— 若狹灣 —— 繼續沿日本海北上。

自從鐵炮登場以後，鉛就成為了重要的策略物資。對於武田家來說，日本海的貿易航線在宿敵上杉家的掌控中，基本上是可以不用想的，而他們唯一打通的航線，就是消滅今川家後占領的駿河國，也就是太平洋沿岸的貿易航線。然而，這條航線的一個重大缺點就是，進口的商品是需要經過織田信長統治之下的兵庫、堺等港口以及織田家、德川家勢力範圍內的伊勢灣後，方才能夠抵達駿河國。因此，織田信長一旦在堺港或伊

勢灣卡住重要軍事物資的貿易，武田家就非常不容易購買到優質的進口火藥與彈丸。

那麼，進口貨是用不上了，剩下的七成國產鉛製成的彈丸呢？很遺憾，雖然武田家的領地內擁有很多金山，但是唯獨缺少鉛礦，所以即便是日本國產鉛製成的彈丸，對於武田家來說也是從他國來的「進口貨」。值得一提的是，武田家與德川家拉鋸十年爭奪的「奧三河」地區，也就是長篠城附近，恰好是德川家的鉛礦所在地。

當然，鉛、火藥、硝石的缺乏不僅僅是武田家的困擾，而是日本戰國時代所有東國大名的困擾。從現在對戰國時代古戰場的挖掘結果來看，西日本出土的鐵砲彈丸全是鉛製彈丸，而東日本的則五花八門，既有鉛製的彈丸，又有銅製、鐵製的彈丸，例如武田家曾經將一些品質比較差的「惡錢」熔作彈丸，但是這些鐵砲彈丸無論是射程還是威力，都難以與鉛製彈丸相提並論。

巧婦難為無米之炊，火藥、彈丸的稀缺，自然也導致了東國大名的鐵炮隊訓練不足，像織田信長那樣與石山本願寺徹夜放炮的戰役，對東國大名來說更是想都不敢想的奢侈戰爭。

武田家的稅制

日本戰國時代早期的甲斐國在守護武田氏的統治下，相對於其他地方相對還是比較和平的，直到明應元年（1492年），守

護武田氏因為家督繼嗣問題發生內訌，甲斐國這才正式進入了「戰國時代」。

自明應元年（1492年）開始，甲斐國的戰爭就一直斷斷續續地進行著。期間，這場由守護武田信繩與弟弟油川信惠掀起的家督之爭，還將駿河國的今川家、伊豆國的伊勢家（北條家）、堀越公方家捲入了這場內訌之中。

明應七年（1498年），日本關東發生了劇烈的「明應大地震」，當時大部分的人們防災概念並不強，甲斐國遭受了巨大的損失。地震之後，甲斐國內厭戰情緒蔓延，大家都認為這次地震是武田家兄弟鬩牆而招致的天罰。在這樣的情況下，武田信繩與油川信惠暫時議和，給甲斐帶來了短暫的和平。

永正四年（1507年），守護武田信繩去世，家督之位由嫡子武田信直繼承。武田信直出任守護時年僅十歲而已（注：舊說為十四歲），叔叔油川信惠欺侮姪子年少，在拉攏了甲斐國都留郡的豪強小山田氏加入己方後，再度掀起反旗。

次年十月，十一歲的武田信直率軍與油川信惠交戰，在戰役中討取了油川信惠、巖手繩美兩個叔叔以及油川一族的許多武將，徹底擊敗了這股讓甲斐國分裂十幾年的勢力。同年十二月，武田信直挾大勝之餘威進軍都留郡，擊敗小山田軍，討取小山田氏家督小山田彌三郎。最終，小山田氏以新任家督小山田出羽守信有迎娶武田信虎妹妹為條件，臣服於武田家。

武田信直在大永元年（1521年）將自己的名字改為「武田信

虎」，而甲斐國的守護武田家，也正是在武田信虎及其子武田信玄的手上走向戰國大名之道的。

本文並非介紹武田家的稱霸之路，那麼就來看看戰國大名武田氏的內政如何吧。

在室町時代，許多勢力較大的寺院與神社會從幕府將軍處獲得「守護使不入」的特權。也就是說，即便是領國守護的代官在追捕逃犯，一旦犯人進入寺社的領地後，代官便不能再前行一步，而需要與寺社溝通後，方才能讓寺社主動交出犯人。

天文二年（1533年）八月，武田信虎給甲斐國的廣濟寺下發了許可該寺拒絕守護的「檢斷使」進入寺領追捕逃犯的文書。可以看出，在武田信虎統治甲斐國的早期，武田家依舊還是停留在室町幕府時代的「守護大名」的定位上，不得不對領地內的一些勢力進行妥協。

然而，這也是武田信虎最後一次給廣濟寺下發「守護使不入」特權的記載了。在之後的武田信虎、武田信玄父子給廣濟寺下發的特權許可中，武田家再也沒有提到「守護使不入」的字眼了。並且，武田家領內寺社的「不輸」（不繳納年貢）特權也變成了有條件的特權，即寺社需要向武田家奉公後（例如舉辦祈願戰役勝利的法會，或派出僧人隨軍等等），方才能夠免除年貢。

「棟別役」是室町時代大名的主要賦稅形式之一，棟別役以房屋為單位繳納，共分為兩種繳納形式，一為用金錢支付的「棟別錢」，一為用人力承擔勞役的「普請役」。在室町時代棟別役僅

是為了修復寺社、橋梁等建築物時臨時徵收的賦稅，而到了戰國時代，棟別役改為定期繳納，已然成為了大名們的固定收入。

大永元年（1521年）時，駿河國今川家麾下的福島氏一族侵入了甲斐國，與武田信虎交戰。儘管武田信虎擊敗了今川軍，但是甲斐國內也因為戰爭而滿目瘡痍，武田家為了擊退外敵付出了極大的代價。

次年正月三日，武田信虎為了回血，在甲斐國內開始徵收「棟別錢」。

到了武田信玄時代，武田信玄在繼承家督的次年即天文十一年（1542年）便制定了《棟別帳》，以此為標準在國內徵收棟別役。在這之後，武田家的「棟別役」徵收制度不斷地得到完善。

天文十六年（1547年），武田信玄命側近駒井政武起草武田家的分國法《甲州法度之次第》，在武田家的領地內，《甲州法度之次第》是具有最高權威的法律檔案。《甲州法度之次第》現存兩個版本，一版為二十六條本，一版為五十七條本，後者是在前者的基礎上進行刪改、追加而來的，武田家的與棟別役相關的六條法律均出自五十七條本的追加條目中。

在《甲州法度之次第》中，武田家的棟別法度大致有如下幾個特點：其一，如若住民無力承擔棟別役，住民所在的村落要替其承擔，若是延期繳納，數額翻倍（《北村家文書》）。其二，如若有人為躲避棟別役逃亡，需及時追查並催繳欠款。其三，武田家不接受任何有關棟別役的訴訟案件。

從上述款項可以看出，棟別役乃是武田家的主要稅收之一，武田家對徵收棟別役之事非常嚴格，尤其不接受住民們對此的異議。

弘治元年（1555年），武田信玄在領地進行「棟別改革」，重新制定繳納棟別錢的標準。規定住民們的主要住宅「本屋」需繳納的棟別錢為每間二百文，新築的房子「新屋」每間需繳納五十文（後又追加至一百文），因構造而不足以視為一間房子的「片屋」每間繳納一百文。

儘管棟別錢是戰國大名們的主要稅收之一，但是武田家棟別役在當時的日本也是全國數一數二的重稅，徵收數額是陸奧伊達家的兩倍，相模北條家的四倍。

棟別改革的第二年即弘治二年（1556年）時，武田信玄規定一年之中分別在二月與八月各徵收一次棟別錢。同時規定如果有住民沒有及時繳納棟別錢的話，就由負責徵收當地棟別錢的代官自己承擔。另外，武田信玄大概還是有些自知之明的。之前在《甲州法度之次第》中規定武田家不受理有關棟別役的訴訟，在這年也放鬆了一些，規定如果是因為天災等特殊原因無力承擔棟別役的話，可以先上報武田家，讓武田家進行裁決（《藤卷家文書》）。

除了「棟別役」外，武田家的稅收來源還有「德役」、「借錢」、「御藏」與「田役」。所謂「德役」，就是指武田家向「有德人」徵收的特殊稅收，這些「有德人」即是一些富有的商人、寺

社等有錢人。

「德役」並不是固定徵收的稅收，通常是因為地震、戰爭等原因導致武田家入不敷出或者需要復興領內時才會徵收的稅賦。這種「劫富濟武田家」的稅收的特點是能夠一次性地大回血，但是卻也是一種殺雞取卵的回血方式。例如天文二十年、天文二十二年時武田家在都留郡徵收被稱為「過料錢」的德役時，許多人都不堪重負逃亡。

「借錢」，其實就是指貸款。武田家在領地內各處都設有被稱為「御藏」的機構，將年貢儲藏在裡面，委託「有德人」進行管理，這些有德人被稱為「藏主」。

「御藏」經常將徵收的糧米借貸給百姓，透過徵收利息來盈利，同樣也是武田家的重要收入之一。在《甲州法度之次第》中，有關棟別役的法度有六條，而有關「借錢」的法度則高達十四條。

武田家規定父母欠「御藏」的錢，子女也是有償還義務的，但是如果是子女欠「御藏」錢米的話，父母則沒有償還義務。如果子女早逝於父母之前，且父母接收了子女的遺產的話，父母才需要承擔子女欠「御藏」的債務。

另外，如果欠錢之人逃亡的話，領地、屋子將會被武田家沒收；接手逃亡者田地之人需要承擔上一個地主的債務；如果欠款人去世的話，則需要讓保證人還款；藏主如果逃亡的話，按照其管理的御藏虧錢的數額沒收其家產與田地……

總之，武田家用各式各樣的形式給領地內的住民發放貸款，再以各式各樣的形式將貸款收回，這也是武田家的重要經濟來源之一。

戰國大名較為典型的固定稅收通常有兩種，一種便是上文提到的「棟別役」，一種則是被稱為「段錢（反錢）」的按照農田面積徵收的賦稅。

由於甲斐國曾經有過很長的一段時間處於「守護不在」（沒有守護）的狀態下，因而當其他守護大名徵收「段錢」時，甲斐國並沒有對此制定相關的規定與法度。另外，甲斐國多山的地貌也導致可耕耘的田地不多，很難制定徵收段錢的標準。

等到武田家開始征服信濃國時，武田家便開始在信濃國徵收類似「段錢」的武田家獨有的稅收「田役」。武田信玄規定信濃國每一反（約990平方公尺）面積的田地需要繳納百文至二百文不等的銅錢，由於當時惡錢（不符合標準的銅錢）橫行，有的地方也會以每反田地徵收一升米作為標準。

「田役」與「棟別役」都是以土地面積為基準而徵收的固定稅收，除了戰爭以外徵收額度不會出現太大的變化，因此這兩種稅收成為了武田家的稅制的重中之重。

由於遊戲《信長之野望》的流行，遊戲內甲斐國的金山經常能夠給玩家帶來大量的收入，這使得很多人都出現了一種錯覺——武田家的收入主要靠金山。

從五十七條本的《甲州法度之次第》可以看出，武田家的分國法中沒有一條是涉及甲斐國金山的收入的。可以看出，儘管甲斐國的金山給武田家帶來了很多收入，但這仍然不足以成為武田家的經濟基礎。

按照以往的通說，甲斐國的金山是由武田家的代官進行管理的。然而近年來根據學者笹本正治的研究，武田家的金山眾其實並非是武士階層的代官，而是地位低於武士的「職人」。例如甲斐國的黑川金山，由穴山氏直轄，金山眾負責開採，武田家負責保護。作為條件，黑川金山需要向武田家繳納一定數額的黃金。

武田勝賴時代，甲斐國的金山開採量減少，武田勝賴為此下發了許多文書，鼓勵金山眾加大開採力度。不過，黃金開採量減少並不意味著金山枯竭，例如甲斐國的黑川金山，在「天正壬午之亂」後被德川家接管，江戶時代以後更是成為幕府的直轄金山，產量達到巔峰。

那麼，甲州金山產量減少對武田家的影響如何呢？

對此問題的回答應該是：「有影響，但是沒有想像中的那麼大。」

目前的史料中，並沒有甲州金作為貨幣通行的記錄，因而，甲州金僅僅是武田家與家臣、地頭、有德人、寺社等交涉時的禮品、恩賞或者貢品而已。

北條家

伊勢盛時入關東

北條早雲是日本戰國時代早期的戰國大名之一，雖然他以「北條早雲」之名聞名後世，但是實際上北條早雲生前並未使用過「北條早雲」這個名字，他真正的名字乃是「伊勢盛時」，亦或者是出家後的法號「伊勢宗瑞」。

康正二年（1456年），伊勢盛時出生，其父是室町幕府奉公眾、備中伊勢氏出身的伊勢盛定，母親則是幕府的政所執事伊勢貞國的女兒。在江戶時代，伊勢盛時的出生年分被誤認為是永享四年（1432年），這一年也是他的舅舅伊勢貞藤出生的年分，因而在江戶時代的軍記物中，伊勢貞藤經常被誤記為是伊勢盛時的父親，或者乾脆說伊勢貞藤就是伊勢盛時本人。

伊勢盛時是伊勢盛定的次子，由於其兄伊勢貞興在歷史上的記載不多，所以他的兄長應該在很早的時候就過世了，伊勢盛時實際上是以伊勢盛定的繼承人身分活躍在幕府中。當時的政所執事伊勢家地位顯赫，代代都是作為幕府將軍的乳父撫養將軍長大，伊勢盛時雖然只是庶流備中伊勢氏出身，但是由於

其父迎娶了京都伊勢氏的女兒，因而地位也自然水漲船高。

文明三年（1471 年），伊勢盛時十六歲時出現在了備中國的荏原莊，這裡也是備中伊勢氏的根據地。伊勢盛時在此地修築了父親的菩提寺長谷法泉寺，並在同寺下發禁制。當然，此時的伊勢盛時壓根就沒想到，自己將來再也回不到備中國了。文明十五年（1483 年），二十八歲的伊勢盛時繼承父業，成為幕府將軍足利義尚的申次眾，申次眾是負責幕府將軍與各地大名之間聯繫的職位，相當於幕府將軍的祕書，雖然職務不高，但是地位卻是非常之高。

在此期間，伊勢盛時的姐姐、嫁入駿河國大名今川家的北川殿因為今川家的內亂向伊勢盛時請求支援，因而伊勢盛時才會向幕府將軍申請前往駿河國。在江戶時代的軍記物記載中，文明八年（1476 年）時伊勢盛時的姐夫今川義忠戰死，當時今川家陷入內亂，一部分家臣在扇谷上杉家的支持下想擁戴今川家庶流今川範滿繼承家督，伊勢盛時在此時下向駿河國，還曾與扇谷上杉家的家宰太田道灌見面，最終約定在外甥龍王丸成年以前，由小鹿範滿代理今川家的家督之位。不過，實際上在一次史料中，伊勢盛時第一次在駿河國出現時已經是長享二年（1488 年），所以第一次下向駿河國這件事應當是不屬實的，伊勢盛時也沒有與太田道灌見過面。

長享元年時，今川義忠的嫡子龍王丸已經到了元服的年紀，北川殿這才會請求表兄伊勢貞宗（京都伊勢氏、伊勢貞親之

子）與弟弟伊勢盛時的協助。在伊勢氏的運作下，幕府將軍足利義尚認可了龍王丸繼承今川家之事，因而伊勢盛時才作為代官下向駿河國，協助姐姐和外甥奪回家督之位。此時的伊勢盛時，年僅三十二歲。

龍王丸元服後取名為今川氏親，但是今川家的局勢仍舊不算穩定，因此作為今川家一門眾存在的伊勢盛時便只好留在駿河國穩定今川家的局勢。在此期間，伊勢盛時從今川家處拜領了駿河國下方莊的善德寺城領地，作為自己在駿河國的開銷。與此同時，當時駿河國的鄰國伊豆國是「堀越公方」足利政知的領地，伊勢盛時在駿河國期間也出仕了堀越公方，拜領了伊豆國田中鄉、桑原鄉等領地。

明應二年（1493年）四月，幕府管領細川政元在京都發動政變，廢黜了幕府將軍足利義材，擁立堀越公方足利政知之子足利義澄出任將軍。此時的堀越公方已經在兩年前去世，其長子足利茶茶丸在父親死後發動政變，奪取了堀越公方之位，殺害了繼母與弟弟（足利義澄胞弟）。在足利義澄出任將軍的同時，伊勢盛時也打起討伐殺害幕府將軍母親和弟弟的逆賊的大義旗幟，在扇谷上杉家、今川家的支持下出兵伊豆國。明應七年時，堀越公方足利茶茶丸自盡，伊勢盛時徹底奪取了伊豆國，作為自家的根據地。

伊勢盛時占據伊豆國時，關東的山內上杉家與扇谷上杉家正處於敵對狀態，當時領有駿河國御廚以及相模國小田原城的

大森氏原本從屬於扇谷上杉家,但是在此期間卻加入了山內上杉家的麾下。因此,伊勢盛時在奪取伊豆國後,立即對相模國西部的小田原城發起攻擊,奪取了小田原城。

在關東作戰的同時,伊勢盛時還時常以今川家御一門眾的身分,作為今川軍的總大將出兵遠江國、三河國。日本歷史學者黑田基樹指出,伊勢盛時此時的身分並不僅僅是一門眾那麼簡單,從他多次在今川家的軍事行動中擔任總大將來看,當時的今川氏親將伊勢盛時視作自己的「家宰」,也就是家臣的筆頭。伊勢盛時雖然已經是擁有伊豆國與相模國西部廣大領土的戰國大名,但是他本人對這件事卻並不抗拒。

不過,永正六年(1509年),當時山內上杉家、扇谷上杉家已經達成和解,要共同對付侵入關東的伊勢盛時,所以自這年開始伊勢盛時不再作為今川家的總大將活躍,而是在重心放在了經營伊勢家的領地以及與兩上杉的戰爭之中。

同年八月,伊勢盛時響應與山內上杉家、扇谷上杉家敵對的越後國守護代長尾為景(上杉謙信的父親)的邀請,出兵侵入扇谷上杉家的領地。由於扇谷上杉家的重臣上田氏背叛了上杉家投入伊勢家麾下,導致扇谷上杉家的根據地江戶城遭到了伊勢盛時的威脅。次年七月,趁著伊勢盛時侵入山內上杉家的領地時,扇谷上杉家對伊勢家發起反擊,一度攻打至小田原城城下,最終兩家以議和告終。

可是,山內上杉家與扇谷上杉家一旦停止對外的戰爭,立

刻就開始了內鬥。伊勢盛時也再次藉著兩上杉內鬥的機會，大舉侵攻相模國中部與西部，於永正十三年（1516年）徹底占領相模國，成為占據相模國、伊豆國二國的戰國大名。在此之後，伊勢宗瑞繼續發兵攻擊房總半島以及武藏國，擴大著自家的領地。

永正十六年（1519年），此時的伊勢盛時已經將家督之位讓給了長子伊勢氏綱，臥病在床的他將自己隱居的領地讓給了末子菊壽丸（北條幻庵），並在同年八月十五日去世，享年六十四歲。伊勢盛時的一生非常傳奇，他本是室町幕府的奉公眾出身，只是個普通公務員罷了，但是他卻抓住機會下向駿河國，並且藉助今川家的力量開創了自家的家業，讓伊勢家（北條家）的威名傳至今日。

奠基之人北條氏綱

北條氏綱出生於長享元年（1487年），是伊勢盛時的嫡長子，元服之後沿用父親的假名，取名為伊勢新九郎氏綱。在伊勢盛時侵略相模國時，伊勢氏綱也在父親麾下活躍，因而被委任為小田原城城代，管理相模國的領地。

永正十六年（1519年）四月時，伊勢氏綱繼承了伊勢家的家督之位，四年後的大永三年（1523年）七月至九月期間，伊勢氏綱將自家的苗字從「伊勢」改為了「北條」，戰國大名北條氏正式誕生。

北條氏綱時代，北條家陷入與山內上杉家、扇谷上杉家、甲斐武田家之間的戰爭中，與此同時，北條氏綱也不斷地向武藏國擴張勢力。大永四年（1524年），北條家奪取了江戶、小機等地，甚至降服了山內上杉家的家臣勝沼三田家。為了抵禦入侵的北條家，山內上杉家與扇谷上杉家、甲斐武田家締結了盟約，又與以房總半島為據點的小弓公方聯手，組建起了針對北條家的包圍網。

北條家的困境在享祿二年（1529年）時得到改善，這一年古河公方、山內上杉家接連發生內亂，北條氏綱趁機對扇谷上杉家發起反擊。天文二年（1533年），小弓公方的支持者安房里見家與上總武田家相繼發生內亂，北條家趁機介入，將勢力延伸進房總半島深處。

事件的起因，是里見家的家督里見義豐殺死了叔父里見實堯，里見實堯之子里見義堯便舉兵與主家敵對，同時向北條家邀請援軍，另外一方面，里見義豐也向扇谷上杉家求援。最終，里見義堯靠著北條家的支持擊敗了里見義豐，將其逐出安房國，奪取了里見家家督之位。里見義豐敗北之後，逃至上總國依附岳父武田信清。可是上總武田家內部也分為支持里見義豐派與支持里見義堯派，再加上武田信清於天文三年（1534年）去世後，其子武田信隆與武田信應開始爭奪家督之位，導致上總武田家也走向了衰弱，武田信隆在爭權失敗後，也向北條家派出使者請求支援。

另外，在此期間北條家與曾經的盟友今川家分道揚鑣了。北條氏綱的父親伊勢盛時（北條早雲）曾經是今川家的家臣，又是今川家前家督今川氏親的舅舅，兩家的關係非比尋常。然而，在今川氏親、今川氏輝父子相繼去世以後，今川家也陷入了爭奪家督之位的內亂之中（花藏之亂）。北條氏綱在這一次內亂中支持壽桂尼一方的花藏殿玄廣惠探，反過來另外一位栴嶽承芳則與宿敵甲斐武田家結盟，成功地奪取了家督之位。栴嶽承芳繼承家督之後立即還俗，取名為今川義元，由於北條家在先前支援自己敵人的緣故，今川義元統治前期的今川家與北條家的關係急遽惡化，成為敵人，北條氏綱也趁今川家局勢不穩之際出兵奪取了駿河國東部的河東地區。

天文六年（1537年）七月，扇谷上杉家趁著北條氏綱出陣駿河國時侵入北條家領地，北條氏綱在歸陣之後立即馬不停蹄地迎戰扇谷上杉家。由於北條氏綱先前介入過房總局勢的緣故，下總千葉家、上總武田家、安房里見家均對北條家派出援軍，在北條氏綱的反擊下，扇谷上杉家節節敗退，最終連根據地河越城也被北條氏綱攻陷。

天文七年（1538年）二月，北條氏綱攻陷扇谷上杉家的另外一處據點，位於下總國的葛西城。此時北條家的領地已經極大地超過了伊勢盛時時代，擁有伊豆國、相模國、駿河國半國、武藏國南部、下總國西部等領地，取代了上杉家成為當時關東最強大的戰國大名。

同年十月，北條氏綱與古河公方足利晴氏結盟，同古河公方的敵人小弓公方在國府台展開激戰，隨後將小弓公方滅亡，北條氏綱也因為這個功績，被足利晴氏封為「關東管領」，北條氏綱也將女兒嫁給足利晴氏作為正室夫人，依靠古河公方作為大義名分擴張勢力。

天文九年（1540年），北條氏綱修繕了關東武士心中的聖地鎌倉鶴岡八幡宮，宣示北條家的實力。修繕鶴岡八幡宮之事並非是北條家的義務，原本都是由鎌倉公方負責，但是日本進入戰國時代以後，鎌倉公方被上杉家趕到了古河，導致鶴岡八幡宮在幾十年來一直處於半荒廢的狀態，無人打理。北條氏綱修繕鶴岡八幡宮的舉動引起了關東武士的好感，甚至連山內上杉家麾下的家臣們也都紛紛給北條家捐錢，支援其修繕八幡宮。

不過，次年東日本鬧起了大饑荒，北條氏綱也在饑荒中染上重病，於七月十七日去世，享年五十五歲。

北條氏綱去世後，家督由嫡子北條氏康繼承。北條氏康出生於永正十二年（1515年），幼名伊豆千代丸，大約在享祿二年（1529年）年末元服。此時關東的局勢對剛繼承家督的北條氏康來說並不算樂觀，北條家雖然已經是關東最強大的大名，但是仍舊有許多家族對北條家虎視眈眈，尤其是被北條家驅逐的山內、扇谷上杉家，以及因為被北條家奪取河東地區而耿耿於懷的駿河今川家。

不過，對北條氏康來說好消息還是有的，在北條氏康繼承

家督的同年，敵人甲斐武田家也發生了政變，武田信玄聯合家臣流放了父親武田信虎，奪取了家督之位。再加上這年山內上杉家響應了信濃國國眾海野氏、真田氏的請求出兵信濃國，導致武田家與兩上杉家的關係惡化，給未來北條家、武田家的和談創造了可能性。

天文十四年（1545年）八月，今川義元率軍攻入駿河國的河東地區，甲斐武田家也響應今川家的請求出兵駿河，另外一邊，扇谷上杉家、山內上杉家組成聯軍，開始朝被北條家占領的河越城進軍。北條家迎來了成立以來的最大危機，北條氏康無法兩面作戰，只得請求武田家作為仲介調解，以割讓河東地區為條件與今川家議和。

與此同時，山內上杉家、扇谷上杉家說服了古河公方足利晴氏與北條家破盟，在古河公方的號召下，早些年曾與上杉家敵對的北關東的豪強們紛紛派出軍隊前來參陣，古河公方、山內上杉家、扇谷上杉家組成了一支前所未有的龐大聯軍，包圍了河越城。

在重重危機之下，年輕的北條氏康又將如何突破困局呢？

河越戰役

天文十四年（1545年）十月，在武田信玄的仲介下，北條氏康與今川義元達成和解。另外一邊，面對在河越城下的數萬大軍，北條氏康也與山內上杉家家督上杉憲政接觸，表示願意以

河越城無血開城為條件，換取守將北條綱成及守軍的性命。不過，古河公方足利晴氏卻堅決反對和談，雙方一致僵持到了次年四月，北條氏康再一次提出和談請求，但是仍舊被足利晴氏拒絕。

此時在足利晴氏看來，河越城已經被圍七月，眼看城破在即，根本無需與北條家和談。待奪回河越城以後，古河公方與上杉家聯軍還可一鼓作氣侵入南武藏，奪回先前被北條家奪取的城池，將這位「他國來的凶徒」給逐出關東。

實際上，北條氏康第二次提出和談請求時，他已經率軍抵達河越城附近了，當足利晴氏拒絕和談以後，日本戰國「三大奇襲」之一的「河越奇襲戰」正式打響。不過，在一次史料中並未記載這次戰役的具體經過與人數，只知道是北條氏康與守軍裡應外合，同時對聯軍陣地發起攻擊，一舉擊潰聯軍。更詳細的內容只能從軍記物中窺得一二，但是由於這些內容並非是一次史料，並且存在文學創作的情況，所以只能作為參考。

根據江戶時代軍記物《關八州古戰錄》的記載，天文十五年（1546年）四月一日，北條氏康率領八千人從小田原城出陣，抵達河越城附近的砂窪，此時關東公方足利晴氏、關東管領上杉憲政的聯軍人數大約有八萬六千人。為了激勵士卒，北條氏康故意顯得不屑一顧的樣子，對將領們表示上杉家不過是北條家歷年來的手下敗將而已，人數雖多，但是不足為懼。在出戰以前，北條氏康故意透過關東豪強小田氏治的陣代菅谷隱岐守與

足利晴氏取得聯繫，希望足利晴氏開恩放過河越城守軍，但是被足利晴氏拒絕，聯軍還派遣成田氏等豪強率軍兩萬人向砂窪進軍，北條氏康見狀後立即後撤，聯軍武將們紛紛嘲笑北條氏康是個膽小鬼。

在交戰前夕，北條氏康派出忍者偵查聯軍的布陣，隨後又悄悄地率軍返回了砂窪。四月二十日，北條氏康將手下八千人分為四隊，下令由第一隊作為北條軍前鋒，負責衝散聯軍陣地，第二隊則緊隨第一隊身後，趁亂掩殺敵人，待第三隊發起攻擊後，第一隊再返回與第二隊、第三隊一同剿滅殘敵，最後一隊則作為預備隊。

為了便於活動與防止在夜色中誤傷友軍，北條軍脫下了重甲與馬鎧，將白色的布條系在鎧甲上，還互相約定了暗語。北條氏康下令不許割取雜兵的首級，只要盯著敵方大將衝殺即可，氏康自己也揮舞太刀作戰，如獅子般迅速，連著砍倒了十四人。和聯軍遭遇以後，上杉軍的旗本瞬間潰散，扇谷上杉家家督上杉朝定戰死，難波田彈正左衛門、難波田隼人正、本間近江守、小野因幡守等三十餘武將為掩護山內上杉家家督上杉憲政撤退戰死。此時，河越城內的福島左衛門（北條綱成）見到城下北條軍的奮戰，立即開城率軍朝著古河公方的陣地攻去，足利晴氏麾下的簗田、結城、相馬等武將紛紛棄主逃亡，足利晴氏也狼狽地逃回了古河御所，關東公方、關東管領聯軍共戰死一萬三千餘人。

由於河越戰役的具體經過並不明確，因而實際上這場戰役是否屬於「奇襲戰」，不得而知。不過，所謂「日本戰國三大奇襲」，其實仔細剖開分析，都沒有軍記物中那樣傳奇，是否是「奇襲」也都存在爭議。「三大奇襲」的真正意義在於，這三場戰役都改變了日本的局勢與歷史走向，「嚴島之戰」後，傳統的西國霸主大內家衰弱，原本的小豪族毛利家取而代之，「桶狹間之戰」後，有東海道第一武士之稱的今川家衰弱，尾張國的小豪強織田家崛起。同樣，「河越戰役」之後，曾經關東的三位霸主中，山內上杉家、古河公方不可避免地走向了衰弱，再也無力與北條家抗衡，而曾經在「享德之亂」、「長享之亂」中活躍的名門扇谷上杉家更是直接宣告滅亡。

北條氏康本著「趁你病要你命」的原則，乘勝追擊山內上杉家，一舉奪取了松山城與岩槻城，甚至開始將北條家的勢力滲透進山內上杉家的守護分國上野國之中。上杉憲政為了尋求盟友，與信濃國的村上家、大井家結盟，但是這些信濃豪強卻在武田家的攻擊下節節敗退，根本就是泥菩薩過江自身難保，自然也無力支援山內上杉家。

天文十九年（1550年），北條氏康發兵上野國，包圍了山內上杉家的本城平井城，經過一番激戰以後，北條軍攻城未果主動撤軍。天文二十年年末，北條氏康再度率軍出陣上野國，並在次年三月攻陷上杉憲政之子龍若丸所在的武藏國御嶽城，由於平井城也被北條軍包圍的緣故，上杉憲政只能眼睜睜地看著

兒子被北條家俘虜。龍若丸隨後便被送往北條家後方，於兩年後被北條家殺害。

眼見山內上杉家的衰弱已經無法逆轉，許多原山內上杉家的家臣們紛紛改弦更張，轉投至北條氏康麾下，上杉憲政本人也被近臣流放，平井城也落入了北條家的手中。在這之後，上杉憲政四處流亡，但是四處碰壁，最終只好向與自家淵源頗深的越後國求助（山內上杉家絕嗣時經常從越後上杉家迎接繼承人）。當時越後上杉家也已經衰弱，統治越後國的是原越後上杉家家宰出身的長尾景虎（上杉謙信），好在長尾景虎願意接受上杉憲政的庇護請求，答應協助其返回關東。

另外一邊，古河公方原本一直都是北條家的盟友，足利晴氏的繼室夫人也是北條氏康的妹妹，二人之間也生有兒子足利義氏，就是玩《太閤立志傳》時經常在小田原城外被玩家蹲點搶刀的那位。不過，由於北條氏康一直對足利晴氏施壓，要求足利晴氏立有北條家血統的足利義氏為繼承人，引起古河公方的不滿，所以足利晴氏才會在河越戰役時站到了宿敵上杉家的一方。

天文二十一年（1552年）十二月十二日，足利晴氏宣布隱居，將家督之位讓給足利義氏，但是足利晴氏在兩年之後卻又與長子足利藤氏起兵反抗，最終連古河御所都被北條氏康奪取，足利晴氏也被押往相模國軟禁，古河公方實質上滅亡。自「享德之亂」以來，古河一直都是「鎌倉公方」的根據地，曾經的

山內上杉家、扇谷上杉家、越後上杉家三家聯手都未能成功奪取此地，如今卻落入北條家的手中，足以見得當下的北條家，實力已經遠遠超過曾經的上杉家了。

與武田家的戰役

北條氏康時代，雖然北條家仍舊擁戴足利義氏為關東公方，自家也以「關東管領」的身分號令關東群雄，但是北條家與關東公方的關係卻同上杉家不一樣，關東公方與關東管領不再是互相箝制的關係，而是完全變成了北條家的傀儡。

河越戰役以後，北條家的主要精力依舊處在與上杉家殘黨的作戰上面，不過後方的今川家與武田家卻會讓北條家不得不抽調兵力防禦背後。與北條家一樣，武田家的主要精力放在了侵攻信濃國，而今川家的主要精力則集中於侵攻三河國，在三方利益互不衝突的背景之下，三家開始嘗試締結盟約。

在很多藝術作品的創作中，北條、武田、今川三家結盟之時，三家的家督北條氏康、武田信玄、今川義元一同會面，互相交換了誓書。但是，歷史上三國同盟卻不是這樣締結的，三位大名也沒有見過面，所謂「甲相駿三國同盟」，實際上是每家與其餘兩家分別締結的。天文二十一年（1552 年）十一月，在今川義元的妻子（武田信虎之女）去世後，武田信玄之子武田義信迎娶今川義元之女為妻，雙方重新締結了姻親。天文二十二年（1553 年）北條氏康與武田信玄結盟，然而因為嫡長子北條氏親

在定下婚約後不久便病逝，所以次子氏政在成為北條家的新繼承人的同時，不得不順帶著把嫂子給一起繼承了，直到次年才舉行了婚禮。天文二十三年（1554年）七月，北條氏康將八歲的女兒早川殿嫁給今川義元之子今川氏親，兩家也締結了盟約。

永祿三年（1560年）九月，由於今川義元在桶狹間戰死的緣故，越後的上杉謙信擁立原關東管領（注：北條家與上杉家均不認可對方的關東管領身分）上杉憲政南下關東。上杉謙信能征善戰，侵入關東後便立即奪取了上野國，隨後又侵入武藏國，由於先前上杉謙信上洛後從足利義輝處獲得了出兵關東的大義名分，太田家、成田家等武藏國國眾紛紛響應上杉家舉兵。不僅如此，常陸國的佐竹家、下野國的那須家、小山家、宇都宮家、安房國的里見家也都紛紛出兵，加入到了上杉謙信的麾下。

面對來勢洶洶的上杉謙信，北條氏康採取守勢，在各處布置好防禦後，退回了小田原城，同時請求了盟友武田信玄、今川氏真的援軍。武田信玄為了牽制上杉謙信出陣信濃國北部，同時還請求北陸的一向宗騷擾上杉家的後方。不過，上杉謙信卻未因此撤軍，而是停留在沼田城渡過新年，隨後於永祿四年（1561年）三月包圍了小田原城。由於武田家、今川家都向北條家派出援軍，上杉軍又遠道而來，因此上杉謙信不得不從小田原城撤軍。在返回越後國途中，上杉謙信參拜了鎌倉鶴岡八幡宮，正式繼承關東管領職役與山內上杉家的家督之位，同時擁戴足利晴氏的另一個兒子，和北條家沒有血緣關係的足利藤氏

為新任關東公方進駐古河城。

可是，上杉謙信撤軍以後便陷入了與武田信玄之間的川中島戰役中，北條氏康也趁著這個機會捲土重來，相繼攻陷了許多在上杉謙信來襲時背叛北條家的城池，甚至將足利藤氏給驅逐出了古河城。先前投入上杉家麾下的關東國眾們紛紛倒戈，再次回到北條家的麾下，上杉家在關東的勢力變得越來越弱小。

在上杉謙信包圍小田原城的同一年，北條氏康宣布退位隱居，將家督讓給嫡子北條氏政。氏康隱居的原因恐怕有二，其一北條家的盟友今川義元在前一年的桶狹間之戰中兵敗身死，今川家勢力大為衰弱，其二前一年關東爆發了大饑荒，在當時一旦遇上天災，人們都會認為這是領主不德導致上天降下天罰，北條氏康也因此引咎隱居。

永祿六年（1563年），北條氏康決定出征常陸國的佐竹家，他邀請了陸奧國的白河晴綱攻擊佐竹家的背後，自己則親自率領大軍渡過利根川，來到距離佐竹家居城太田城約四十公里處的位置。另外一邊，上杉謙信得知北條氏康征討佐竹家，不顧這年冬季的大雪強行出兵關東，襲擾北條家的後方，導致北條氏康不得不撤軍回國，征討佐竹家之事也不了了之。

雖然上杉謙信想要力挽狂瀾，但是永祿七年（1564年）正月時，里見家在下總國的國府台被北條家擊敗，上總國、下總國落入北條家的手中，極大地打擊了里見家的實力。不得不說，「甲相駿三國同盟」對北條家的幫助十分巨大，上杉謙信在這之

後又忙於對付武田信玄，這導致北條家能夠趁機偷城，上杉家在關東的衰弱已經是不可避免的了。

可是，永祿十一年（1568年）十一月時，東日本又發生了一件大事——「甲相駿三國同盟」中的一員武田信玄，與三河國的德川家一同瓜分了今川家的領地，三國同盟正式崩壞。北條氏康認為武田信玄狼子野心，決定與上杉謙信講和，支援今川氏真，但是武田信玄卻也不是泛泛之輩。

永祿十二年（1569年）六月，武田信玄出兵駿河國，攻打今川家舊臣富士信忠的居城大宮城。為了迷惑北條軍，武田信玄特意派遣一隊別動隊侵入武藏國，佯裝是武田家的大軍，等到北條家在武藏國布置好防禦之時，武田信玄卻已經出現在了大宮城城下。儘管北條氏政立即向大宮城派出了援軍，但是棋差一招，武田信玄已經爭取了足夠的時間，在北條軍到來以前便攻取了大宮城。

九月十日，武田信玄率領的武田軍包圍了武藏國的缽形城，隨後武田軍迅速南下，在九月二十八日時抵達小田原城外。當年上杉軍從武藏國進軍至小田原城時尚且花了兩個多月，而武田信玄僅僅只用了十八天，這讓北條氏康、氏政父子根本來不及布防，只好向上杉謙信請求支援，希望上杉軍侵入信濃國騷擾武田家的後方。可是，上杉謙信卻以出兵越中國為理由，拒絕了這個提議。好在武田信玄也沒有攻陷小田原城的打算，在城外燒殺一番以後，武田軍便大搖大擺地撤軍回國

東國篇

了。十月五日，武田軍朝著西北方向撤軍，得知此事的北條氏照、北條氏邦兄弟率軍提前來到武田軍返回的必經之路三增峠布陣。次日上午，北條軍與武田軍在三增峠展開激戰，可是此時的武田軍士氣高揚，北條軍根本就不是武田軍的對手，最終也沒能阻攔武田軍返回甲斐國。

武田信玄出兵小田原城有些意味深長，北條氏康也經過這一場戰鬥認識到了武田信玄的厲害，同時也開始反思與上杉謙信結盟的必要性。

臣服織田家

元龜元年（1570年）八月，北條氏康染上重病，這讓他開始著手準備安排自己的後事。次年四月，上杉謙信聽聞北條家想要破盟，去信北條氏康，但是北條氏康卻矢口否認。九月，武田信玄再次侵入北條家的領地，據說已經是重病纏身的北條氏康給兒子留下遺言，希望北條氏政在自己死後與上杉謙信破盟，重新與武田家締結盟約（暫無一次史料證實此遺言，但是根據當時的局勢，氏康會有此意也不奇怪）。十月三日，北條氏康去世，享年五十七歲，而後北條氏政立即與上杉家破盟，再度與武田家結盟。

元龜三年（1572年）閏正月，上杉謙信攻打武田家在上野國的石倉城，武田、北條兩家立即組成聯軍出兵上野國，上杉謙信只好放棄攻城撤退。為了牽制北條家，上杉謙信向里見家和

佐竹家丟擲橄欖枝，但是兩家卻沒有回應他。可以看出，北條氏康去世以後，越後的上杉謙信已經無力染指關東，只能專注於侵攻北陸的領地了。這其實也不是什麼怪事，一方面上杉家被逐出關東已久，許多關東豪強都與北條家結成主從，另一方面上杉謙信和北條氏康的越相同盟，讓里見家、佐竹家這些鐵桿反北條勢力也與上杉家交惡，不再信任上杉謙信。

在這期間，北條家的敵人從越後上杉家開始向佐竹家等北關東眾轉變。這年六月時，下野國宇都宮家麾下的皆川城、壬生城舉起反旗，投入北條家麾下，隨後兩座城池遭到宇都宮家與佐竹家的攻擊。北條氏政雖然在十二月派出軍隊進軍下野國，但是卻在多功原被佐竹家擊敗。

天正元年（1573年）二月，北條氏政再度出兵，率軍進入了武藏國岩槻城，佐竹家得知北條氏政親自出陣後，不得不撤除了對皆川城的包圍。三月十二日，桐生城的佐野家被北條軍消滅，上杉家在上野國僅剩下沼田城與廄橋城兩處據點，情急之下，上杉家與佐竹家終於摒棄前嫌重新結盟。此後，北條家與佐竹家不斷地在兩總以及下野國交戰，雙方各有勝負，誰也無法徹底擊敗誰。儘管上杉謙信在此後幾年仍有南下關東的軍事行動，但是與上杉家面和心不和的關東國眾們早已不再熱心此事。

北條氏政給人的印象似乎是個碌碌無為之輩，但是實際上此人的能力一點都不遜色於北條家的前幾代家督。再加上諸如

佐竹義重等關東國眾雖然在遊戲裡數據比較好看，實際能力卻與武田信玄、上杉謙信這些一線名將相差甚遠，使得北條家雖然同時要面對上杉家、里見家、佐竹家、結城家、宇都宮家等勢力，但是卻一點也不落下風。

天正五年（1577年）九月一日，北條氏政率軍侵入上總國，收服了此地的國眾廳南武田氏。九月末，北條氏政包圍了里見家的本城，僅僅半個月後，里見家降服於北條家，北條氏政將女兒嫁給里見義弘之子里見義賴，北條家與里見家長達數十年的戰爭終於以北條家的勝利宣告終結。收拾完里見家，北條家便開始準備收拾佐竹家這個刺頭兒了。為了夾擊佐竹家，北條氏政積極地與陸奧國的伊達輝宗展開外交，反過來佐竹義重也不斷地請求上杉謙信出兵關東。儘管上杉謙信最終答應了佐竹家的請求，決定在天正六年四月出兵，但是遺憾的是這位名將卻在三月十三日時於春日山城暴斃而死，此事也就不了了之了。

不過，對北條氏政來說上杉謙信的去世也許並不算什麼好事。上杉謙信去世以後，由於他沒有親生兒子，養子上杉景虎與上杉景勝就開始爭奪山內上杉家的家督之位（御館之亂）。上杉景虎是北條氏康的兒子，北條氏政的弟弟，在越相同盟時被送到了越後國，因為上杉謙信非常喜歡他，所以雖然後來上杉家與北條家交惡，但是上杉景虎卻依舊留在了越後國，享受養子的待遇。上杉景勝則是上杉謙信出身的越後長尾家中的上田長尾家出身，是上杉謙信的外甥，也非常受到謙信的喜愛。

為了支援弟弟，北條氏政請求武田勝賴出兵，兩家也趁此機會蠶食了上杉家的諸多領地。武田勝賴雖然出兵越後國，但是由於德川家康派出軍隊攻打武田家的領地，只好調停上杉景虎與上杉景勝，而後率軍歸國。武田勝賴撤兵之後，上杉景勝撕毀了和約，派出軍隊攻打上杉景虎，連負責調停的上杉謙信養父、前關東管領上杉憲政都被上杉景勝殺死，最終上杉景虎只得在重圍之中自盡而亡。

由於武田勝賴在「御館之亂」時的曖昧動向，北條氏政認為武田家此舉無異於背盟，兩家的摩擦也越來越多。為此，天正七年（1579年）時，北條氏政與德川家康結盟，同武田家破盟，相對的武田勝賴也與佐竹家締結了盟約。次年三月九日，北條氏政派出使者上洛，與德川家康背後的大老闆織田信長接洽，向在本能寺的織田信長獻上了十三隻鷹與五匹馬，此舉在當時的武家之間即意味著臣服的意思。北條氏政與織田信長約定，自己將退位隱居，由新任家督北條氏直迎娶織田信長的女兒，以信長女婿的身分繼續統領關東，北條家也將和平地編入織田家的麾下。織田信長對主動前來投靠的人歷來慷慨，更別提前來臣服的是北條家這樣的超級大名了，所以他當即允諾了此事。如果沒有意外的話，即便將來織田信長不會讓北條家完全統領關東八州，僅憑北條家主動臣服與北條氏直織田家女婿的身分，想必領地也不會太小。

然而，北條氏政的算盤卻在天正十年（1582年）時化為泡

影。這年三月，北條家與織田家、德川家一同出兵甲信，消滅了曾經稱霸一方的甲斐武田家。此後，織田信長派遣家臣瀧川一益以織田家代官的身分進入關東，將上野國賜給了瀧川一益，同時命令德川家康支援瀧川一益重新分配關東的勢力。織田信長的這個做法讓北條氏政有些不滿，上野國在武田家滅亡以前處於武田家、北條家瓜分的境地，但是武田家滅亡以後，北條家非但沒有獲得賞賜，反而還需要交出上野國的領地，這不免有些讓人不悅。

六月二日，「本能寺之變」發生，織田家陷入內亂。六月十日，織田信長父子橫死的消息傳到了關東，北條家一邊向瀧川一益去信詢問狀況，一邊則祕密派兵朝著上野國進軍。北條氏政在臣服於織田家時曾改變過自己在書信末尾署名的花押，此時又重新改了回來。六月十八日，北條氏邦侵入上野國，瀧川一益得知北條家叛變以後，立即派出軍隊與北條氏邦交戰，最終擊敗了北條軍的前鋒。然而，瀧川一益的努力根本是徒勞的，上野國的國眾們得知織田信長死後，便不再願意與北條家敵對，瀧川一益只得帶著極少的軍隊在神流川與北條軍交戰，最終寡不敵眾全軍覆沒，瀧川一益僅以身免逃回了伊勢國。

將織田家的勢力驅逐出關東以後，北條氏政便將目光盯向了另外一個大蛋糕，那就是在織田信長死後爆發遺臣一揆的武田家舊領。然而，北條氏政沒想到的是，除了自己以外，還有另外兩個人也盯上了這個地方。

北條家的滅亡

天正十年（1582年），由於本能寺之變的關係，瀧川一益為代表的織田家勢力退出了關東，不僅如此，織田信長留在甲斐國、信濃國的家臣們也或死或逃，武田家的舊領變成了一塊無主之地。

七月十二日，北條軍以追擊瀧川一益為名侵入了信濃國小縣郡，同地的真田昌幸等信濃國豪族紛紛率部來投。另外一邊，德川家康從京畿返回領地之後，也開始攻略起甲斐國，兩家的勢力很快就在武田家舊領相遇。不過，九月末時真田昌幸突然叛變，投入德川家康麾下，隨後德川家又與佐竹家等北關東眾聯合，組建了針對北條家的包圍網。

北條家遭到兩面夾擊後，局勢變得不利起來，恰好此時德川家康也與越後上杉家出現衝突，因此便請織田信長的次子織田信雄為仲介調解。最終北條、德川兩家達成和睦，北條家將占領的甲斐國、信濃國領地讓渡給德川家，而德川家則要將真田家的領地、上野國的吾妻、沼田二地割讓給北條家。儘管德川家、北條家在此之後締結婚約，但是割讓吾妻、沼田領之事始終沒有解決，最終還為北條家的滅亡埋下了伏筆。

此時的北條家已然成為關東的霸主，特別是這年閏十二月時，北條家擁戴的傀儡關東公方足利義氏去世，因為足利義氏沒有嫡子的緣故，關東公方家正式宣告滅亡。此後，關東公方

麾下的奉公眾們以及關東公方名下的領地也全部都成為了北條家的直轄家臣與領地。

天正十一年（1583年），北條家對上野國廄橋城的北條高廣發起攻擊，由於由良國繁、長尾顯長的背叛，北條家不得不與兩家以及其背後的佐竹家等勢力對峙。為了牽制佐竹家，北條家開始嘗試與陸奧國南部的伊達家接觸，伊達家家督伊達政宗繼承家督之後，立即對佐竹家支持的蘆名家領地發起攻擊，因此雙方很快就達成共識，決定共同對付佐竹家。值得一提的是，有人認為伊達政宗身為北條家的盟友，在小田原戰役時卻沒有幫助北條家是背盟之舉，但是實際上兩家的盟約本就是針對佐竹家締結的，伊達家並沒有義務幫助北條家與羽柴秀吉作戰。

天正十三年（1585年），羽柴秀吉在小牧・長久手戰役後取得優勢，同年又相繼攻打了四國的長宗我部元親、北陸的佐佐成政、紀伊國的雜賀眾一揆等勢力，再加上秀吉有著西國的毛利輝元、越後的上杉景勝的支持，依然成為日本中部的主人。此後，羽柴秀吉降服了舊主織田信長之子織田信雄，又在朝廷運作，以藤原家養子的身分出任了關白，建立起一個特殊的「武家關白」政權。

是年十月二十八日，北條家與德川家重新互相交換了誓書，強調兩家的同盟，準備聯合起來一同對抗羽柴秀吉。然而，僅僅半個月後，德川家的重臣石川數正就背叛了家康，逃

到了羽柴秀吉的麾下。之後,信濃國的小笠原貞慶、木曾義昌也紛紛背離德川家,加入羽柴家麾下,使得德川家的勢力大為縮水,陷入了領國危機。最終,在織田信雄的調解下,德川家康迎娶羽柴秀吉的妹妹朝日姬,又將兒子送到羽柴家做人質,達成了和解。另外一方面,德川家康為了照顧北條家的情緒,在與秀吉達成和解後,立即與北條氏政會面,重申德川家不會背叛盟約,同時還下令拆除德川家一方在邊境的軍事據點,表明德川家不會與北條家對立的態度,讓北條家吃下了一顆定心丸。

天正十四年(1586年)十月,德川家康上洛出仕羽柴秀吉,秀吉也藉此機會讓德川家康出任羽柴家與東日本諸國大名的外交取次,同時下達了「關東・奧兩國總無事令」,也就是告知東日本的大名們不許再發動戰爭。此時大多數東日本的戰國大名都表示願意服從羽柴家的命令,只有北條家沒有給秀吉明確答覆,反而還在不斷地加強小田原城的防禦。

天正十五年(1587年),因為日本有傳言說羽柴秀吉準備征討北條家,因此北條家也對全領發起了總動員令。不過,此時的秀吉並未有出陣關東的打算,因而他讓德川家康前往交涉。德川家康此時已經完全化身為秀吉的舔狗,他下達了最後的通知書給北條家,大概內容就是自己會盡力在秀吉那邊保存北條家的領地,北條家則需要上洛出仕秀吉,如果北條家拒絕服從秀吉的話,德川家與北條家的盟約就將結束,自己也會將女兒

從北條家接回。

在德川家和羽柴家的雙重威脅下，北條家再怎麼不識時務也該看清今後的天下大勢了。於是，北條家也決定讓家督北條氏直上洛出仕秀吉，並在領國內徵收用來上洛的費用，不過由於北條家之前與織田家鬧得很僵，所以北條家先派遣一門眾北條氏規上洛覲見秀吉，探探口風。秀吉表示，北條氏政、北條氏直父子二人只要有一人上洛出仕即可，作為賞賜，自己將會介入一直懸而未決的割讓沼田領之事，將沼田領的三分之二割讓給北條家，三分之一留給真田昌幸，另外還讓德川家康在信濃國給真田家加封，以補償割讓領地之事。

沼田領問題解決以後，北條家又向羽柴家派出使者，表示原本是打算今年十二月上洛的，但是上洛準備不夠充分，希望能夠暫緩上洛，將時間改在來年的春天或者夏天。對此，羽柴秀吉認為北條家有些蹬鼻子上臉，所以他給出的回覆是無論如何都必須在年內上洛。

就在北條家與羽柴秀吉協商上洛的期間，上野國發生了北條家家臣豬俣邦憲奪取名胡桃城的事件，豬俣邦憲是在真田家割讓沼田城後入駐沼田城的城主，但是他卻突然攻略了保留在真田家麾下的名胡桃城，徹底激怒了秀吉。

羽柴秀吉對北條家做出了許多讓步，但是卻換來了這樣的結局，感到沒了面子的秀吉向各地的大名們宣布，北條氏政必須在年內上洛，接受奪取名胡桃城的處罰，否則自己將會出兵

關東，討伐北條家。另外一邊，北條家也知道自己這事辦的不厚道，他們也不想與秀吉敵對，因而再次派出使者斡旋，表示北條氏政、氏直父子一定會上洛，但是希望北條家能夠有和德川家康同等的待遇。同等的待遇，意思就是德川家康上洛時，秀吉為了讓德川家康安心，將母親大政所送到了駿府城當人質，所以北條家也希望秀吉能夠送個人質到小田原城來。

羽柴秀吉的回覆只有一個字：「滾。」

天正十八年（1590年）三月一日，羽柴秀吉率軍自京都出陣，與德川家康、織田信雄、羽柴秀次等一同沿著東海道進軍，前田利家、上杉景勝、真田昌幸則從北陸道進軍關東。北條家的「小田原城防禦體系」在羽柴秀吉大軍的攻擊下瞬間土崩瓦解，小田原城的眾多支城逐一被羽柴軍攻陷，到四月二十五日時，岩槻城、江戶城、八王子城、箕輪城、河越城相繼落入羽柴軍手中，北條家僅剩下小田原城一處重要據點，以及殘餘的一些小城。

小田原城被包圍以後，北條氏直不斷地與織田信雄、德川家康聯絡，希望兩人能夠在秀吉那邊說說好話，但是信雄卻勸說北條家不要與秀吉敵對，最好能夠開城投降。再加上小田原城內不斷地出現逃兵，甚至連筆頭老臣松田憲秀之子都與羽柴家內通，北條家在無奈之下，只得選擇投降。北條氏直親自前往織田信雄家臣瀧川雄利處投降後，提出願意以自己切腹為條件，換取小田原城守軍的性命。

羽柴秀吉收到北條氏直的請求之後，對北條氏直的行為大為讚賞，再加上北條氏直一直都是主和派，又是德川家康的女婿，因此秀吉表示此戰的責任在北條氏政、北條氏照、松田憲秀、大道寺政繁四人身上，僅要此四人切腹即可，北條氏直和守軍都不必擔責。隨著北條氏政的切腹，曾經的戰國大名北條家就此滅亡，北條氏直也孑然一身，被流放至高野山隱居。

　不過，因為德川家康的求情，羽柴秀吉在天正十九年（1591年）時赦免了北條氏直，賜給他關東九千石、近江國一千石，總共一萬石的領地。據說羽柴秀吉還允諾日後會在西國選擇一國作為北條氏直的領地，但是沒多久北條氏直就去世了，其部分領地被姪子北條氏盛繼承，北條氏盛便是江戶幕府的狹山藩藩主。

上杉家

永享之亂與結城戰役

　　現如今我們通常都會習慣性地將以越後國為據點的上杉謙信稱為「越後上杉家」的家督，但是實際上上杉謙信繼承的家族並非是庶流「越後上杉家」，而是上杉家的嫡流「山內上杉家」。「山內上杉家」原本的勢力基盤並不在越後國，而是在關東的上野國、武藏國等地，那麼，山內上杉家又是如何一步一步地被驅逐的呢？

　　在足利尊氏建立室町幕府之後，由於幕府遷往了京都，足利家便在關東的鎌倉設定了名為「鎌倉府」的機構，負責管理關東的事務。鎌倉府的最高長官為「鎌倉殿」，承襲自鎌倉幕府，室町時代的初代鎌倉殿為二代將軍足利義詮，在足利義詮卸任以後，「鎌倉殿」一職便由其弟弟足利基氏世襲。

　　然而，在室町幕府的第三代幕府將軍足利義滿僭越自稱「公方」以後，同為足利尊氏子孫的「鎌倉殿」足利滿兼便也開始僭越自稱為「關東公方」。而自日本南北朝後期開始，「鎌倉殿」的輔佐職役「關東管領」便由足利尊氏母親出身的上杉一族獨占，

上杉家是一個大家族，共有山內、犬懸、扇谷、宅間、越後等諸多分支，其中又以山內上杉家為嫡流。關東管領原本由山內上杉家與犬懸上杉家輪流出任，但是在室町幕府中期關東爆發了犬懸上杉家掀起的「上杉禪秀之亂」，在這次內亂後，關東管領便由山內上杉家獨占了。

永享八年（1436年），幕府任命的信濃國守護小笠原政康與當地國眾村上賴清發生了衝突。小笠原政康是幕府任命的守護，幕府自然是支持守護的一方，因此村上賴清便動了歪腦子，派使者前往鎌倉向關東公方足利持氏請求支援。幾年前幕府將軍家絕嗣時，足利持氏本就有奪取將軍之位的野心，結果後來幕臣們將已經出家的將軍家旁系足利義教請回了幕府出任將軍，引起了足利持氏的不滿。足利義教自幼便出家為僧，足利持氏便十分輕視他，這一次恰好也想藉著信濃國的內訌好好和幕府唱反調一場。

作為鎌倉府的副職，關東管領本來就是幕府安插在關東限制關東公方權力的職位，因此時任關東管領的上杉憲實堅決反對與幕府作對。足利持氏雖然下令讓上野國的國眾組成聯軍進入信濃國支援村上賴清，但是上野國的守護是上杉憲實，不敢得罪頂頭上司的上野國國眾們誰都不敢越雷池一步，最終只在國境線上遊行了一圈就回家了。

上杉憲實的影響力逐漸讓足利持氏如坐針氈，他意識到想要和幕府唱對臺戲，就必須要先除掉山內上杉家這個幕府安插

的釘子。永享十年（1438年），足利持氏決定對上杉憲實動手，上杉家作為堅定的幕府派，幕府自然也不會坐視自己的小弟被欺負。山內上杉家的領國分別有上野國、武藏國、與伊豆國，幕府認為上杉憲實被足利持氏逐出鎌倉以後應該會退往伊豆國，所以命令伊豆國鄰國駿河國的守護今川範忠支援上杉家。除了今川家以外，陸奧國的篠川公方、伊達持宗、甲斐國守護武田信重等人都收到了幕府的命令。令人意外的是，上杉憲實為了避免背主嫌疑，沒有前往伊豆國，而是前往另一個領國上野國。

　　九月六日，幕府軍進入關東，與鎌倉軍交戰。關東的許多武士本來就不支持與幕府敵對，見到幕府將軍的牙旗以後，許多武士便偷偷帶領部下離開了鎌倉軍。足利持氏眼見大勢已去，只好向幕府軍投降，不過幕府並沒有打算放過這個傢伙，因而最終在幕府的干涉之下，足利持氏被迫自盡而死。

　　足利持氏死後，關東公方的職位空了出來，在新任關東公方上任以前，關東的一切大小事務都被委任給了上杉憲實。不過，上杉憲實是一個非常傳統的武士，十分重視君臣倫理，因此在一次祭拜足利持氏墳墓之時，上杉憲實哭得死去活來，最終拔出刀想要切腹自盡。隨行的上杉家家臣們原本以為主君只是演演戲罷了，結果見到上杉憲實真的白刀子進紅刀子出捅自己肚子，眾人連忙七手八腳地攔住上杉憲實奪下了刀。雖然上杉憲實被家臣們給搶救回一條命，但是重傷的上杉憲實需要休

養一陣子，無法出任關東管領，於是幕府便任命上杉憲實的弟弟上杉清方代為出任關東管領。

從人品上來看，上杉憲實是個十分重情義的人，他一直反對與足利持氏撕破臉，在足利持氏被俘以後，也向幕府請求赦免足利持氏；從能力上來看，上杉憲實的確是一個十分出色的武士，關東的武士們大都願意追隨他。可是，如果從當下的局勢來看，上杉憲實是一個非常不負責任的關東管領。足利持氏一死，原本由關東公方、關東管領統治關東的體制崩壞，政局十分混亂，非常需要一個有能力的人來統籌全域性。代理關東管領上杉清方明顯並不具備哥哥的能力，在他的營運下，鎌倉府的行政效率十分低下，許多在足利持氏舉兵時加入鎌倉軍的國眾們無法得到安堵領地的保證，人心惶惶的局勢使得關東公方的殘黨趁機舉兵。

永享十二年（1440年）三月三日，足利持氏的次子安王丸、春王丸在關東公方殘黨的擁護下舉兵，隨後進入下總國結城城內籠城，號召關東的武士前來參陣。另外一邊，上杉家等幕府方勢力在幕府的命令之下也組成聯軍，包圍了結城城，可是上杉清方卻連上杉一族都無法調動，更別提關東的武士們了。在這樣的情況下，幕府下令上杉憲實立即返回鎌倉出任關東管領，否則關東大亂，到時候罪責都在上杉憲實一人的身上。

上杉憲實自然背不動這口小耳朵，只好打包打包行李再度前往前線。就在幕府指派大將的同時，關東公方的殘黨們卻十

分不爭氣地開始了私鬥。原來，下總國的結城家與下野國的小山家雖是同族，但是兩家卻因為領地問題素來不和，結城家舉兵以後，便趁著這個機會奉安王丸為主攻打小山家的領地。這場因私怨掀起的戰鬥持續了七十多天，最終結城家也沒能攻下小山氏的居城祇園城，自己反而白白浪費了許多兵力，同時錯過了許多用兵的良機。

七月二十九日，幕府軍抵達結城城下，上杉憲實決定以最為穩妥的圍城方式攻城。次年四月十六日，幕府軍對圍城長達九個月的結城城發起總攻，由於此時颳起的大風助長的幕府軍攻城時四下點起的火勢，使得結城城守軍士氣崩潰，安王丸、春王丸也被幕府軍逮捕，在送往京都的途中被幕府將軍足利義教下令殺害。

享德大亂

文安二年（1445 年），因為在結城戰役時俘虜了安王丸、春王丸而背負了殺害舊主之子惡名的上杉清方憂鬱成疾，突然自盡而死。上杉清方在哥哥上杉憲實撂擔子之後一直以山內上杉家家督名代（代理大名）的身分統治關東，因此在上杉清方死後，家督繼承人之事便成為了上杉家的頭號問題。

此時的上杉憲實不但自己出家入道，還強迫幾個兒子也出家為僧，表示自己一家子放棄山內上杉家家督之位。四月，原本預定派到關東出任「關東公方」的足利義政的弟弟突然夭折，

東國篇

關東公方和關東管領兩個職位都出現了空缺。在這樣的情況下，山內上杉家的重臣長尾景仲力主擁戴上杉憲實的次子龍忠為新任家督，取名為上杉憲忠。

可是，上杉憲忠出任家督並未經過父親上杉憲實的同意，對此大為不滿的上杉憲實立即迎接佐竹義憲的次子佐竹六郎為養子，取名為上杉實定，將其立為自己的繼承人。上杉憲忠與上杉實定的對立，導致山內上杉家內部出現了內訌，就在這個時候，前關東公方足利持氏的另一個遺子萬壽王丸在信濃國舉兵，想要打倒山內上杉家。

為了穩定局勢，上杉家決定於萬壽王丸議和，順便還做個順水人情，向幕府推薦萬壽王丸出任關東公方，恰好幕府也在為此事頭痛，便同意了上杉家的請求。此後，萬壽王丸正式入主鎌倉，還從幕府將軍足利義政（初名義成）處拜領一字，取名為足利成氏。

然而，此時的足利成氏與上杉家卻是面和心不和。相比與自己有著殺父之仇的上杉家，足利成氏更信任父親足利持氏的殘黨們，但是這些人卻又大多數在永享之亂與結城戰役中失去了領地，因此圍繞著奪回舊領之事，足利成氏一派與上杉家的衝突越來越深。

寶德二年（1450年）四月，足利成氏下令將相模國長尾鄉收為關東公方的直轄領，由於長尾鄉是山內上杉家家宰長尾景仲一族的發家之地，對此感到不滿的長尾景仲便拉攏了扇谷上杉

家的家宰太田道真一同舉兵。

足利成氏壓根沒想到長尾景仲與太田道真膽敢以武力抗議，毫無防備的他只得匆忙逃出鎌倉府，前往江之島避難。好在關東的豪族們大都站在新關東公方的一邊，擊敗了長尾景仲與太田道真，後二者則在戰敗後逃進了扇谷上杉家的根據地相模國的糟屋莊之中。此時山內上杉家的家督上杉憲忠並未表態，只是一直冷眼旁觀，但是考慮到長尾景仲是山內上杉家的家宰，還是擁立上杉憲忠的功臣，因此上杉憲忠也不可能會支持足利成氏。

永享之亂、結城戰役的舊事依然歷歷在目，足利成氏不敢隨便與幕府的代言人上杉家交戰，便請求幕府介入調解，這期間幕府的管領由親關東公方的畠山持國出任，因此畠山持國的處置會偏向足利成氏一些。上杉憲忠在收到幕府的命令之後依舊裝傻充愣，而扇谷上杉家則因為足利成氏想要誅殺長尾景仲與太田道真的緣故，做出了要與足利成氏對抗到底的姿態。

這件事的最終結局，便是以長尾景仲一人隱居、將家宰一職讓給弟弟長尾實景而議和，足利成氏根本奈何不了上杉家。到了十月分，因為許多關東公方殘黨在足利成氏的支持下想要回歸舊領的緣故，不滿的上杉憲忠向幕府遞交了辭呈。

遠在京都的室町幕府被關東的政局搞得頭痛腦熱的，在勸說無果後，幕府命令已經隱居的上杉憲實寫信說服兒子，結果上杉憲實甩鍋甩得更加迅速，直接向幕府表示自己與上杉憲忠

已經斷絕父子關係了。為了避開幕府的任命請求，上杉憲實還偷偷跑路離開了關東，前往遙遠的西國，在大內家的領地長門國大寧寺中度過餘生。

享德三年（1454年）十二月二十七日夜裡，足利成氏突然召見上杉憲忠，然而在上杉憲忠進入御所的庭院之後，突然伏兵四起，上杉憲忠、家宰長尾實景均被足利成氏殺害，「享德之亂」爆發。足利成氏突然暗殺上杉憲忠的原因歷來眾說紛紜，但是很大一部分原因恐怕是幕府的管領從親關東公方的畠山持國變成了親上杉家的細川勝元，因而破罐破摔的緣故。

在殺死上杉憲忠之後，足利成氏派遣軍勢攻打山內上杉家的居館山內館，失去了家督與家宰的山內上杉家頓時陷入了混亂之中，好在隱居的長尾景仲這時站了出來，一邊召集上杉家的軍勢，一邊派遣使者前往幕府求援。由於上杉家沒有想到足利成氏膽敢暗殺關東管領，所以在享德之亂初期，沒有準備的山內上杉家與扇谷上杉家在足利成氏軍的攻擊下陷入劣勢，為了追擊上杉家，足利成氏甚至親自率領軍隊離開鎌倉作戰。

然而，手臂畢竟還是擰不過大腿，在足利成氏舉兵以後，幕府將軍與天皇分別給山內上杉家下賜了將軍牙旗與天子錦旗，任命上杉憲忠的弟弟上杉房顯為新任山內上杉家家督，還宣布足利成氏為叛軍，命令各地大名出兵討伐。朝廷和幕府介入之後，關東的形勢瞬間逆轉，足利成氏在幕府勢力的圍攻之下無法返回鎌倉，只得將根據地遷到關東公方直轄領較多的下

總國古河。殊不知這一去，足利成氏至死都沒能再次返回鎌倉。

在享德之亂期間，體弱多病的山內上杉家家督上杉房顯壯年去世，年僅三十二歲。而在上杉房顯去世的前後，家宰長尾景仲、扇谷上杉家前家督上杉持朝也紛紛去世，上杉家一度勢力大減。為此，室町幕府頒下命令，任命越後國守護上杉房定之子龍若丸入嗣山內上杉家出任家督，即上杉顯定。而山內上杉家也在新任家宰、長尾景仲之子長尾景信的輔佐下恢復了元氣。

長尾景春之亂

文明五年（1473年）六月，山內上杉家的家宰長尾景信去世。自長尾景仲以來，山內上杉家的家宰一職一直由長尾景仲的「長尾孫四郎家」出任，可是長尾景信去世時，其子長尾景春只有二十三歲，並不足以堪當大任，再加上上杉顯定（龍若丸）有意打壓勢力強大的孫四郎家，便讓長尾景信的弟弟，入嗣長尾總社家的長尾忠景出任家宰。

然而，讓上杉顯定沒有想到的是，孫四郎家獨占家宰職二十多年，在享德之亂期間又趁機大肆擴張，其勢力早就已經根深蒂固，牽一髮而動全身。長尾景春在失去家宰職以後，召集了支持孫四郎家的國眾們，在上杉軍布陣的五十子集結軍隊表示抗議。

當時日本的大名們在召集軍隊出陣打仗時並不會攜帶足夠

的兵糧，由於上杉軍長期在五十子著陣，許多商人便帶著商品來到五十子販售，上杉軍也剛好可以就地買糧。長尾景春雖然沒有直接與上杉軍交戰，但是他卻命令屬下攔截商人，阻止他們進入五十子陣，這相當於是斷了上杉軍的後勤補給，給上杉家造成了很大的困擾。

　　古河公方足利成氏一見上杉家起了內訌，便發兵攻打五十子陣，取得大勝，連扇谷上杉家的家督上杉政真都死在戰役之中。面對這樣的情況，扇谷上杉家家宰太田道灌提議把長尾景春幹掉，但是其父太田道真以及山內上杉家家宰長尾忠景卻認為當下古河公方才是大敵，不同意掀起內戰，希望能夠和平解決這個問題。於是，太田道灌又提出了另外一個建議，讓長尾景春出任地位僅次於家宰職的武藏國守護代，可是這下山內上杉家家督上杉顯定又不幹了，反而還質疑扇谷上杉家是否與長尾景春有勾結。

　　文明九年（1477年）正月，長尾景春正式宣布舉兵，發兵攻打上杉家的五十子陣，逼得山內、扇谷兩上杉家遠走上野國，是為「長尾景春之亂」。長尾景春的叛亂對山內上杉家來說影響深遠，在山內上杉家中，最有勢力的屬長尾氏與大石氏兩個家族，其中長尾氏又以孫四郎家、但馬守家、尾張守家三家最強，大石氏一族中最強的又是遠江守家、駿河守家與石見守三家，而這次加上長尾景春所在的孫四郎家外，但馬守家、駿河守家、石見守家三家也加入了長尾景春的陣營之中，山內上杉

家這個在關東稱霸多年的家族也因此走向了分裂與衰弱。

在長尾景春舉兵時，扇谷上杉家的家宰太田道灌尚在江戶城，不在五十子陣地，所以太田道灌並未被與主公一同被逐往上野國，成為了上杉家在南關東的一顆釘子。面對強大的長尾景春叛軍，太田道灌立即召集了扇谷上杉家的家臣前來江戶城集合，隨後又發兵攻打相模國、武藏國兩地的長尾景春方的城池。

長尾景春這人雖然脾氣很大，但是在行軍打仗方面和太田道灌相比差得不是一點半點。太田道灌與河越城內的扇谷上杉軍聯合，利用巧妙的計策不斷地攻陷了武藏國南部的叛軍城池，同時還斬殺了許多參與叛亂的國眾。為此，長尾景春親自率領大軍前來與太田道灌交戰，卻也被扇谷上杉軍殺得大敗。

眼見局勢對自己越來越不利，長尾景春便動了歪腦筋，向古河派遣了使者，表示自己願意加入古河公方一邊。於是，「長尾景春之亂」逐漸由上杉家的內亂，再一次發展為了古河公方與上杉家的衝突。

足利成氏收到長尾景春的來信後，當即表示自己願意支持長尾景春，隨後便派出軍勢侵入了上野國，策應南部的長尾景春。在古河公方派兵之後不久，關東便下起了大雪，惡劣的天氣使得兩軍無法交戰，最終在太田道灌的建議下，上杉家採取了緩兵之計，與足利成氏展開和談。

文明十年（1478年）春，在和談還未完全實現的情況下，扇

谷上杉家再次對長尾景春以及古河公方一方的城池發起攻擊。在太田道灌的指揮下，長尾景春不斷地丟城失地，最終只得投奔叔叔長尾景明，而這些追隨長尾景春作亂的原本從屬於山內上杉家的地盤，則被太田道灌給中飽私囊了。

次年九月，消失了許久的長尾景春再次帶著集結的軍隊出現在了武藏國，此時的古河公方與上杉家正在接觸準備和談，因此這一次足利成氏非但沒派兵支援長尾景春，反而還讓古河公方屬下的勢力支援太田道灌平叛。可是，因為上杉顯定對與古河公方和談一事非常不熱心，因此足利成氏最終又站到了長尾景春的一方。不過長尾景春的發揮依舊沒有出乎大家所料，在太田道灌的攻擊下，長尾景春的這次叛亂又被平定了。

另外一邊，因為上杉顯定不願意與古河公方和談，足利成氏便繞過上杉顯定，直接與上杉顯定的親生父親、越後上杉家的上杉房定接觸，而叛亂失敗的長尾景春為了體現自己在古河公方一方的價值，也積極地參與此事，利用關係與幕府管領細川政元搭上了線。在上杉房定與長尾景春的牽線下，古河公方與室町幕府在文明十五年（1483年）達成和睦，幕府承認足利成氏的「關東公方」地位，但是此前幕府已經派出足利政知出任關東公方，為了安撫足利政知，幕府便將原本應由關東公方統轄的伊豆國賜給了足利政知。古河公方與幕府的和談，宣告著自暗殺上杉憲忠開始長達三十年的「享德之亂」宣告結束。

可是，讓所有人都沒想到的是，享德之亂的結束並不表示

關東將就此太平，在關東表面的平靜之下，其實掩蓋著更大的衝突。

長享之亂

　　文明十八年（1486年）七月二十六日，扇谷上杉家家宰太田道灌在相模國糟屋莊中入浴時，被主君上杉定正派出的刺客暗殺。太田道灌在享德之亂與長尾景春之亂時十分活躍，為扇谷上杉家立下了汗馬功勞，對於這樣的一個功臣，上杉定正為何要痛下殺手呢？

　　按照上杉定正自己的說法，太田道灌私自加築了江戶城，企圖對上杉家不軌，所以在多次勸說無果之後，只好忍痛割愛將其誘殺。後世也有觀點表示，太田道灌之死其實是山內上杉家唆使上杉定正所致，因為太田道灌在長尾景春之亂期間大肆擴張勢力，侵占了許多山內上杉家的地盤。例如武藏國本來是山內上杉家的領地，經過長尾景春之亂以後，許多原本從屬山內上杉家的國眾紛紛轉投扇谷上杉家，扇谷上杉家的勢力大有蓋過山內上杉家的趨勢，所以山內上杉家才要使用反間計先除掉扇谷上杉家的支柱太田道灌。

　　實際上，太田道灌被暗殺的真正原因，恐怕還是太田道灌功高蓋主了。太田家與長尾家一樣獨占扇谷上杉家家宰職多年，在扇谷上杉家內實力強勁，引起了上杉定正的忌憚。再加上前有山內上杉家的長尾景春之亂「珠玉在前」，太田道灌還不

懂得收斂鋒芒，反而趁著平定戰亂四處結交扇谷上杉家與山內上杉家的家臣，若是有一天太田道灌與長尾景春一樣對扇谷上杉家懷有二心的話，恐怕局面會很難收拾。正是因此，在太田道灌死後，上杉定正立即流放了太田道灌之子太田資康，同時讓自己的側近曾我氏一族取代了太田氏的地位。

不過，削弱功臣勢力的方法很多，暗殺絕對是最臭的一種，所以上杉定正這招棋其實是殺敵一千自損八百。在得知太田道灌無端遇害後，許多與太田道灌交好的家臣與國眾表示不願意為扇谷上杉家賣命，紛紛加入了山內上杉家旗下。而後山內上杉家與扇谷上杉家便因為地盤與勢力的錯交產生衝突，最終又釀成了一場內亂。

長享元年（1487年）十二月，山內上杉家與扇谷上杉家決裂，「長享之亂」爆發。次年正月開始，山內上杉家與扇谷上杉家分別在實時原、須賀谷原、高見原三地展開戰役，古河公方也被扇谷上杉家拉攏。由於兩上杉家都經歷過先前又臭又長的享德之亂，雙方都不願意再陷入長期的戰爭中，所以兩家在這三場戰役中都投入了大量的兵力，想要在最短的時間內決出勝負。然而山內上杉家、扇谷上杉家與古河公方均在享德之亂中元氣大傷，誰也沒有辦法一口氣吃掉誰，因此這次的長享之亂，不可避免地又變成了長期化的戰役。不過，就在兩上杉家內鬥期間，伊豆國與京都均發生了大事。

伊豆國在此前被賜給了堀越公方足利政知，而足利政知死

前曾立小兒子潤童子為繼承人,但是在他死後,其長子足利茶茶丸欺侮繼母與弟弟孤兒寡母,殺死母子二人奪取了堀越公方的位置。可是讓足利茶茶丸沒想到的是,此時幕府管領細川政元與幕府將軍足利義材關係惡劣,細川政元在明應二年(1493年)時廢掉了足利義材,擁立潤童子的胞兄足利義澄為新任將軍。而與新任幕府將軍有著殺母、殺弟之仇的足利茶茶丸自然是沒有什麼好臉色看。

果然,在幕府的命令下,駿河今川家派出伊勢宗瑞(北條早雲)侵入伊豆國,由於伊豆國本來是山內上杉家的地盤,伊勢宗瑞為了與這些同山內上杉家有著深厚關係的國眾交戰,便與扇谷上杉家結盟,一同攻打山內上杉家的地盤。

明應三年(1494年)時,上杉定正邀請了伊勢宗瑞進入關東支援扇谷上杉家,可是上了年紀的上杉定正在渡河時不慎落馬摔死了,結果本來占著優勢的扇谷上杉家反而變成了劣勢。在這時候,上杉顯定為了拉攏古河公方,便收養足利成氏的次子為養子,取名上杉顯實,將其立為山內上杉家的繼承人,使得古河公方轉而支持起山內上杉家。

不過,扇谷上杉家此時有著駿河今川家以及新興勢力伊勢家的支持,兩家在永正元年(1504年)時於武藏國立河原展開激戰,今川・伊勢・扇谷三家聯軍取得大勝,山內上杉家戰死兩千餘人。好在次年上杉顯定的弟弟、越後守護上杉房能派出援軍進入關東,包圍了扇谷上杉家的根據地河越城,這才逼得扇

谷上杉家家督上杉朝良開城投降。在越後上杉家的支持下，永享之亂最終以山內上杉家取得勝利而宣告結束，不過兩家在內鬥期間引狼入室，讓伊勢宗瑞在伊豆國與相模國坐大，伊勢家成為了上杉家新的敵人。

讓上杉顯定沒有想到的是，永正四年（1507年）時，弟弟越後守護上杉房能被守護代長尾為景殺害，山內上杉家失去了越後國這個大後盾。而新興的伊勢家，則與又冒出來的長尾景春、長尾為景結盟，正式與兩上杉家開戰。

永正六年（1509年），收拾了關東亂局的上杉顯定率軍攻入越後國，為了防止在進軍過程中有呼應長尾為景的勢力作亂，上杉顯定命令扇谷上杉軍進駐上野國的白井城，保障自己的退路。關東管領的大軍進入越後國以後，長尾為景與其擁立的新任越後上杉家家督上杉定實一同被驅逐出了越後國。

然而，就在上杉顯定勢如破竹之際，伊勢宗瑞突然率領軍隊侵入了扇谷上杉家的地盤，在白井城保障上杉顯定後路的扇谷上杉軍不得不回防江戶城，而白井城在失去了扇谷上杉軍以後，立即被捲土重來的長尾景春奪取。

失去白井城後，上杉顯定的後路被斷，頓時軍心大亂。再加上上杉顯定在占領越後國國府以後，採取的姿態過於強硬，引起了越後國國眾的不滿，將這些人又逼到了長尾為景的一方。六月十二日，由於關東的亂局再加上越後局勢的不穩，孤軍深入的上杉顯定決定返回關東，為了掩護撤退，上杉顯定派

養子上杉憲房率軍攻打長尾為景，結果慘遭失敗。二十日，上杉顯定燒毀陣地撤軍，但是其歸路卻被長尾為景一方的上田長尾家切斷，在上田莊的長森原一地，山內上杉軍被長尾為景及其援軍高梨政盛追上，一番激戰後關東管領上杉顯定戰死在了越後國，享年五十七歲。

上杉顯定之死對山內上杉家的打擊是致命的，山內上杉家不但失去了越後國這個後盾，關東管領戰死他鄉之事還使得山內上杉家的威望一落千丈。不僅如此，上杉顯定的兩個養子上杉顯實與上杉憲房為了爭奪山內上杉家的家督之位大打出手，加劇了山內上杉家的衰弱，山內上杉家逐漸也被戰國時代的新興家族給淘汰，進而涅槃。

上杉家的衰敗

自永正三年（1506年）開始，二代古河公方足利政氏便與其子足利高基起了內訌，在上杉顯定戰死之後，古河公方家的內訌甚至對山內上杉家也造成了影響。

上杉顯定生前曾收養足利成氏之子上杉顯實為繼承人，其另一個養子上杉憲房則繼承了上杉顯定之兄定昌在白井城的勢力。在上杉憲實繼承家督之後，與足利政氏不和的足利高基便聯合上杉憲房，對足利政氏支持的上杉憲實發起攻擊。永正九年（1512年）六月，上杉憲房的軍勢包圍了山內上杉家的居城缽形城，逼迫上杉顯實讓出家督之位。另外一邊，足利高基也在

與父親的內訌中占據優勢，足利政氏不得不讓出古河御所，足利高基與上杉憲房的聯盟取得大勝。

不過，上杉憲房繼承的山內上杉家此時早已經是千瘡百孔，北有長尾為景虎視眈眈，南有新興崛起的勢力伊勢家，再加上上杉顯實的殘黨、扇谷上杉家時不時還興起戰亂，搞得上杉憲房焦頭爛額的。永正十五年（1518年），扇谷上杉家家督上杉朝良病逝，次年，伊勢家前家督伊勢宗瑞病逝。繼承扇谷上杉家的上杉朝興無力抵抗伊勢宗瑞之子北條氏綱的攻擊，甚至連重鎮江戶城都落入了北條家（伊勢家）的手中，不得不與山內上杉家重修舊好。

大永五年（1525年）四月，上杉憲房病逝，享年五十九歲，山內上杉家的家督由其養子上杉憲寬繼承。上杉憲寬是時任古河公方的足利高基之子，上杉憲房之所以選擇他做繼承人，有三個原因，其一是他想要重新恢復曾經的關東公方、關東管領共治關東的局面，復興山內上杉家；其二，以往山內上杉家絕嗣都是從越後上杉家迎接養子，而自上杉顯定死後，從越後上杉家迎接養子已經是不可能的了；其三，上杉憲房的親生兒子上山憲政出生於大永三年，此時年僅三歲，不足以堪當大任。

享祿二年（1529年）八月，上杉憲寬發兵攻打敵對勢力安中氏，此時扇谷上杉家正在與北條家激戰，非常需要山內上杉家的支持，可是上杉憲寬卻置若罔聞，執意攻擊安中城。九月，上野國的國眾小幡氏、西氏等擁立上杉憲房之子上杉憲政為新

任家督，對正在攻打安中城的上杉憲寬發起攻擊。山內上杉家再次分裂的原因，還是與古河公方家有著莫大的關係，古河公方足利高基曾經與父親不和，如今其子足利晴氏在元服之後也與父親鬧起了衝突，因而一些關東的國眾才會站到足利晴氏一方，支持上杉憲政奪取家督之位。

享祿四年（1531年）九月，上杉憲政在安中氏、小幡氏、西氏的支持下繼承山內上杉家家督、關東管領，從這裡可以看出，以往左右山內上杉家家督之位的都是重臣長尾氏，可是經過戰國時代這一系列的內訌之後，長尾氏已經走向了衰弱，一些新興的國眾趁著戰爭在上杉家內崛起。

天文六年（1537年）四月，扇谷上杉家家督上杉朝興病逝，享年五十歲，家督由其子、年僅十三歲的上杉朝定繼承。此時山內上杉家的家督上杉憲政也不過十五歲，山內、扇谷兩家均出現主少國疑的局面，給北條家創造了很大的機會。七月，上杉朝定在武藏國府中與北條軍交戰，大敗而逃，幾天之後上杉朝定在河越城外再次敗於北條軍，不得不放棄居城河越城，逃亡松山城。

在此期間，山內、扇谷兩上杉家與小弓公方足利義明、安房里見家、甲斐武田家結盟，而北條家則與古河公方足利晴氏交好。在扇谷上杉家丟失河越城以後，北條家進一步奪取了下總國的葛西地區，還在天文七年（1538年）十月七日，在下總國的國府台地區與小弓公方、里見家展開戰役，並取得大勝，消

滅了小弓公方。

天文十四年（1545年），山內、扇谷兩上杉家與駿河國守護今川義元、甲斐國守護武田信玄結盟，又拉攏了古河公方足利晴氏，同時對北條家的河越城發起攻擊。今川家與北條家本是盟友，但是自從今川家發生「花藏之亂」以後，北條家便一直與今川家敵對，甚至占領了駿河國富士川以東的地域，此次今川義元正是衝著奪回河東地區來的。

為了解除困境，北條家家督北條氏康以主動放棄河東地區為條件，同今川家、武田家和談。隨後，在天文十五年（1546年）時，北條軍對包圍河越城的關東聯軍發起攻擊，取得大勝。古河公方足利晴氏從陣中逃亡，扇谷上杉家家督上杉朝定則戰死沙場，上杉憲政雖然得以逃出生天，躲進上野國的平井城中，但是也損失了三千餘馬迴眾，元氣大傷。

河越戰役以後，扇谷上杉家滅亡，山內上杉家完全丟失了北武藏國不說，還完全無力抵抗北條家的攻擊，連當初支持上杉憲政奪取家督之位的小幡氏都被北條氏康調略，轉而攻打上杉憲政的地盤。天文十九年（1550年）十一月，北條氏康對上杉憲政的居城平井城發起攻擊，在此期間上野國的國眾也分成上杉家與北條家兩派，互相征伐，然而因為上杉憲政馬迴眾的叛變，使得上杉家不得不放棄平井城。

逃出平井城以後，上杉憲政原本想要前往上野國新田莊、下野國足利莊依附由良成繁與長尾景長，但是兩家都懼怕接

納上杉憲政會引來北條家的大軍，便拒絕放上杉憲政進城。最終，在古河公方足利晴氏的調解下，上杉憲政前往越後國的春日山城，依附曾經的敵人越後長尾氏。上杉憲政流亡以後，西上野國大部分地域落入了北條氏康的手中，這也代表著曾經雄霸關東的上杉家，就此完全失去了對關東的統治權。

上杉謙信的榮光

永祿四年（1561 年）閏三月初，攻入關東的長尾景虎在鎌倉鶴岡八幡宮以上杉憲政養子的身分入嗣，成為山內上杉家的新任家督、關東管領。長尾氏出自平氏，此舉意味著藤原氏出身的上杉家正式被平氏出身的長尾氏給取代。

長尾景虎是長尾為景的次子，自幼出家，在兄長長尾晴景繼承家督之後方才還俗出任栃尾城成代，協助兄長統一越後國中部地域。天文十四年（1545 年），長尾景虎與長尾晴景關係惡化，產生對立，直到三年之後兄弟倆方才議和。體弱多病的長尾晴景退位隱居，長尾景虎則以新任家督的身分入主春日山城。

越後長尾氏本來是越後上杉家的家臣，世襲越後國的守護代。然而，天文十九年（1550 年）時，越後上杉家家督上杉定實病逝，越後上杉家自此絕嗣。此後，長尾景虎從幕府將軍足利義輝處獲得了本來只有守護才能享受的白笠袋、毛氈鞍覆的使用權，成為幕府認可的越後國國主。

不過，長尾景虎這個越後國國主並不好當，除了越後國內

此起彼伏的叛亂以外，稱霸甲信地區的武田信玄與侵蝕上野國的北條氏康都是長尾景虎的大敵。天文二十二年（1553年），北信濃豪強村上義清在武田家的攻擊下接連丟失了葛尾城與鹽田城。越後長尾家本來就與北信濃豪強交好，再加上丟失北信地區，將直接威脅到距離北信十分接近的居城春日山城，因此長尾景虎便立即發兵信濃國的川中島地區，與武田軍展開激戰，是為第一次川中島戰役。

弘治元年（1555年），應流亡越後的北信豪強村上義清、高梨政賴的請求，長尾景虎再一次出陣信濃國川中島，與善光寺旭山城中的武田軍對峙。三個月後，在駿河國守護今川義元的仲介之下，長尾景虎與武田信玄和談罷兵，此為第二次川中島戰役。

弘治三年（1557年）二月，武田信玄攻陷信濃國葛山城，而後又包圍了飯山城的高梨政賴。為了救援高梨政賴，長尾景虎在請求了越後國揚北眾的援軍之後出兵川中島，長尾軍與武田軍於八月在上田原展開激戰，是為第三次川中島戰役。長尾軍與武田軍勢均力敵，誰也無法擊敗誰，次年在幕府將軍足利義輝的調解下，長尾家與武田家再次議和。

正是在第三次川中島戰役以後，上杉憲政在足利晴氏的介紹下進入了春日山城。此時的古河公方早已今非昔比，為了對抗足利晴氏、足利藤氏父子，北條氏康擁戴了有北條家血統的足利義氏為主。此時房總半島的里見家已被北條家壓制，曾經

團結在古河公方周圍的北關東眾又處於內訌之中，為了對抗日益強大的北條家，足利晴氏只得將希望寄託在越後國的長尾景虎身上。

永祿二年（1559年）六月，長尾景虎揮師上洛，在京都面見了幕府將軍足利義輝、前關白近衛前嗣以及正親町天皇。長尾景虎的這次上洛收穫頗豐，足利義輝賜給長尾景虎「三管領」與將軍家一族的待遇，同時還認可長尾景虎輔佐上杉憲政治理關東以及出兵信濃國。不僅如此，在當時流行起新式兵器「鐵炮（火繩槍）」的背景下，足利義輝還特意下賜了火藥的配方給長尾家。

永祿三年（1560年）三月，長尾景虎出兵越中國攻打神保氏一族，避免在出兵關東時背後遇襲。九月，長尾景虎奉上杉憲政為主率軍進入上野國，關東的豪強們得知關東管領歸來以後，紛紛率軍來投，連與長尾景虎關係不咋地的佐竹家都派出了軍隊參陣。次年三月，長尾景虎率領關東聯軍向北條家的根據地小田原城進軍，北條氏康得知長尾景虎到來以後，便龜縮城內不出，同時還向武田家、今川家派去使者，請求兩家的支援。

不過，此時北條家的勢力在關東已經是根深蒂固，若武田、今川兩家援軍抵達，與北條氏康來個裡應外合，長尾景虎未必有勝算。因此，長尾景虎在包圍小田原城十日後，率軍撤去，於鎌倉繼承了山內上杉家家督之位及關東管領之職，改名

為上杉政虎，後又改名為上杉輝虎，出家入道後法號不識庵謙信，下文我們便統稱其為上杉謙信。

六月下旬，上杉謙信結束了長達近一年的關東征伐，率軍返回越後國。返回越後國的上杉謙信並未閒著，為了打擊武田家，上杉謙信在八月下旬馬不停蹄地發兵信濃國，第四次在川中島地區與武田信玄展開大戰，這也是雙方最激烈的一場戰役。是役，武田信玄的弟弟武田信繁與側近山本勘介在上杉謙信的攻擊下戰死，但是戰役最終卻是以上杉謙信主動退出川中島而告終的。

雖然上杉謙信與武田信玄都對外宣稱自己取得勝利，但是從事實上來看，武田軍雖然損失了多員大將，但是卻在這一戰後牢牢掌握住了北信地區，所以還是武田家占了一點便宜的。此後，上杉謙信還在永祿七年（1564年）時第五次出兵川中島地區，不過這一次兩家並未交戰，上杉謙信在完成對飯山城的加固之後，便率軍返回了越後國。

在第四次川中島戰役的同時，北條家為了策應武田家也出兵關東，威脅到了古河城內的足利藤氏與上杉憲政。恰好此時公卿近衛前久也在古河城之中，近衛前久擔心北條軍會威脅到古河城，便寫信請求上杉謙信速速來援。

此時的上杉謙信方才結束川中島的大戰，還未恢復元氣，可是近衛前久的請求又不能置之不理，只好硬著頭皮在十一月又出陣關東。關東的豪強們也看出了上野信濃兩頭跑的上杉謙

信遲早會被武田家與北條家拖垮,紛紛背離上杉家加入北條家麾下,上杉謙信只好將上杉憲政與近衛前久從古河城接出,送到自己更方便救援的上野國廄橋城之中。而古河公方足利藤氏在北條家的攻擊下也難以繼續守住古河城,便在永祿五年(1562年)五月帶著弟弟們放棄古河城,投奔房總半島的里見氏去了。

關東對於上杉謙信來說形同雞肋,上杉謙信的掙扎一直到永祿十一年(1568年)時才迎來轉機。這一年,武田信玄與德川家康結盟,攻入昔日盟友今川家的領地駿河國,引發了武田家與北條家、今川家兩家的對立。北條家為了對付背盟的武田家,便主動與上杉謙信和談。

上杉家與北條家和談的衝突點只有三個:其一,此前上杉謙信擁立足利藤氏為古河公方,北條氏康則擁立足利義氏為古河公方,所以兩家要決定誰才是正統古河公方。其二,足利藤氏麾下的關東管領是上杉謙信,足利義氏麾下的關東管領是北條氏康,所以兩家也要決定誰才是正統的關東管領。其三,很現實的領地問題,就是國境要怎麼劃分。

第一點,因為足利藤氏在幾年前就掛掉了,所以兩家都同意立足利義氏為古河公方。第二點,北條家表示自己做出點讓步吃點虧,承認上杉謙信為關東管領。可是到了第三點時,兩家便出現衝突了。上杉謙信提出要求,上杉家與北條家的領地劃分,至少要恢復到永祿三年出陣關東時的局面,而北條家則表示那些都是過去的事,自己最多只能接受承認上杉家對上野

國的領有權，並且還希望目前在上野國從屬北條家的國眾依舊能夠劃入北條家麾下。

不過，兩家雖然在領地劃分問題上產生衝突，但是揍武田信玄的共同目的卻是一致的。所以在商討劃分國境的同時，兩家便先締結了同盟，北條氏康還送了個兒子去越後國給上杉謙信當養子。沒有兒子的上杉謙信十分高興，將自己的舊名賜給了他，取名為上杉景虎。

讓所有人都沒有想到的是，就在上杉謙信與北條氏康在商量怎麼胖揍武田家的時候，京畿已經崛起了一股新興勢力，而這股勢力，將遠遠要比武田信玄還要強大。

御館之亂

元龜二年（1571年）十月，北條氏康去世，其子北條氏政獨掌大權以後，便拋棄了與上杉家的盟約，轉而繼續與武田信玄結盟。次年，武田信玄舉兵西進，侵入德川家領地，為了防止上杉謙信在此時攻打信濃國，武田信玄煽動起越中一向一揆作亂，上杉謙信不得不將主要注意力放在了越中國。

在與一向一揆交戰期間，上杉謙信一生中的宿敵武田信玄在西進時病逝，上杉謙信趁著武田家內部局勢不穩的時候大舉征伐敵對勢力，將勢力擴張到了越中國、飛驒國與能登國。

另外一邊，北條氏政在天正元年（1573年）八月開始不斷

地對上野國發起攻擊,甚至包圍了上杉家在武藏國的最後據點羽生城。為了穩固後方,上杉謙信不得不出兵關東與北條家交戰,然而此時的上杉家對關東的影響力已經日漸式微,上杉謙信最終也只能無功而返,連羽生城都被北條家奪取了。

天正四年(1576年)四月,一直與上杉謙信敵對的本願寺向上杉家丟擲橄欖枝,隨後在流亡毛利家的幕府將軍足利義昭的調解下,上杉謙信與武田勝賴、北條氏政議和,決定一齊對日益強大的織田信長發起攻擊。

為了實現上洛計劃,上杉謙信在這年十二月對能登國發起攻擊,包圍了能登畠山家的居城七尾城。為了救援七尾城,織田信長派出北陸軍團北上加賀國,然而七尾城卻因為爆發瘟疫以及內應的緣故沒能撐到織田軍的到來,在次年九月開城投降。攻陷七尾城以後,上杉謙信繼續奪取了能登國與加賀國邊境的城池,而後率軍南下加賀國,朝著織田軍而來。

此時織田軍的北陸軍團長柴田勝家還不知道七尾城已經陷落,等到斥候報告說上杉軍已經來襲時,已經為時已晚。在柴田勝家撤軍途中,上杉謙信在湊川追上了正在後撤的織田軍,擊敗了織田軍的殿後部隊。擊敗織田軍以後,上杉謙信洋洋得意地率軍返回了春日山城,還對外表示織田軍其實也就那樣,自己將在次年正式揮師上洛討伐織田信長。

然而,天正六年(1578年)三月十三日時,上杉謙信突然因腦中風病逝,山內上杉家也因為上杉謙信之死,結束了短暫的

復興時光。

　　上杉謙信的一生雖然好酒，但是他卻不近女色，所以沒有子嗣，只有幾個養子。在幾個養子之中，又以北條家出身的上杉景虎與上田長尾家出身的上杉景勝最受謙信的喜愛。由於上杉謙信是突然病逝的，並未指定繼承人，因此上杉景勝與上杉景虎便為了家督之位大打出手。

　　在上杉謙信死後，上杉景勝先行率軍占領了春日山城的本丸，宣布自己繼承上杉家家督之位，而上杉景虎則進入上杉憲政隱居的居館之中集結軍勢，所以這次內亂也被稱為「御館之亂」。

　　上杉家的內亂引起了北條家的注意，北條氏政自然不願意看弟弟落入下風，可是此時的北條家又在與北關東眾交戰，來不及派兵支援，因此北條氏政便請求盟友武田勝賴出兵越後國，協助上杉景虎奪取家督之位。武田勝賴也不含糊，在收到北條家的請求後立即揮師北上，甚至一路殺到了春日山城的城外。上杉景勝眼見落入下風，便連忙派出使者與武田勝賴祕密聯繫，表示自己願意割地賠款，只希望武田勝賴能夠不要幫助上杉景虎。

　　此時的武田勝賴被眼前的利益給迷惑了，不過他也不敢明著背叛上杉景虎，便極力主張讓兄弟倆和談。恰好此時德川家康突然侵入了南邊的武田家領地，武田勝賴便在促成和談後匆匆撤軍回國。結果，武田勝賴前腳剛走，後腳上杉景勝便撕毀

和約,發兵攻打御館,連前關東管領上杉憲政都在調解途中被亂軍殺死,絕望之中的上杉景虎也自盡而死。

不過,儘管上杉景勝順利奪取了家督之位,但是上杉家卻因為這次「御館之亂」而四分五裂,元氣大傷。再者,上杉景勝當初為了獲取武田勝賴的支持,割讓了過多的城池,甚至連越後國與越中國之間的幾座城池都割給了武田家,導致上杉家對越中國的支援十分不便。除此以外,柴田勝家在上杉謙信死後不斷地對北陸發起攻擊,相繼攻陷了加賀國、能登國,而織田信長的小舅子齋藤利治則在信長的命令下侵入越中國,一度擊敗了駐守此地的上杉軍。

天正十年(1582年)二月,織田信長與德川家、北條家共同對上杉景勝的盟友武田勝賴發起攻擊,僅僅一個月左右,強大的武田家就在三家的聯合攻勢下滅亡。此時上杉家在越中國的幾座城池也陸續落入織田家的手中,武田勝賴的滅亡,幾乎給上杉景勝判了死刑。

幸運的是,這年六月霸主織田信長在京都的本能寺被家臣明智光秀殺死,柴田勝家得知京都事變以後率軍撤退,給了上杉家喘息之機。另外一方面,原本臣服織田家的北條家突然反叛,武田家遺領內的武田遺臣們也締結了一揆,開始攻擊留在當地的織田家家臣。上杉景勝是武田信玄的女婿,他趁著武田遺領動亂的機會率軍南下,奪取了上杉謙信一直念念不忘的川中島地區。另外,收容武田家舊臣的德川家康、武田信玄的外

孫北條氏直也對武田家舊領發起攻擊，三家圍繞著武田遺領展開爭奪。

就在三家爭奪武田家遺領的同時，織田信長死後的織田家也發生了內亂——信長的三子織田信孝與織田家重臣柴田勝家、佐佐成政舉兵討伐信長的另一個家臣羽柴秀吉。由於柴田勝家、佐佐成政的領地都在北陸，所以羽柴秀吉便與上杉家聯繫，而上杉景勝則非常識趣地與秀吉結盟，攻打柴田勝家、佐佐成政的勢力。

天正十二年（1584年），上杉景勝將養子龜千代送至羽柴家當人質。兩年後，上杉景勝親自上洛，前往大坂城覲見羽柴秀吉，表示臣服，羽柴秀吉也向朝廷舉薦上杉景勝補任從四位下、左近衛權少將的官位。此後，上杉景勝陸續討伐了越後國的新發田氏與佐渡島的本間氏，統一了越後國。在天正十八年（1590年）的「小田原征伐」時，上杉景勝積極響應秀吉的號召，與前田利家一同率軍自北陸攻入關東，陸續奪取了缽形城、八王子城等地。

東北之關原

在羽柴秀吉晚年時，上杉景勝成為羽柴家的「五奉行（俗稱五大老）」之一，山內上杉家再一次成為統一政權內的重臣。為了蹭軍功，上杉景勝還在秀吉侵略朝鮮時率軍去朝鮮逛了一圈，順便修了一座城池。

上杉家

　　慶長三年（1598年）正月十日，羽柴秀吉下令將上杉景勝從越後國九十一萬石轉封至蒲生家舊領會津，同時還保留了上杉家在佐渡、莊內的舊領，將上杉景勝加封至一百二十萬石，成為羽柴政權內領地僅次於德川家康與毛利輝元的大名。讓上杉景勝沒想到的是，羽柴秀吉在這年八月去世以後，上杉家將會再次迎來危機。

　　慶長四年（1599年）正月，上杉景勝與其他三位奉行以及「五年寄（俗稱五奉行）」一同指責德川家康違背秀吉遺命，私下與其他大名聯姻。可是，隨著前田利家的去世，德川家康在羽柴政權中一家獨大已經無法避免。同年八月，上杉景勝率領著家臣們返回會津，而德川家康則以羽柴秀賴後見人的身分進入大坂城。

　　慶長五年（1600年）二月，上杉景勝在若松城西北部修築新城，但是越後國的大名堀秀治的家老堀直政以及從上杉家出走的家臣藤田信吉則向德川家康舉報上杉景勝修築新城是「懷有逆心」。德川家康趁著這個機會，要求上杉景勝上洛以示忠心，卻被上杉家拒絕，德川家康也因此召集了東日本的大名，以羽柴家重臣的身分宣布要代羽柴秀賴討伐不臣的上杉家。就在德川家康舉兵東進的同時，毛利輝元、宇喜多秀家、石田三成、大谷吉繼在京畿舉兵，德川家康為了防止京畿落入西軍手中，不得不放棄征伐上杉家，率領軍隊西返。

　　八月三日，得知德川家康放棄征伐上杉家的伊達政宗對上

杉家的領地刈田郡白石城發起攻擊，為了防止上杉家支援白石城，伊達政宗另外派遣了櫻田元親攻打伊達郡河俁城。從郡名便可得知，伊達郡本來是伊達家的領地，是伊達家的發家之地，只是在羽柴秀吉崛起後，伊達郡被割給了蒲生家，在上杉家轉封會津後，又成為了上杉家的領地。櫻田親元是伊達家時代的河俁城城主，為了攻取河俁城，櫻田親元大力煽動當地的領民作亂，最終奪取了河俁城，而伊達政宗也趁著上杉家的注意力都在河俁城之際，攻陷了白石城。

為了對付伊達政宗，上杉景勝給白石城方面派去軍勢，還命令信夫郡與伊達郡的家臣們動員軍勢抵抗伊達軍。另外一邊，上杉家家老直江兼續在九月三日時曾給同為上杉家家臣的本莊繁長去信，表示上杉家要響應西軍侵入關東，但是攻打關東僅僅靠一個上杉家是不夠的，還需要拉攏伊達政宗與最上義光。而如何才能拉攏二人呢？直江兼續認為只要嚇唬住最上義光，逼迫最上家加入西軍，伊達政宗自然也會不戰而降。

可是，在攻打最上家時，卻發生了一連串讓直江兼續沒有想到的事情。首先，上杉軍在攻打最上家的上山城時，四千餘上杉軍竟然被五百餘最上軍擊敗，導致戰況陷入膠著。並且，直江兼續雖然親自來到最上義光的居城山形城附近布陣，但是最上義光卻依舊沒有降服的姿態。

除此以外，直江兼續攻打最上家的目的是為了逼迫最上家與伊達家加入西軍一同南下關東，所以為了避免消耗不必要的

兵力，上杉軍對最上家的攻勢一直都是以嚇唬為主，交戰為輔的。可是最上家的領民不知道直江兼續的心態，在他們看來，自己本來在家老老實實種地，結果上杉軍突然侵入最上家，村子、田地都成為了戰場。所以為了保家衛國，領民們要眾志成城團結起來擊退侵略者，於是上杉軍在各地的陣地都遭到了最上家領民的襲擾，苦不堪言。

在這樣的情況下，直江兼續還在說服自己，認為伊達政宗與最上義光之所以抵抗上杉軍，是還不知道西軍的實力，一旦他們知道西軍在京畿占據上風的話，本為羽柴政權麾下大名的二人勢必也會加入西軍的。只是，直江兼續不知道，早在幾天前的九月十五日時，東軍就在美濃國的關原擊敗了西軍。

十月一日，得知堀秀治準備攻打上杉家的莊內領地，直江兼續率軍撤退，通說中都認為上杉軍的後撤是因為得知了關原戰役西軍戰敗的情報，不過從直江兼續後幾天的書信來看，他並不知曉東軍與西軍的戰況。不過，直江兼續矇在鼓裡，伊達政宗卻早早收到了德川家康的書信，得知了東軍獲勝的消息，所以在上杉軍後撤之際，伊達政宗率領軍勢侵入了上杉家的領地，與上杉軍交戰。

上杉家與最上家、伊達家的戰爭一直持續到了第二年，上杉家自知西軍戰敗後，自家無力單獨抵抗德川家康及一眾大名，所以上杉景勝在這年七月二日與直江兼續一同上洛，最終被處以從會津一百二十萬石減封至米澤三十萬石的處罰。

東國篇

　　慶長十九年（1614年），德川家與羽柴家關係惡化，江戶幕府召集天下大名攻打大坂城，上杉景勝也與直江兼續一同率軍西進，參加了大坂冬之陣。十月二十五日，上杉景勝奉命攻打鴫野村的羽柴軍，取得大勝，獲得了德川家康的褒獎。在幕府與羽柴家和談以後，上杉景勝在次年二月率軍返回米澤藩。僅僅兩個月後，幕府與羽柴家戰端再起，這一次上杉景勝率軍上洛，奉命守備京都的安全，在羽柴家滅亡之後率軍回國。從大坂之陣便可以看出，此時的上杉家已經不再是羽柴系的大名，而是成為江戶幕府麾下的一個藩主了。

　　元和九年（1623年），上杉景勝帶著嫡子千德丸前往江戶城拜見將軍德川秀忠，並給兒子取名上杉定勝。一個月後，上杉景勝在米澤城去世，享年六十九歲，而米澤上杉家則作為江戶幕府的大名，一直存活到了幕末。

附錄

「御館之亂」中的上杉家與武田家

天正六年（1578年）三月十三日，越後國的戰國大名上杉謙信突然病逝，上杉謙信一生都沒有娶妻，因而也沒有親生的子嗣，只有幾個養子。在這幾個養子之中，又以「上田長尾氏」出身的上杉景勝與關東北條家出身的上杉景虎二人最受上杉謙信的喜愛，也最有可能成為上杉家的繼承人。

上杉謙信病逝以後，上杉景勝聲稱上杉謙信臨死前指定自己為繼承人，進入了春日山城的本丸。可是，在上杉家中，一些支持上杉景虎的家臣們並不認可上杉景勝，在這些家臣們的擁戴之下，上杉景虎在五月十三日進入了前山內上杉家家督、前關東管領、上杉謙信的養父上杉憲政的居館之中，聲稱自己才是上杉家的正統繼承人，上杉家分裂成了兩個派系。因為上杉景虎是在上杉憲政的居館舉兵的，因而這次內亂也被稱為「御館之亂」。

在上杉家兩分以後，上杉景虎的親哥哥北條氏政立即表示會站在弟弟的一方，可是此時的北條家正在與以常陸國佐竹氏

為首的北關東眾交戰，無法排遣援軍對上杉景虎進行有效的支援。為此，北條氏政便邀請自己的妹夫、與北條家有著同盟關係的甲斐武田家的家督武田勝賴支援上杉景虎。

對武田勝賴來說，此次上杉家內亂正是介入武田家宿敵上杉家內政的好機會，再加上長篠之戰以後，武田家在西線的戰事轉攻為守，東線的北條家便成為自己非常重要的盟友，因而在五月二十三日派出了堂弟武田信豐作為先陣出陣越後國。

此時的上杉景勝雖然占據了上杉家的本城春日山城的本丸，也有許多上杉家的家臣支持，但是要是武田家、北條家都支持上杉景虎的話，自己根本無力對抗這兩家與上杉景虎的聯軍。於是，上杉景勝派出了使者前往武田軍的陣中，向武田勝賴表達了和談的意願。

上杉景勝的書信先是送到了武田信豐的陣中，而後武田信豐又將書信送到了武田勝賴的本陣。六月七日，武田家的重臣跡部勝資給上杉景勝做出了答覆，表示可以和談，但是需要上杉景勝遞交起請文（類似於結盟的契約書）。在武田勝賴與上杉景勝和談期間的六月十四日，武田信玄時代的「武田四名臣」的最後一人、海津城代春日虎綱（即通說中的高坂昌信）病逝，其子春日信達繼任海津城代的職位。

武田勝賴與上杉景勝達成的和睦條件為：

1、割讓奧信濃地區（武田、上杉家領地交界）。

2、上杉景勝向武田家獻上黃金。

3、兩家締結姻親關係。

通常很多人看到這裡都會感到不解，武田勝賴不是答應了北條氏政支援上杉景虎了嗎？為何又私自接受上杉景勝的和談請求，這不是明擺著背叛盟友？實際上，在後來織田信長對武田家進行征伐時，北條家正是作為織田軍的一員行動的，而這一切的緣由，便與這次「御館之亂」也有一點關係。

其實，大家都小看了武田勝賴的手段，上杉家並未實踐割讓東上野領地的諾言，只讓出了信濃國最北部的飯田城。而武田勝賴也藉著接受領地的名頭，率軍直指越後國，他並沒有在海津城等待與上杉景勝和談的結果，而是一邊和談，一邊向春日山城進軍。

在降服了諸多越後國的城池後，六月二十九日，武田軍在武田勝賴的率領下來到了春日山城下的越府，這是武田軍距離宿敵上杉家根據地最近的一次。

武田勝賴著陣以後，派武田信豐與上杉景勝聯繫，表示自己無意攻打春日山城，只是想調解上杉景勝與上杉景虎的關係，讓哥倆重歸於好，防止上杉家分裂。

對武田勝賴來說，與上杉景勝和談並非是要拋棄上杉景虎，畢竟這時候武田勝賴想要對抗織田信長、德川家康，是需要上杉景虎的兄長北條氏政的支持的，所以他履行了出兵的承

諾。另一方面，在針對織田信長的包圍網中，上杉家、武田家是織田家東部最強大的勢力，若是上杉家分裂陷入長期戰亂的話，信長包圍網的東部就會解體，而自己出陣越後支援上杉景虎，等於是將屁股暴露給了織田信長與德川家康，大軍出陣在外的武田家隨時都有可能遭到織田‧德川聯軍的攻擊。

因此，武田勝賴想出了一個自以為兩全其美的辦法，就是調解上杉景勝與上杉景虎的關係，這樣上杉家既不會分裂，武田家也不算沒有支援上杉景虎，對北條家也有個交代，其先例就是父親武田信玄從中斡旋的「甲相駿三國同盟」（當時今川、北條兩家也是敵對關係）。況且，武田家正好可以趁著這個機會，大肆侵攻信濃、越後、上野的上杉家領地，擴張版圖，何樂而不為呢？

可是，年輕的武田勝賴把計劃想得太美好了，他光想著吃肉，根本沒想到這肉是誰的肉？能不能吃？吃了以後會不會捱打？

這件事的關鍵，就是北條氏政對武田勝賴與上杉景勝和談一無所知，武田勝賴沒有同北條家進行事先的商量。對北條氏政來說，他並不想讓景虎與景勝和談，而是想扶持自己的親弟弟上位，這樣一來，關東就會與北陸連成一片，成為北條家的天下。所以，在北條氏政看來，自己請求武田勝賴出陣，不是去當和事佬，而是要對上杉景虎進行軍事支援。

武田勝賴大概也知道自己這件事做得不大厚道，他吩咐武

田信豐與上杉景勝聯繫時用的書信也是以密信的形式往來，同時他還向御館派遣了援軍，迷惑上杉景虎與北條氏政。

為了策應武田勝賴的軍事行動，武田家的岩櫃城城代真田昌幸還對上杉景勝麾下的上野國沼田城進行了攻擊，搶在北條家之前攻略東上野，引發了北條氏政的不滿。北條家早就對東上野的領地垂涎欲滴，但是苦於上杉謙信的威勢，久攻不下，這次正好有個奪取東上野的大好時機，卻因為北條軍主力出陣下野國而錯失良機。武田勝賴並不想得罪北條氏政，於是他下令讓真田昌幸撤軍，但是還是對真田昌幸的調略做出了肯定。

八月十九日，武田家與上杉景勝達成和睦，因為兩家也有約定在需要時互相派遣援軍，因而也可以視作是兩家的同盟。另外，和約裡還提到，武田家不能讓北條軍借道信濃，並且武田勝賴會將妹妹嫁給上杉景勝為妻，結成秦晉之好。在武田軍的軍事震懾以及武田勝賴的調解下，次日上杉景勝與上杉景虎也達成和議。

然而，武田勝賴還是低估了這次事件，上杉景勝與上杉景虎的爭鬥，表面上看起來是圍繞著家督之位的戰爭，但是本質上來說，根源還是在於上杉家內的反上田長尾派（上杉景勝實家）家臣與支持上杉景勝派家臣的對立。若不從根源解決此事，想要和談並不容易，眼下的和睦局面僅僅只是因為武田勝賴以及武田軍的介入而已。

果然，八月二十二日，武田家的西線領地遭到了攻擊——

德川家康率軍出陣駿河國，並在當地大肆劫掠恰到收穫季節的作物。在後院起火的情況下，武田勝賴已經無法繼續率軍呆在越後國，於是在八月二十八日率軍返回了甲斐。在武田勝賴撤軍之後，上杉景勝、上杉景虎戰端再開，幾天前的和談成為一紙空文。

此時的局面對上杉景勝來說並不樂觀，武田勝賴雖然撤軍，但是北條軍已經接替武田軍向越後國進軍，還包圍了上杉景勝出身的上田長尾氏的根據地坂戶城。為了鼓舞己方士氣，上杉景勝向武田勝賴發去了援軍請求，武田勝賴也履行盟約派出了援軍，不過因為武田家也有援軍在上杉景虎處，所以武田勝賴此時保持的是中立的立場。

武田勝賴若是保持中立，上杉景勝方是很難獨自面對北條家與上杉景虎方的。為了徹底得到武田勝賴的「芳心」，讓武田家對坂戶城也派出援軍，上杉景勝不得不把壓箱底的底牌也交了出來。除了原本被武田家占領的奧信濃地區，上杉景勝還將越後國的妻有城、赤澤城、不動山城等城池都割讓給了武田家，讓武田勝賴「大飽口福」了一番。

武田勝賴與上杉景勝的眉來眼去，逐漸引起了北條氏政的注意。時間繼續推進到了天正七年（1579年）的正月，「御館之亂」已經持續了大半年。兩頭站隊的武田勝賴仍然與北條家表面上保持著同盟關係，這樣他才能夠抽出手來對付織田信長與德川家康。

這一年，因為織田家在攝津國的家臣荒木村重叛變，武田勝賴與同樣反織田家的毛利家約定共同對織田信長發起攻擊。四月五日，武田勝賴寫信給吉川元春表示自己會出陣尾張與美濃，策應西國的戰局，可是最終武田軍前進的步伐在遠江國就被德川家康給攔下了。八月九日，丹波國的國眾赤井氏被織田家的家臣明智光秀攻滅，西國的戰局開始朝著織田家傾斜。

　　織田家的好事對武田家來說就是壞事，武田勝賴著實鬱悶了一番。禍不單行的是，武田家與北條家的同盟，也因為武田勝賴在御館之亂時由支援上杉景虎轉向中立，開始產生裂痕。

　　二月至三月的這段時間裡，不斷有謠言說武田軍將會撕毀盟約侵入北條家的伊豆國領地，對此，北條氏政命令伊豆國各處的家臣做好防禦準備，囑咐萬一受到武田軍的攻擊，只要守好據點韮山城即可。值得注意的是，表面上兩家這時仍然還是同盟關係。

　　四月二十四日，御館之亂以上杉景勝的獲勝宣告結束，北條氏政的弟弟上杉景虎在重圍之中自盡而亡。因為武田勝賴沒有對上杉景虎進行有效的支援，而是模稜兩可的保持中立，北條氏政認為武田家背叛了甲相同盟，從此開始記恨起了武田勝賴。

　　到了八月，不知好歹的武田勝賴竟然讓箕輪城代內藤昌月調略了原上杉景虎派的上杉家臣北條高廣。此時上杉景虎敗亡，北條高廣已經投靠了北條家，武田勝賴這個舉動實際上與

背盟無異。北條、武田兩家開始在領地的國境上修築工事，防止遭到對方的攻擊。

九月，北條氏政破棄了與武田勝賴的同盟，武田勝賴也徹底站到了上杉景勝的一方，同時，武田勝賴還與佐竹家組織起了針對北條氏政的包圍網，因為佐竹家並未統一常陸國，因此這個同盟也被稱為「甲佐同盟」。對應武田勝賴的政策，北條氏政也同德川家康締結了同盟，武田、北條兩家最終以戰爭的形式破盟，上杉家的「御館之亂」，徹底改變了東國的局勢。

真田家

流浪的一族

　　日本戰國時代的真田氏一直以來都是日本史中的非常熱門的家族，無論是戰國無雙等遊戲，還是關於武田家、真田家的時代劇裡，真田幸綱、真田昌幸、真田信幸、真田信繁三代人都非常活躍，人氣也是非常之高。

　　不過，很多人都會忽略的是，真田家的家督傳至真田信幸時，雖然是傳了三代人，但是家督卻是傳了四任。在真田幸綱、真田昌幸兩任家督中間，還有一個戰死在長篠之戰中的真田信綱。先前大河劇《真田丸》熱播時我有略介紹一下真田家的背景，今天，我們就來好好聊聊，一個與電視劇、遊戲中完全不同的，歷史上的真田家是這麼一回事吧。

　　根據江戶時代創作的真田家系圖來看，江戶時代時真田家一直是自稱是清和天皇的後裔滋野氏出身，以海野為苗字。到了戰國時代時，海野棟綱的嫡孫幸隆因為居住在信濃國小縣郡的真田鄉，因此才改以「真田」為苗字。

　　然而，滋野氏的出身疑點非常之多，例如真田家主張滋野

氏的始祖是清和天皇之子貞秀親王，貞秀親王的長子幸恆自稱「海野小太郎」，到了幸恆之子時，他的三個兒子分別繼承與開創了海野氏、禰津氏、望月氏三個家族，被稱為「滋野三家」。不過，文化九年（1812年）江戶幕府編纂《寬政重修諸家譜》之際，真田家獻上了自家的系圖，當時幕府認為無法確認貞秀親王是否存在，因而在系圖得標註了「尚待考證」，這說明幕府官方其實也並不認可滋野氏的天皇後裔出身。

實際上，在真田幸隆的弟弟矢澤賴綱的菩提寺之中有一份真田家的系圖存留，上面提到矢澤賴綱是真田右馬佐賴昌的第三子。也就是說，真田家並非是從真田幸隆時期才出現的，在真田幸隆之前，他們的家族就一直以真田氏自居。

值得注意的是，根據《信州滋野氏三家系圖》的記載，源賴朝時期的御家人海野幸氏有個孫子叫「真田七郎幸春」。因此，這個人很可能就是真田家的先祖，而真田家也並非是海野家的嫡流，而是鎌倉幕府時代就出海野氏分出的一支庶流而已。

戰國時代的真田氏始祖，就是我們非常熟悉的真田幸隆。不過，真田幸隆這個名字卻是在編纂《寬永諸家系圖傳》時才在真田家的系圖之中出現的，在此以前的戰國時代，並沒有確切的史料證明他的名字叫做「真田幸隆」。

真田幸隆的生母「玉窗貞音大禪尼」的供養塔位於高野山的蓮華定院，根據蓮華定院的供養帳記錄，真田幸隆在高野山留下的名字是「真田彈正忠幸綱」。另外，在永祿五年（1562年）

六月十三日真田家奉納給山家神社的板扉（門）上，也有記載奉納人為「大檀那幸綱並信綱」，也就是真田幸綱與真田信綱父子。因此，戰國時代真田家始祖的的名字乃是「真田幸綱」，而非通說之中的「真田幸隆」。

按照之前的研究，真田幸綱雖然不是海野棟綱的嫡孫，但是他的父親真田賴昌卻娶了海野棟綱之女，所以真田幸綱實際上是海野棟綱的外孫。不過，根據高野山供養帳的記錄推測，海野棟綱與真田賴昌的年紀有可能相仿，因而日本學者丸島和洋認為，真田幸綱也有可能是海野棟綱的女婿，而不是外孫。

值得一提的是，真田幸綱的弟弟矢澤賴綱是真田賴昌的三子，但是真田賴昌的三個兒子之中的另外一人卻難以在真田家系圖中尋覓蹤跡。而在永祿十年（1567年）信濃國國人向武田信玄效忠時繳納給武田家的誓書之中，我們可以發現當時繼承海野家的武田信玄次子海野龍芳下屬的國眾之中，有一個叫做「真田右馬助綱吉」的傢伙也在武田家的麾下。

「右馬助」即是「右馬佐」，也就是真田賴昌的官途，從官途繼承來看，真田綱吉有可能就是真田賴昌的長子，因而才繼承了父親的官途。而從名字來看，真田綱吉、矢澤賴綱繼承的名字之中都只拜領了宗家海野棟綱的偏諱「綱」字，只有真田幸綱拜領的是海野家的通字「幸」字，說明真田幸綱的地位要比兄長、弟弟都要高，這大概是因為他是海野氏的外孫或者女婿，因而才越過兄長，被立為真田家的繼承人。

東國篇

　　正如上文所述，戰國時代的真田家，其實不過是一個海野氏的從屬、以真田鄉為根據地的小小國眾罷了。

　　當時的信濃國正處於四分五裂的時期，守護小笠原氏、國眾諏訪氏、村上氏、木曾氏都各自占據著一塊地盤拉鋸。除此以外，小縣郡、佐久郡等地更是豪族林立，例如海野氏雖然作為滋野三家的總領家，但是卻連小縣郡都沒能統一。國眾眾多、一盤散沙的信濃國很快就招致了強大的他國大名的侵犯。

　　天文十年（1541年）五月十三日，甲斐國的大名武田信虎與信濃國的諏訪賴忠的、村上義清組成聯軍，侵入了小縣郡的海野家領地，以海野棟綱的實力，根本無法應對三面的敵人，更別提當時的武田信虎乃是甲斐國一國的統治者。

　　五月二十五日，海野軍在海野平與聯軍展開激戰，寡不敵眾的海野軍瞬間就被聯軍擊潰，海野棟綱的嫡子海野幸義戰死，海野棟綱則流亡上野國，依附當時的關東管領上杉憲政。失去領地的真田幸綱很快也隨著一族來到了上野國，不過他卻沒有前往上杉憲政所在的平井城，而是去了上杉家重臣長野業正的居城箕輪城。

　　真田幸綱的弟弟矢澤賴綱以及滋野三家中的禰津家在聯軍的攻擊下選擇降服，諏訪賴重最終准許二人返回舊領，但是此地已經是村上氏的地盤，所以二人便投入了村上氏的麾下效力。

　　天文十年（1541年）六月十七日，武田信虎在前往駿河國訪問女婿今川義元時，家中發生政變，嫡子武田晴信在家臣的擁

戴下奪取了家督之位，並封鎖了武田信虎的歸路。

按照昔日的舊說，武田晴信流放武田信虎的原因是因為武田信虎想要廢長立幼，其實這並不屬實，只是江戶時代甲州流兵法家的創作而已。實際上，武田信虎在統一甲斐國以後，雖然朝著信濃國擴張，占領了佐久郡等地，但是甲斐國的國人並沒有獲取非常多的利益。而在武田信虎被流放的前一年，甲斐國遭遇了暴雨的襲擊，農作物的收成也因此大受打擊，隨後在天文十年便發生了大饑荒，餓殍遍野。在這樣的情況下，武田信虎依舊堅持出兵小縣郡，給甲斐國的國人造成了很大的負擔，這才招致被流放的結果。

若僅僅是因為廢長立幼的話，武田家理應像其他父子、兄弟相爭的家族一樣分裂，然而武田信虎被流放以後，武田家卻沒有任何一個家臣站在信虎的一方，說明這是因為武田信虎不能滿足家臣利益而導致的一次自地方領主至上級家臣、嫡子聯合發動的政變。

此時，逃到上野國的海野棟綱、真田幸綱見到武田家發生政變，便請求山內上杉家出兵信濃，協助自己回歸舊領。山內上杉家本是武田家的盟友，上杉憲政認為武田信虎被放逐以後，兩家的同盟將難以持續。再者，武田晴信既然不是透過正當手段上臺的，上杉家也認為武田家將會像武田信重、武田信繩父子對立時期那樣出現長久的內戰，這樣一來，遠在信濃國的武田領實際上就等於送到嘴邊的鴨子了。

七月，上杉憲政派遣三千軍勢侵入了信濃國的佐久郡與小縣郡，結果在小縣郡的長窪遭遇了武田家的盟友諏訪賴重率領的諏訪軍。不過，倒楣的上杉憲政再一次誤判了局勢，認為諏訪賴重此行是為了支援武田家，若是在小縣郡與諏訪軍長期作戰的話，一旦武田軍、村上軍出陣，孤立無援的上杉軍根本就不是甲信聯軍的對手。最終，上杉家與諏訪賴重單獨和談，上杉軍也於七月十七日撤軍返回了上野國，海野棟綱、真田幸綱回歸舊領的希望破滅。

歸屬武田家

　　身在上野國的真田幸綱發覺山內上杉家的軍事重心始終在於關東，想要依靠上杉家的支援返回舊領的希望非常渺茫。真田幸綱不願真田家就此沒落，成為他國的客將，在這樣的情況下，他決定為真田家另謀他路。

　　機會很快就來了，天文十一年（1542年），甲斐國、信濃國的局勢發生了翻天覆地的變化。六月二十九日，武田軍突然侵入信濃國諏訪郡，猝不及防的諏訪賴重來不及布置防禦，諏訪軍節節敗退，諏訪賴重於七月四日降服，在同月二十一日與弟弟諏訪賴高一同在甲斐國切腹自盡。

　　自武田晴信政變以來，諏訪賴重並沒有對武田家的動向表示抗議，武田軍侵略諏訪郡的前兩個月，諏訪賴重與武田晴信的妹妹禰禰之間還生下了嫡子寅王丸。在諏訪賴重看來，雖

然岳父武田信虎被流放，但是這對諏訪家的利益並沒有多大影響，而諏訪家與武田家的同盟也將繼續下去，所以他根本沒有預料到武田家的背盟。

當然，武田家也有自己的說法，並不認為是自己先背盟的。前一年山內上杉家侵入小縣郡時，諏訪賴重雖然也出兵小縣郡，但是他卻沒有迎戰上杉軍，而是揹著武田家獨自與上杉軍和談。並且，諏訪賴重出兵小縣郡的目的並不單純，上杉軍撤軍以後，諏訪賴重壓制了當地的蘆田鄉，當地的豪族依田氏也降服於諏訪家。武田家認為諏訪家擅自與上杉家和談已是不妥，而蘆田鄉理應屬於武田家的勢力範圍內，諏訪家出兵征服此地，則是意味著對武田家宣戰。

天文十四年（1545年），關東的局勢開始發生變化。最早在今川義元剛繼承家督之時，今川家與武田家是同盟，武田家與山內上杉家、北條家是同盟，北條家則與今川家、山內上杉家敵對。這一年，今川義元出兵被北條家占領的駿河國河東地區，山內上杉家也與古河公方、扇谷上杉家組成聯軍，出兵武藏國包圍了北條家的河越城。

北條氏康難以同時兩線作戰，便請求武田晴信作為仲介調解，在武田晴信的工作下，今川家同意以收復河東地區為條件與北條家和談，而山內上杉家則對武田家的調停不予回應。解放西線的壓力以後，北條氏康回師救援河越城，擊潰了山內上杉家為首的關東聯軍，扇谷上杉家滅亡、古河公方淪為北條家

的傀儡，山內上杉家的勢力也大為衰退。

河越戰役以後，真田幸綱看出了山內上杉家的衰弱已是不可避免，而消滅了諏訪家的武田家倒是沒有像預料中那樣內亂，反而蒸蒸日上。真田幸綱投入武田家麾下的時期不明，但是大約就是在河越戰役後的事情。

天文十六年（1547年）武田軍包圍了信濃國佐久郡的志賀城，上杉家則派出軍勢支援信濃國，兩軍在小田井原展開激戰，最終上杉家落敗，志賀城被武田家奪取。《甲陽軍鑑》一書將這場戰役稱為「碓氷峠戰役」，同書也記載了真田幸綱此時已經在武田家麾下，可以作為參考。

根據《甲陽軍鑑》一書所述，真田幸綱投入武田家麾下之際，武田晴信將其舊領真田鄉賞賜給他。然而實際上真田鄉位於村上義清麾下的砥石城附近，此時尚未成為武田家的領地，所以這件事應當是《甲陽軍鑑》的誤記。

天文十九年（1550年）七月二日，武田晴信下發朱印狀，表示答應真田幸綱的請求，將諏訪形、上條等位於真田鄉附近共一千貫的領地賜給真田家。真田幸綱此時向武田晴信提出的請求，大概就是希望作為武田家的前鋒從村上義清處奪回真田鄉，考慮到真田家在當地的影響，任命他作為前鋒是最合適的。

九月九日，武田晴信出兵信濃國，包圍了砥石城。村上義清本在與北信濃的另一豪族高梨政賴作戰，得知武田軍來襲以後，便立即與高梨政賴議和，回師救援砥石城。武田軍的實力

非常強大，硬碰硬的話，村上義清並不一定是對手。於是，村上義清決定採取圍魏救趙的方式，率軍攻打武田家的寺尾城。

村上義清的計策並沒有讓武田晴信感到慌亂，他看透了村上義清的算盤，並沒有從砥石城撤圍，而是讓真田幸綱率領真田軍前往寺尾城增援。果然，村上義清發覺武田晴信沒有上當，只得灰溜溜地撤軍返回。

另外一邊，因為武田軍對砥石城久攻不下，村上義清與一些北信國眾的援軍也在向砥石城開來，武田晴信便決定撤軍回國，不願在砥石城與敵人僵持。然而，十月一日武田軍撤軍之際，村上義清率領著軍隊突然對著武田軍的背後發起攻擊，武田軍被突襲以後全軍崩潰，共戰死一千餘人。

經過這場被稱為「砥石崩」的戰役以後，真田幸綱返回舊領的希望似乎又再一次落空。幸而武田家經過武田信虎時代的改革，此時已經是一個凝聚力極強的戰國大名，並不會因為一兩次敗仗就覆滅，真田幸綱依然靠著武田家作為後盾留在信濃國。

天文二十年（1551 年）五月二十六日，出乎所有人的意料，砥石城這座武田軍久攻不下的城池，竟然被真田幸綱以謀略調略，不戰而降。真田幸綱是如何奪取砥石城的，從良質史料上無法尋到記載，像武田晴信的側近駒井政武在日記《高白齋記》中也僅僅只提到一句「真田奪取了砥石城」，並沒有記載過程。

不過，江戶時代成書的《甲陽軍鑑》等軍記物中就有收錄真田幸綱奪取砥石城的經過，雖然可信度存疑，但是仍不妨可以

作為參考。按照軍記物的記載，真田幸綱先是派遣了海野眾之一的春原若狹、春原惣左衛門兄弟前往村上義清處詐降，謊稱自己將與村上家裡應外合奪取真田幸綱所在的城池，希望屆時村上義清能夠派出軍隊協助。

村上義清不知是計，從麾下抽調了五百人前去接管城池，這五百人雖然順利地進入真田幸綱所的城池，但是在抵達二之丸時，突然間城門緊閉，三之丸與本丸裡冒出了許多真田家的伏兵，形成關門打狗之勢，將村上軍困在了二之丸內殲滅。

砥石城內的許多守軍本就是當地的滋野一黨出身，在村上軍覆滅以後，真田幸綱趁勢進軍，砥石城內真田一族出身的矢澤氏趁機開啟城門，砥石城就這樣兵不血刃地落入了武田家的手中。

川中島戰役

在 1988 年日本 NHK 電視臺拍攝的大河劇《武田信玄》中，多次出現了真田幸綱在武田家中參加評定，與武田家的重臣飯富虎昌、馬場信春、山縣昌景等人平起平坐。實際上，當時真田家的地位並沒有到達這個程度，真田家僅僅是武田家的「信濃先方眾」之一，作為武田家的代官管理真田鄉而已。電視劇中抬高了真田幸綱的地位，恐怕只是因為真田一族的人氣實在太高，因此才強行給他加了許多戲。

投入武田家麾下以後，真田幸綱的直屬上司是佐久郡內山

城的城代飯富虎昌。飯富虎昌是武田家的筆頭家老之一，為了在武田家站穩腳跟，真田幸綱迎娶了飯富虎昌之女為正室夫人，早年的妻子則從正室變為了側室。另外，真田幸綱還將自己的女兒嫁給了武田晴信的側近長坂虎房（即長坂釣閒齋光堅）之子長坂昌國，兩家締結了姻親關係。

長坂虎房當時是武田家在諏訪郡任命的郡司，其子長坂勝繁是武田晴信嫡子武田義信的側近，飯富虎昌則是武田義信的後見人，真田幸綱以及子女的婚姻，每一步都是為了讓真田家能夠融入武田家而進行的。

天文二十二年（1553年）三月九日，村上義清自認為無法抵禦武田家的侵攻，丟棄了居城葛尾城流亡越後國。村上義清逃走以後，信濃國的許多國人紛紛歸降，武田家在信濃國的勢力瞬間壯大，武田軍的兵鋒直指越後國而來。

四月十二日，越後國的大名長尾景虎派遣軍勢支援村上義清奪回了葛尾城等地，然而長尾軍撤軍以後，武田晴信再度發兵奪回了失地，村上義清再一次逃亡越後國。北信濃的國人們向長尾景虎表示，靠自己根本無法與武田家對抗。在國人們的一再邀請下，長尾景虎於八月親自率軍侵入信濃國，拉開了川中島戰役的帷幕。

所謂川中島，狹義上指的是千曲川與犀川之間的八幡原，此地也是第四次川中島戰役的發生地，廣義上的川中島指的則是北信濃的埴科、更級、高井、水內四郡，武田家與長尾家（上

杉家）在此地共發生過五次攻防戰。

第一次川中島戰役中，長尾景虎雖然擊敗了部分武田軍，但是因為武田晴信採取籠城防守、避其鋒芒的策略，因而長尾軍實際上也沒有取得什麼有效的戰果。

弘治元年（1555年），長尾景虎再度發兵信濃國，武田晴信隨後率軍出陣，是為第二次川中島戰役。武田、長尾兩軍並未展開大規模的交戰，在對峙了二百餘日後，經過武田家的盟友今川義元的斡旋，各自撤軍。

對於真田幸綱來說，川中島四郡在誰手中十分重要，若是武田家能夠壓制川中島一帶，真田家便可以徹底擺脫敵軍的威脅。弘治二年（1556年）八月，武田家家臣小山田虎滿與真田幸綱一同奪取了川中島的東條尼飾城，從這以後至海津城築城為止，東條尼飾城一直都作為武田家在北信濃防備長尾景虎的軍事據點。

弘治三年（1557年）三月，長尾景虎無法容忍武田家在北信的擴張，第三次出兵川中島，侵襲武田家的領地。然而，此時武田家在信濃國的勢力已經今非昔比，並不是長尾景虎能夠輕易撼動的。七月，武田晴信指示小山田虎滿，讓其與東條氏、綿內井上氏、真田氏一同繼續對北信濃展開侵攻。兩個月後，長尾景虎因為沒能取得戰果，先行撤軍回國，第三次川中島戰役結束。

永祿三年（1560年）十一月十三日，長尾景虎上洛歸來，

幕府賜予長尾景虎使用「屋形」稱號以及白笠袋、毛氈鞍覆、菊紋、桐紋的使用權等等（即「上杉七免許」），同時足利義輝還給予守護代出身的長尾景虎等同「管領」的待遇，無疑是認可他成為山內上杉家的養子，繼承關東管領的職役。

是時，許多北信濃的國人眾都前往春日山城向長尾景虎獻上了太刀以表祝賀，真田幸綱也在其中。武田家雖然在北信的立足，但是根據長尾景虎的多次來襲，說明長尾家對信濃國也有想法，誰也不能保證日後信濃國的歸屬，因而真田幸綱為了能夠維持真田家在真田鄉的統治，不得不給家族上一個雙保險。

永祿四年（1561年），趁著「相甲駿三國同盟」之一的今川義元在桶狹間之戰中戰死，武田家、北條家陣腳大亂之際，長尾景虎先是出兵包圍了北條家的主城小田原城示威，隨後在撤軍途中於鎌倉鶴岡八幡宮宣布正式繼承山內上杉家的家督以及關東管領職役，同時從前家督上杉憲政名字裡拜領偏諱，改名為上杉政虎。

上杉政虎從小田原城歸陣後，馬不停蹄地朝著北信濃殺來，第四次川中島戰役爆發。不過，雖然第四次川中島戰役非常有名，其過程在一次史料中卻並無記載，如今廣為流傳的戰鬥過程大多數都是出自於江戶時代的所謂甲州流、越後流兵法家的創作，雙方各執一詞，交戰過程的記載也各不相同。

第四次川中島戰役以後，武田信玄（即武田晴信，於永祿元年出家，法號信玄）的弟弟武田信繁、親信山本菅助等人戰死，

因而武田信玄在戰後認為這是一場不折不扣的敗仗，沒有給參戰的家臣發下感狀。

不過，雖然第四次川中島戰役進行得非常慘烈，武田家卻達成了防禦川中島的策略目標，雖然兩家後來還在永祿七年（1564年）展開第五次川中島戰役，但是直至武田家滅亡為止，上杉家都無法動搖武田家在川中島的統治地位。

但凡對日本戰國史有些了解的人都會接觸到兩個名詞——「守護大名」與「戰國大名」。這兩者的區別雖然目前為止還沒有定論，但是可以肯定的是，與守護大名不同，戰國大名的特點之一，就是以擴張領地為目的不斷地發動戰爭。

武田家作為戰國大名之一，自然也不例外，在成功維護了信濃國的統治地位以後，武田信玄將目標盯上了關東的上野國。

永祿四年（1561年），上野國吾妻郡的國眾鐮原氏與羽尾氏發生衝突，在鐮原氏的請求下，武田軍獲得了出兵上野國的正當名義。鐮原氏、羽尾氏都是滋野一族出身，再加上真田幸綱的領地與上野國相鄰，武田信玄便將攻略上野國的任務交給了真田家。

永祿六年（1563年）十月十三日，經過真田幸綱之子真田信綱與小縣郡國眾室賀滿正的調略，吾妻郡的巖下城落入武田家手中，隨後武田家便在巖下城附近修築了岩櫃城作為武田家在吾妻郡的據點，真田幸綱則作為守將入駐。

永祿七年（1564年）十一月至永祿八年（1565年）三月期間，真田幸綱出家，號一德齋。在此期間，上野國的國眾齋藤彌三郎、浦野中務少輔背叛武田家投入了上杉家麾下，在吾妻郡的嵩山城籠城。

　　永祿八年九月十三日，真田一德齋率軍與叛軍交戰並獲得勝利，在這之後浦野氏繼續負隅頑抗了一陣子，最終還是被真田一德齋所調略，吾妻郡重新被武田家掌控。不過，此時的真田一德齋雖然駐守岩櫃城，但是其身分卻與後來的真田昌幸不同，真田一德齋僅僅只是作為城將擁有吾妻郡的軍事指揮權，並不能處理當地的政務。

　　永祿十年（1567年）三月，真田一德齋再一次採用調略的手段奪取了上野國的白井城，連武田信玄都對此事感到意外。在這以後，真田一德齋將家督之位傳給嫡子真田信綱，父子二人一直作為武田家的城將駐守岩櫃城。

　　武田信玄去世的一年後，即天正二年（1574年）時，真田一德齋也身患重病，新任家督武田勝賴親自派遣醫生前去治療，仍然無力迴天。五月十九日，真田一德齋去世，法名月峰良心庵主，享年六十二歲。

　　真田幸綱去世以後，真田家在他子輩的領導之下，繼續創造著屬於他們的輝煌。

真田信綱時代

真田信綱是真田幸綱的嫡長子,出生於天文六年(1537年)。雖然系圖中真田信綱的母親是武田家重臣飯富虎昌的女兒,不過從年分上來看並不可靠。

真田信綱年幼時起就跟隨著父親流浪,真田幸綱出仕武田家以後,信綱方才與父親一同回到真田家的舊領。通說之中,天正二年(1574年)真田幸綱去世以後,真田信綱方才繼承真田家的家督之位,然而到了次年真田信綱就戰死在了長篠戰場上,所以歷史上對他的記載並不算多。

實際上,如真田幸綱篇中所述,真田信綱繼承家督的年分要比通說早得多。根據真田信綱的弟弟真田昌輝子孫保存的文書來看,永祿十年(1567年)後,真田信綱就可能繼承了家督之位。再者,日本戰國時代很多家族的家督都喜歡在自己生前退位,再隱居幕後協助新任家督處理政務,避免發生家督更替之時有可能出現的動亂。

意味深長的是,真田幸綱、真田信綱父子的很多書信如今都保存在了真田幸綱的次子真田昌輝的子孫手上。根據後世的記載,真田信綱可能有個兒子叫真田與右衛門,與真田昌輝之子一同成為了江戶幕府越前藩的藩士,這些書信很可能是從真田信綱的後裔轉交到真田昌輝後裔手上的,並沒有交給繼真田信綱之後繼承家督的真田昌幸。

真田家

　　按照《甲陽軍鑑》一書中《甲州武田法性院信玄公御代惣人數事》的記錄，真田家在武田信玄去世之時的地位乃是「信州先方眾」，並且真田家的軍役上不再是「真田一德齋」，而是「真田源太左衛門尉」（即真田信綱）。

　　如前篇所述，《甲陽軍鑑》作為江戶時代成書的軍記物語，書中的一些內容記載有些混亂，並且真假參半，大部分內容都需要有其他史料佐證。不過切記不要矯枉過正，這本書依舊是研究甲信戰國史的非常重要的數據之一。

　　按照《甲陽軍鑑》的記載，真田信綱麾下率領著二百騎騎馬武士，其弟弟真田昌輝則率領著五十騎騎馬武士。這份軍役中的人數雖然與其他史料不相符，但是從同記載來看，真田家在「信州先方眾」之中已經是動員力最大的一股勢力了。

　　所謂「先方眾」，指的就是外樣國眾，在日本戰國時代，大名侵略某個地方時，都是在當地招降納叛，隨後再以這些熟悉當地環境的勢力作為自己的前鋒。例如織田信長侵攻美濃國時，織田家的前鋒就是美濃國的一些投降織田家的國眾。後來織田信長上洛、攻打近江國六角家之際，信長也兵出奇招，故意一反常態地將美濃國的勢力作為佯攻，反將原本應該作為後陣的尾張軍勢作為前鋒，順利地攻下了六角家的城池。

　　真田昌幸繼承家督之時，真田家的知行為一萬五千貫，這有可能就是真田信綱、真田昌輝兄弟二人的知行總和了。雖然真田信綱時代真田家依舊只是外樣國眾的地位，但是真田家的

147

知行在信州先方眾之中卻是最高的，比排第二的蘆田依田氏整整高出了五千貫。

永祿十一年（1568 年），武田信玄率軍侵入昔日盟友今川家的領地駿河國，真田信綱也隨軍參戰。元龜元年（1570 年）時，武田信玄命令海津城的城代春日虎綱應對上杉謙信的侵攻之時，也派出了許多使者前往真田信綱處，要求真田家確認上杉軍的動向。

真田家當時的知行地不僅僅有小縣郡的真田家舊領，還有許多真田幸綱、信綱父子攻略下的上野國吾妻郡的領地。武田家攻略上野國，其原因之一就是為了牽制侵攻信濃國的上杉謙信，因而當時真田家也不在信濃國，而是居住在上野國的岩櫃城。

真田幸綱死後，為了在上野國監視越後國的上杉謙信，真田信綱便很少參與武田家的西進作戰，而是讓弟弟真田昌輝作為代官率軍參陣。從各種數據以及記載來看，真田家在真田信綱時代，已經從一介小國眾變成了武田家「信州先方眾」中的筆頭家臣了。

天正三年（1575 年），趁著德川家內亂，武田勝賴發兵侵入了德川家的領地，然而在武田勝賴進軍以後，德川家康就控制住了家中的局勢，使得武田勝賴奪取岡崎城的期望落空。

五月，武田軍改變作戰策略，包圍了三河國的長篠城，德川家康不敵武田勝賴，向盟友織田信長請求援軍。這一戰是織

田家與武田家的第一次真正交鋒，真田信綱、真田昌輝以及真田昌幸兄弟也都隨軍參戰。

織田信長先前的對手，基本上都是京畿、西國的敵人，在與這些敵對勢力交戰之時，新傳入日本的鐵炮發揮著重要的作用。此時的東日本雖然也有使用鐵炮作戰，但是因為火藥、彈丸獲取不易的緣故，並不能達到京畿、西國勢力那樣的利用率。

對織田信長來說，織田家的敵人不僅僅只有武田勝賴一人，所以他不願與武田軍正面交鋒，否則即便織田、德川聯軍取勝，也將付出巨大的代價。於是，織田信長在連吾川畔修築了三重馬防柵，布陣防禦，等待武田勝賴的進攻。

武田勝賴誤以為京畿的盟友拖住了織田信長的主力，大意輕敵，在長篠城下留下部分守軍以後，竟然率軍朝著連吾川進軍。

五月二十一日上午六時，兩軍發生小規模交戰，到了上午十一時左右，武田勝賴留在長篠城的守軍被織田、德川聯軍方的酒井忠次奇襲，使得武田軍陷入了被兩面包夾的危機之中。在這樣的情況下，武田勝賴不得不孤注一擲，對織田、德川聯軍的陣地發起突襲。

然而，武田軍與聯軍隔河相望，不僅僅需要渡河，還得突破聯軍的馬防柵才能夠與敵軍短兵相接。在聯軍大量的鐵炮、弓箭的攻擊之下，武田軍的幾波進攻都被挫敗，最終聯軍發起反擊，武田軍全面崩潰。

真田信綱、真田昌輝兄弟在長篠之戰時布陣的位置位於武田軍的右翼，他們面對的敵人是織田軍中的羽柴秀吉、瀧川一益、丹羽長秀三人。對武田軍來說，相較於織田軍，德川家康率領的德川軍顯然更好欺負，所以武田軍的右翼在開戰時的任務僅僅是牽制織田軍而已，由山縣昌景、武田信豐、小幡黨組成的中央、左翼的軍勢才是武田軍的主力。

　　可是，武田軍的左翼、中央共對聯軍發起四次衝鋒，都遭到了暴風雨般的鐵炮打擊，最後武田軍不得不在第五波衝鋒時將尚且完整的右翼部隊投入作戰，卻依然鎩羽而歸。

　　指的一提的是，武田家的武將幾乎都不是在正面交戰中戰死的，而是在聯軍發起反擊以後的追擊戰中被殺。真田信綱也在敗退途中被殺，享年三十九歲，幸而首級被家臣白川勘解由兄弟倆奪回，用信綱的陣羽織包裹著帶回了真田家。當年真田信綱所用的鎧甲、包裹信綱首級的染血的陣羽織，一直流傳到了現代。

　　除了真田信綱以外，弟弟真田昌輝、表兄弟兼重臣河原正吉、河原正忠、常田永則等等也都戰死。真田幸綱在武田家抬頭以後，武田家派給真田家的與力、上野國的國眾鐮原重澄、滋野一族的禰津家家督禰津月直、望月家家督望月信永等人也都在此戰中戰死。

　　幸而，上天並沒有讓真田家就此沒落，真田信綱的三弟，當時尚叫武藤喜兵衛的真田昌幸因為作為武田勝賴的旗本參

戰，並沒有在右翼的真田軍中。真田昌幸在長篠之戰中倖存了下來，真田家也將在他的手上，翻開一頁新的篇章。

信玄之雙眼

　　天文二十二年（1553 年）八月十日，武田家的「信濃先方眾」真田幸綱將時年七歲的第三子真田源五郎送至甲斐國充當人質。

　　真田昌幸早年的具體經歷不詳，只知道他一直作為武田信玄的近習眾侍奉武田家。根據《甲陽軍鑑》的記載，真田昌幸的初陣便是武田家與上杉家在信濃國川中島的大戰「第四次川中島戰役」，時年十五歲的真田昌幸作為武田信玄的旗本武士參戰。

　　少年時的真田昌幸非常受到武田信玄的器重，繼承了武田家庶流武藤氏，取名武藤喜兵衛，與曾禰昌世、三枝昌貞、土屋昌續等人一同活躍在武田信玄的左右，其中武藤喜兵衛更是與曾禰昌世被稱為「信玄的雙眼」。

　　另外，在武田家每年都會舉行的「談合」會議上，歷來只有山縣昌景、馬場信春等城代級別的家老才能出席，然而到了元龜年以後，武藤喜兵衛等年輕側近也被允許出席旁聽，這說明此時的武藤喜兵衛已經不僅僅是一個外樣家臣「先方眾」的子嗣了，而是被武田信玄當做武田家的譜代家臣、未來的家老進行培養。

進入了武田家高層的武藤喜兵衛，其地位已經大大超過了僅僅是外樣國眾的父親真田幸綱、兄長真田信綱了。

天正三年（1575年）五月，真田家的家督真田信綱在長篠之戰中戰死，真田信綱的弟弟真田昌輝與兄長一同殉命，信綱之子又十分年幼，真田家似乎將要走向沒落。

長篠之戰對武田家來說打擊是非常巨大的，除了戰死大量的士兵以外，最為致命的是武田家城代級別的家臣山縣昌景、內藤昌秀、馬場信春都死在了戰場上，被稱為「武田四名臣」的信玄時代老臣中，僅有在海津城守備的春日虎綱尚在人世。

在日本戰國時代，招兵容易，培養一個城代級別的家臣卻非常難。武田家內許多城代戰死，使得家督武田勝賴不得不重新提拔一些原本在二線的家臣補充城代職役，例如穴山信君就取代了山縣昌景的地位，武藤喜兵衛也奉命繼承真田家，取名真田喜兵衛昌幸，出任武田家在上野國白井城的城代。

因為身分不一樣，真田昌幸在長篠之戰時沒有加入真田軍，而是作為武田勝賴的旗本眾參戰，所以從織田・德川聯軍的鐵炮下逃過一劫。而真田昌幸時代的真田家與真田幸綱、真田信綱時代不同，真田幸綱、信綱父子生前雖然出任岩櫃城的城將，有權統率上野國吾妻郡的軍隊，卻對當地沒有行政權，真田家也僅僅只是武田家的「先方眾」中地位較高的家族而已。等到真田昌幸出任白井城城代以後，真田家一躍成為了武田家的譜代家臣，真田昌幸也擁有代理武田家在上野國行政的權力。

除了真田昌幸以外，真田昌幸的弟弟真田源次郎昌春（即真田信尹）也非常受到武田勝賴的器重。真田昌春曾在與北條家的戰役中活躍，並且在北條軍撤退時繳獲了北條家的名將北條綱成的「黃八幡」旗幟。長篠之戰以後，真田昌春之子奉命繼承絕嗣的「武田親類眾」加津野氏，真田昌春也作為加津野家的陣代改稱「加津野昌春」。

天正六年（1578年）三月，長年與武田信玄敵對的越後國大名上杉謙信突然暴斃而亡，因為上杉謙信沒有子嗣，養子上杉景勝、上杉景虎之間便爆發了爭奪家督之位的「御館之亂」。

當時北條家因為身陷與北關東豪強的戰爭中，便邀請盟友武田勝賴支援北條家出身的上杉景虎，然而武田勝賴卻被上杉景勝收買，最終將支援上杉景虎變為了「調停」。上杉兄弟在武田軍的威逼之下暫時和談，然而等武田勝賴撤軍以後，兄弟二人戰端再起，最終上杉景虎失勢，自盡而死。

北條家認為武田勝賴在「御館之亂」期間保持中立是對甲相同盟的背叛，兩國之間劍拔弩張，大戰一觸即發。在這樣的情況下，真田昌幸的幾個舉動，加速了甲相同盟的破裂。

首先一個，便是真田昌幸調略了上野國廄橋城的守將北條高廣。北條高廣是上杉家舊臣，在御館之亂時支持上杉景虎，因而在上杉景虎死後，北條高廣便轉投景虎的實家北條家。真田昌幸調略了北條高廣以後，便開始進一步地蠶食北條家在上野國的地盤。

天正七年（1580年）十二月，武田勝賴的嫡子武王丸．元服，取名武田信勝。武田勝賴趁此機會大肆地給家臣下賜私稱的官途，真田昌幸也是在這個時候將自己的通稱改為了真田安房守昌幸，其目的便是與北條家負責攻略上野國的北條安房守氏邦對抗。次年八月，真田昌幸調略了上野國沼田城，城將用土新左衛門尉對武田家宣誓效忠。

　　用土新左衛門尉出自武藏國豪族藤田氏的庶流，此時的藤田氏家督乃是北條氏政的弟弟北條氏邦，因而武田勝賴便命令用土新左衛門尉回歸本家繼承家督，同時下賜了武田家的通字「信」字，改名藤田信吉，與北條家對抗。

　　然而，儘管武田家在東線對北條家步步緊逼，卻在西線的與德川家之間的戰事中節節敗退。天正九年（1581年）三月，遠江國高天神城被德川軍攻取，敲響了武田家滅亡的喪鐘。

　　高天神城的守將是今川家的舊臣岡部元信，為了加固防禦，武田勝賴特意從領內各地都抽調了軍勢，加入了高天神城的守軍之中。可是武田勝賴沒想到，他無意間的舉動，居然埋下了武田家滅亡的禍根。「高天神之崩」以後，因為武田家領內各地都有將士在高天神城中戰死，武田勝賴對高天神城守軍見死不救的消息迅速傳遍了各地，極大地打擊了武田家作為一個戰國大名的權威。

　　為了防禦可能發生的織田．德川聯軍侵入武田領之事，武田勝賴下令在甲斐國修築新城「新府城」，通說之中負責修築新

府城的正是真田昌幸，不過實際上從當時的文書來看，真田昌幸只是協助策城的家臣中的一人而已。

表裏比興者的努力

天正十年（1582年）正月，武田勝賴的妹夫木曾義昌叛變，引起了織田家對武田家的全面征伐。武田勝賴原本北上出陣準備出陣信濃國討伐木曾義昌，卻在出陣途中聽聞南面駿河國江尻城城代穴山信君也叛變了的消息，不得不返回了新府城防禦。

織田軍藉著支援木曾義昌的名義，大舉侵入了信濃國，武田家麾下的諸多城池紛紛不戰而降，只有武田勝賴的弟弟仁科信盛在高遠城進行了抵抗，但是也因為兵力懸殊在一天之內就落城了。

根據《甲陽軍鑑》等軍記物的記載，新府城當時處於半完工的狀態，防禦力並不高，真田昌幸認為織田家的目標只是甲信，便向武田勝賴建議前往自己麾下的上野國岩櫃城防禦，等織田軍撤軍以後再進行反攻，實在不濟也可偏安一隅，並且岩櫃城與越後國相近，盟友上杉景勝近在咫尺，雙方可以互相支援。

不過，武田家的老臣長坂光堅卻暗地裡對武田勝賴進言表示真田家加入武田家麾下不過三代，與之相比，不如去老臣小山田信茂的郡內岩殿城防禦。最終，武田勝賴聽從了長坂光堅的建議，結果給予厚望的小山田信茂叛變，武田勝賴一家山窮

水盡之際，於天目山自盡身亡。

　　武田家滅亡前的這個軍議非常有名，然而這也有可能是江戶時代的軍記物捏造出來的，像在天正十年（1582年）的同時代軍記物《甲亂記》中，就沒有記載真田昌倖進言之事。武田勝賴自盡的次日，真田昌幸就收到了北條家的書信，這說明至少在武田家滅亡以前，真田昌幸就已經在為自己找新的主公了，而不是像有的軍記物裡說得那麼地忠於武田家。

　　戰國大名與家臣、國眾的主從關係，其實就是戰國大名保障家臣的生命、財產安全，家臣則需要上交賦稅，參軍打仗。自高天神之崩開始，武田家已經無法完成這些保障了，所以君臣之間的契約關係崩壞，木曾義昌、小山田信茂、真田昌幸、穴山信君等人另尋他主，也不是什麼奇怪的事情，沒必要過於指責他們的不忠。

　　武田家滅亡以後，真田昌幸迅速向織田家效忠，迎接織田家重臣瀧川一益進入上野國，然而沒多久織田家就爆發了「本能寺之變」，織田信長自盡而死，局勢又變得緊張起來。

　　織田信長死後，新占的武田家舊領發生動亂。織田信長滅亡武田家時，四處捕殺武田家遺臣，本就讓甲信人心惶惶，趁此機會，武田舊臣結成了一揆，準備將織田家家臣驅逐出甲信。

　　織田信長的盟友德川家康從動亂的京畿脫身以後，返回了自家領地，此時同行的穴山信君已死，德川家康便順手占領了穴山家的領地，並派遣家臣本多忠政前往甲斐國，對當地的織

田家臣河尻秀隆表示德川家會協助其控制甲斐國的局勢。

然而，本多忠政勸說河尻秀隆暫時放棄甲斐國，引起了河尻秀隆的猜疑，他以為德川家想趁機奪取甲斐國，便殺死了使者本多忠政。本多忠政死後沒多久，孤立無援的河尻秀隆也被武田舊臣殺死，其屍體更是被高高掛起，祭奠舊主武田家。

德川家康在武田家滅亡之際庇護了許多武田家舊臣，讓他們逃過了織田信長的屠刀，其中就有和真田昌幸一樣被稱為「信玄的雙眼」的曾禰昌世。此時這些受到德川家康恩惠的人恰好派上了用場，德川家康派遣他們前往甲斐國、信濃國，拉攏舊日同僚投入德川家麾下。

此時信濃國的局勢也不樂觀，織田家臣紛紛丟棄領地逃亡，上杉景勝則在解除了織田家的壓力以後，率軍侵入北信濃，占領了養父上杉謙信念念不忘的川中島一帶。而相模國的北條家，雖然早在天正八年就臣服於織田信長，此時也背離了織田家，驅逐了瀧川一益，並派遣軍隊侵入信濃國。

德川家康以織田信長盟友自居，侵入甲信的大義名分是保護織田家的領地，而上杉景勝是以武田信玄女婿的身分侵入信濃，北條家的家督北條氏直則是武田信玄的外孫。三家在信濃國遭遇以後，爭奪武田家舊領的「天正壬午之亂」爆發。

北條軍侵入信濃國以後，先是收復了真田昌幸等人，再北上與上杉家爭奪川中島四郡。在上杉家那裡碰了釘子以後，北條家又南下想奪取南信濃與甲斐國，結果兵力占優的北條軍反

而被德川軍擊敗，雙方形成對峙之勢。真田昌幸等人隨後也在昔日同僚曾禰昌世的調略之下加入了德川家。

天正十年（1582年）十月二十九日，德川家與北條家議和，北條家將占領的甲斐國、信濃國領地讓渡給德川家，而德川家也將承認北條家對上野國的原織田家領地的所有權。不過，兩家議和的協定之一，就是將真田家在上野國的沼田領讓渡給北條家，當時沒有人想到，這件事竟然會直接導致北條家的滅亡。

「天正壬午之亂」後，真田昌幸不願意按照德川家康、北條氏政的和談讓出自己麾下的沼田領，因而北條家雖然占據了上野國吾妻郡大部，卻只能止步沼田城下。

天正十一年（1583年）正月，信濃國小縣郡的河南國眾（千曲川南部的國眾）因不滿真田氏起兵反抗，真田昌幸隨後向德川家康請求了援軍，最終在德川軍到來之前，真田昌幸獨力鎮壓了國眾們，征服了小縣郡的大部分地域。

此時，德川家康也出兵信濃國，陸續征討佐久郡、小縣郡的反德川殘黨，引起了上杉景勝的警覺。三月十五日，真田昌幸的弟弟加津野昌春寫信給上杉家長沼城城代島津忠直，表示德川家康出陣並非是想要攻擊上杉家的領地，請上杉家放心。

然而，加津野昌春的書信只是一顆迷惑上杉家的煙霧彈罷了。三月二十一日，真田昌幸突然出兵攻擊上杉家的虛空藏山城，對上杉家來說，真田昌幸的攻擊無疑是一種背叛的行為。

四月，支援真田昌幸的德川軍進入了小縣郡，開始在一個名叫「海士淵」的地方修築伊勢崎城，此即後來真田家的本城「上田城」。不過，這時候的上田城僅僅是德川家與上杉家敵對的最前線的據點，德川家康想占領原本武田家麾下的千曲川以北領地，真田昌幸無疑是一個最好的前鋒人選。

值得一提的是，此時的上田城是德川家的直屬城池，就如同武田家在信濃國的海津城、上野國的箕輪城一樣，是戰國大名在當地設定的一個軍事、政治中心。

上田城距離上杉家的虛空藏山城非常之近，上杉景勝便在虛空藏山城聚集了軍勢，想要阻礙德川家修築城池。可惜事與願違，在越後國叛亂的新發田重家嚴重影響了上杉家的領地，最終上杉景勝只得放棄干涉上田城築城，轉而揮師北上平叛。

六月，德川家康決定將女兒督姬嫁給北條家家督北條氏直，兩家正式締結了軍事同盟的關係，趁此機會，北條家再一次向德川家康提出了讓渡沼田城的請求。真田昌幸得知此事後，自知德川、北條家的結盟是以出賣真田家為條件的，便開始積極與上杉家接觸，不過因為真田昌幸多次背叛過上杉家的原因，上杉景勝對他的歸降並不放心，反而還懷疑是不是又是真田昌幸的計策。

九月，北條氏直親自出陣上野國，收服了此地的一大勢力北條高廣，上野國的反北條勢力，只剩下了真田昌幸一人，局勢對真田昌幸越來越不利了。

東國篇

　　天正十二年（1584年），真田昌幸看到了一絲希望的曙光。是年三月，繼承了織田家家督的織田信雄（賤岳之戰時原家督繼承人三法師被反羽柴秀吉的柴田勝家、織田信孝控制，因而織田信雄被擁戴為新家督）殺害了親近羽柴秀吉的三個家老，與德川家康合謀舉兵對抗羽柴秀吉，「小牧・長久手戰役」爆發。自此開始，羽柴秀吉正式從織田家獨立，成為一個獨立大名，織田政權也從這個時候開始宣告名實皆亡。

　　為了對付德川家康，羽柴秀吉命令上杉景勝南下攻打信濃國的德川家領地，襲擾德川家康的後方。德川家康希望真田昌幸為首的信濃國眾能夠抵禦住上杉景勝的攻擊，然而因為沼田領讓渡之事，真田昌幸已經不想繼續追隨德川家康了。

　　織田・德川聯軍在小牧・長久手戰役中的羽黑戰役、長久手戰役取得大勝，但是在這之後，戰局陷入了膠著狀態，織田信雄的領地也逐漸被羽柴秀吉占領。最終在十一月，織田信雄背著德川家康獨自與羽柴秀吉和談，織田家成為了羽柴家麾下的一介大名，羽柴秀吉取代了織田政權，成為了天下人。

豐臣大名真田家

　　在「小牧・長久手戰役」期間，因為真田昌幸的動向不穩，德川家康派遣小縣郡的國眾室賀正武想要暗殺真田昌幸，卻被真田昌幸反殺，室賀領也被真田昌幸吞併。

　　進入天正十三年（1585年）以後，德川家康不斷地給真田家

派去使者,催促真田昌幸盡快將沼田城讓渡給北條家,真田昌幸卻回信表示此地是前主君武田家下賜的地盤,並非是從德川家拜領的領地,所以拒絕從命。

這年六月,真田昌幸決定再度從屬上杉家。雖然上杉景勝對真田昌幸並不放心,但是此時的真田昌幸已經一躍成為了領地橫跨信濃國小縣郡、上野國吾妻郡、利根郡三郡的超級國眾,對連越後國一國都難以掌握的上杉家來說,是一股不可小覷的勢力。

另外,德川家康對真田昌幸還是不錯的,作為讓渡沼田城的條件,德川家願意將上田城讓給真田昌幸作為補償。只是在真田昌幸看來,上田城本就位於小縣郡的真田家領內,德川家康此舉不過是慷他人之慨,並沒有多大誘惑。

不過一碼歸一碼,真田昌幸雖然沒有讓渡沼田城,卻依舊接管了德川家的上田城,而此時的德川家康需要專心對付西線的羽柴秀吉,只能依賴真田昌幸抵禦上杉景勝,便將上田城的德川軍撤回了領地。當然,因為真田昌幸跳槽次數過多,德川家康另外派遣了許多武田家舊臣進入佐久郡防備真田昌幸。

真田昌幸空手套白狼取得了上田城,隨後便向新主君上杉景勝請求築城普請,想要改築上田城,這座德川家修築來防禦上杉家的前線城池,此刻搖身一變成為了威脅德川家的一顆釘子。

真田昌幸的叛變引起了德川家康極大的憤慨,他不顧西線

吃緊，在八月分派遣了鳥居元忠、大久保忠世、平巖親吉率軍侵入了真田家的領地，第一次上田城戰役爆發。

德川軍侵入小縣郡以後，真田昌幸向上杉景勝派出使者請求援軍，此時上杉景勝響應羽柴秀吉的號召準備攻擊越中國的佐佐成政，已經動員了領內十五歲以上、六十歲以下的男子參陣。無兵可徵的上杉家只能擴大募兵範圍，將十五歲以下、六十歲以上的男子也徵募進軍隊，用這支童子軍與老年人旅遊團去支援真田家。

遭到德川軍急襲的上田城很快就被突破了兩個曲輪，當時的上田城一共只有三個曲輪，也就是說，這時候的上田城僅剩下了本丸還在抵抗。

根據《上田軍記》等軍記物的記載，德川軍之所以能夠攻入二之丸，其實是真田昌幸早就安排好的關門打狗戰術。攻入二之丸的德川軍武將之間發生了爭論，有人認為要火攻本丸，有人卻認為火攻本丸會傷及到二之丸的德川軍將士，所以最終也沒能放火。

在德川軍想退出二之丸調整軍勢之時，本丸的真田軍突然殺了出來，一鼓作氣擊退了德川軍。德川軍遭到突襲敗退，但是依舊想仗著人多勢眾重整旗鼓，沒曾想真田昌幸早在暗處布置好了軍勢，城下町不知道什麼時候被布置了許多柵欄等工事，反過來包圍了攻入城中的德川軍。

趁德川軍混亂之際，真田昌幸在城下町縱火，同時還有許

多真田家的百姓被動員起來,在附近的山上豎起了紙做的軍旗,遠遠望去漫山遍野都是真田家的軍隊,誤以為被大軍包圍的德川軍士氣大跌。此時,被真田昌幸安置在砥石城的嫡長子真田信幸率軍從側面襲擊了潰敗的德川軍,最終,德川軍一路敗退,真田軍一路追擊到了千曲川的支流神川為止。

第一次上田城戰役,真田家號稱殺死了一千三百名敵軍,德川家則自稱死傷三百餘人。

真田昌幸在上田城擊敗德川軍極大地打擊了德川家的士氣,這也是德川家康最後會臣服羽柴秀吉的重要原因之一。

第一次上田城戰役以後,真田昌幸陸續在甲信散播謠言,動搖德川家在當地的統治,先是聲稱羽柴秀吉派遣了援軍,很快就會進入甲信,隨後又說在武田家滅亡時自盡的武田信玄次子海野龍芳其實沒死,現在正準備與其子顯了道快一同返回甲斐國復興武田家。

十月,經過石田三成的仲介,真田昌幸獲得了羽柴秀吉的支援承諾。十一月十三日,德川家的重臣石川數正出逃,投入了羽柴家麾下,重臣的出走,使得德川家陷入了險境,德川家康不得不將攻打真田家的軍勢撤回遠江國。

羽柴秀吉原本準備全面討伐德川家康,可是這年的十二月發生了「天正大地震」,羽柴家受到了極大的打擊,不得不轉變政策,與德川家和談。德川家康也就順勢,表示願意臣服於羽柴家,兩家開始交涉。

東國篇

　　德川家臣服以後，羽柴秀吉命令真田昌幸重返德川家麾下，但是真田昌幸認為如果重返德川家麾下的話，德川家定然會再次要求真田家讓出沼田城，因而遲遲沒有表態。

　　真田昌幸的猶豫讓羽柴秀吉非常不滿。天正十四年（1586年）七月十七日，德川家康進入駿府，準備親自出兵真田領，羽柴秀吉對此表示許可，並對上杉景勝發去命令，禁止上杉家增援真田家，同時還評價真田昌幸是個「表裏比興（反覆無常）」的小人。

　　真田昌幸一度陷入了危機之中，幸而上杉景勝居中調停，德川家康也需要上洛覲見秀吉，攻打真田家之事才暫時擱置，真田昌幸也有機會再次與羽柴秀吉交涉。

　　十一月二十一日，羽柴秀吉宣布赦免支持下，真田昌幸也立即上洛臣服，此時的真田家成為了羽柴秀吉的直屬大名，被作為「與力」派遣至德川家康麾下。羽柴政權下的真田昌幸領有上田領三萬八千石，嫡子真田信幸領有沼田領兩萬七千石，父子二人共領有六萬五千石的領地。

　　天正十七年（1589年）十一月三日，北條家家臣豬俣邦憲率軍攻略了真田信幸麾下的名胡桃城。作為真田信幸的後見人，德川家康立即寫信給羽柴秀吉，控訴北條家違反了「總無事令」。

　　天正十八年（1590年），小田原戰役爆發，真田昌幸跟隨前田利家、上杉景勝的北陸道軍勢進入關東，真田昌幸的次子

真田信繁也隨軍參戰，這也是他的初陣。北陸軍勢越過了碓氷峠，直奔北條家重臣大道寺政繁籠城的松井田城而來，經過一個月的攻城戰，松井田城投降，大道寺政繁率部歸降，成為了北陸軍勢的嚮導。

小田原戰役幾乎就是一場平推的戰爭，北陸軍勢包圍了北條家在武藏國的缽形城，守將北條氏邦率領著三千五百人籠城，在遭到五萬人的羽柴軍攻擊之後，僅僅一天就決定開城投降。因為這個緣故，北條氏邦被德川家家臣榊原康政諷刺為古今未聞的膽小鬼。

另外一方面，真田昌幸在缽形城開城之後，便被調遣至攻打忍城的石田三成麾下。羽柴秀吉對包圍忍城的石田三成發去命令，下令以水攻的形勢攻城，可是拆毀堤壩以後，忍城並沒有完全被淹沒，兩軍陷入了交戰的狀態。直至小田原城開城的十天之後，忍城方才開城投降。小說《傀儡之城》將水攻忍城的鍋甩在了石田三成的身上，實際上是天大的冤枉。

北條家投降以後，北條氏直前往羽柴秀吉陣中想要以切腹換取城兵性命，羽柴秀吉感嘆北條氏直的勇氣，同時又顧及到他是德川家康的女婿，便饒了他一命，最終讓隱居的前家督北條氏政、一門眾筆頭北條氏照、家老松田憲秀、大道寺政繁切腹。

為更好地支援羽柴家在奧羽的仕置，羽柴秀吉將德川家康轉封至北條家的舊領，而真田家作為德川家的與力大名因此不

用轉封,依舊領有小縣郡的上田領等地。

慶長五年(1600年),「關原戰役」爆發,此時羽柴秀吉、前田利家已死,德川家康成為了羽柴家的頭號重臣,開始了自己的篡權之路。

在德川家康討伐上杉景勝途中,毛利輝元、宇喜多秀家、石田三成、前田玄以、增田長盛、長束正家等人組建了「西軍」,起兵討伐德川家康。真田昌幸原本隨著德川家康一同進軍,在收到了石田三成的書信之後,便暗示石田三成想要獲得奪取北信濃的許可。

石田三成也不含糊,和毛利輝元商量之後,便表示只要你真田昌幸的胃口夠大,別說北信濃了,甲信兩國都可以賞賜給你。

真田昌幸得到石田三成的承諾後,便決定加入西軍。雖然在通說中,真田昌幸故意讓兩個兒子一個加入東軍,一個加入西軍,這樣一來無論哪方贏了,都能夠讓真田家存留。實際上這件事並沒有這麼複雜,真田信幸的後見人是德川家康,他的老丈人是德川家重臣本多忠勝,真田信繁的老丈人則是西軍的大名大谷吉繼,僅此而已。與其說兄弟二人的分別是真田昌幸的計策,倒不如說是暗地裡爭奪真田家家督之位所致。

八月二十四日,德川家康命嫡子德川秀忠率軍沿著東山道進軍,討伐信濃國唯一的西軍勢力真田昌幸。

真田昌幸一如既往地狡猾，在德川軍進入小縣郡後，真田昌幸表示願意在九月五日讓渡砥石城投降，結果卻在幾日後又翻臉在上田城籠城。年紀尚輕的德川秀忠哪接觸過真田昌幸這樣的老狐狸，立即下令攻城，可是幾次攻勢都被真田昌幸挫敗。

　　若德川軍包圍上田城，僅憑真田昌幸一人之力恐怕難以堅持，可是德川家康卻送來了催促上洛的命令，使得德川秀忠不得不放棄攻打上田城，繼續西上。由於氣候不佳，天降大雨，德川秀忠沒有趕上關原戰役，幸而德川家康打贏了戰役，直接擊碎了真田昌幸奪取甲信的美夢。

　　儘管後世的通說中都喜歡說真田昌幸擊敗了德川秀忠，拖住了德川軍的精銳，實際上按照當時日本的封建軍制來看，根本不可能出現這種情況。再者，德川秀忠沒能趕上關原戰役，與其說是真田昌幸的功勞，倒不如說是天氣的功勞。

　　關原戰役以後，投降的真田昌幸、真田信繁父子因為真田信幸與本多忠勝的求情得以免死，但是被判決流放至高野山。高野山作為聖地，向來是不允許女性進入的，考慮到真田父子的生理需求，德川家最後允許他們前往高野山山麓的九度山居住，真田昌幸、真田信繁無聊之餘也可以造造小人。

　　慶長八年（1603 年），德川家康出任「征夷大將軍」，建立起了江戶幕府，德川家逐漸取代羽柴家成為了天下人。真田昌幸得知此事後，便想透過德川家康的親信本多正信居中調解，希望能夠趁著德川家康就任幕府將軍心情好的機會獲得赦免，可

是德川家康過於怨恨這個多次背叛自己的傢伙，此事也就不了了之了。

慶長十六年（1611年）六月四日，這位曾被稱為「信玄的雙眼」、「表裏比興者」的真田昌幸在九度山病逝，享年六十五歲。據說真田昌幸死前預言羽柴、德川兩家未來必有一戰，給次子真田信繁留下了遺計，當然，這又是另外一個傳奇故事了。

真田丸

永祿九年（1566年），真田昌幸的嫡子真田信之在信濃國的砥石城出生，元服以後，真田信之受賜武田家的通字「信」字，取名為真田信幸，信之是其在關原戰役以後更改的名字，下文統稱為信之。

真田信之的妻子是伯父真田信綱的女兒，武田家滅亡以後，真田信之與叔父矢澤賴綱一同駐守上野國的岩櫃城，後來還參加了第一次上田城戰役。真田家投入豐臣家麾下以後，被賜予沼田城兩萬七千石的領地，成為德川家康的與力大名。在這個時代，真田家在上野國的沼田領與信濃國的上田領實際上是由真田昌幸、真田信之父子分治的。

按照羽柴秀吉的裁定，真田信之治理的沼田領的三分之二領地被引渡給了北條家，不過因為發生了名胡桃城事件與小田原征伐，此事最終也不了了之，真田信之重新取回了領地。在這之後，真田信之仿效父親在上田領的檢地，也於沼田領進行

以貫高製為基準的檢地，強化了自己對領地的控制。

不過作為真田家的第四代家督，真田信之的知名度遠遠沒有自己的弟弟有名。真田信之的弟弟名叫真田信繁，在軍記物語之中還有個名字叫「真田幸村」，不過從信繁生前的書信來看，他並未使用過「幸村」這個名字。

在通說之中，真田信繁在大坂夏之陣戰死時享年四十九歲，往前逆推真田信繁即是出生於永祿十年（1567年）。不過，根據真田家的菩提寺裡的記錄，真田信繁戰死時享年四十六歲，按照這樣來看，真田信繁應該是出生於元龜元年（1570年），其下發的文書也同樣可以作為佐證。

一般的認知之中，真田昌倖臣服豐臣家以後，長子真田信之留在領地內，次子真田信繁被送到了豐臣秀吉的身邊充當人質。然而，在羽柴秀吉侵朝的「文祿之役」期間，真田信繁雖然與父兄一樣都在名護屋著陣，其身分卻並非真田軍的武將，而是羽柴秀吉的直屬家臣「馬廻眾」之一。

確實，同父親真田昌幸一樣，真田信繁在出仕羽柴秀吉以後，其地位迅速提高，甚至可能威脅到兄長的地位。文祿三年（1594年）十一月二日，真田信之敘任從五位下伊豆守，真田信繁作為庶流，同時也敘任從五位下左衛門佐，字面上二者的官途是同等的。

另外，在羽柴秀吉的指示下，真田信繁迎娶了秀吉的近臣大谷吉繼的女兒，還從秀吉手中受封了新的領地。若是不出意

外的話,真田信繁將來很可能像真田昌幸之於武田家那樣,成為豐臣政權中非常重要的角色之一。

慶長五年(1600年),關原戰役爆發,真田昌幸、真田信繁父子加入了毛利輝元、石田三成主導的西軍,而真田信之則加入了德川家康主導的東軍。

西軍戰敗以後,真田昌幸、信繁父子被流放高野山幽禁,考慮到高野山是宗教聖地,女性不得進入,德川家康最終網開一面,將真田父子轉移到九度山生活,同時把真田家的女眷也一併送去。

真田信繁被幽禁九度山期間無所事事,便加緊了造小人的活動,從慶長七年(1602年)長子大助出生開始,真田信繁在九度山一共造出二子五女。

然而,因為領地被沒收,真田父子的造小人計劃加劇了他們的經濟負擔,真田信之不得不每年都給九度山送去一部分錢糧作為開銷。除此以外,真田昌幸多次向德川家康認錯,卻遲遲沒有得到原諒,在怨恨之中病逝。

慶長十九年(1614年),因為京都方廣寺的梵鐘銘文事件(豐臣家在鐘上刻上「國家安康」,被幕府方認為是侵犯了德川家康的名諱,刻意將「家」、「康」二字斬斷),德川家康開始計劃攻打盤踞在巨城大坂城的羽柴秀賴。

山雨欲來風滿樓,在這樣的情況下,羽柴秀賴派出使者前往各地召集在「關原戰役」中戰敗的武士以及忠於豐臣家的大

名，九度山的真田信繁也是豐臣家拉攏的對象之一。真田信繁本人是豐臣秀吉的馬廻眾出身，妻子又是秀吉近臣大谷吉繼的女兒，是一個不可忽視的存在。

使者給真田信繁帶來了黃金二百枚與白銀三十貫以表誠意。十月七日（一說九日），真田信繁偷偷逃出了九度山，於十三日進入了大坂城。

根據參加了大坂之陣的山口休庵的回憶錄《大坂御陣山口休庵咄》記載，豐臣家約定會賜予真田信繁五十萬石的領地，信繁也率領著六千名士兵進入了大坂城，其軍隊的鎧甲、旗幟、指物均為紅色，即著名的「真田赤備」。不過，此時方才從九度山逃出的真田信繁要率領六千人進入大坂城顯然是不大可能的，因而這支部隊其實是大坂城入城以後羽柴秀賴委派給信繁的軍勢。在大坂城入城之際，真田信繁在九度山期間的家臣以及從信濃國趕來參陣的家臣實際上只有數十人罷了。

傳聞真田昌幸臨死之前預言豐臣家、德川家之間必有一戰，給真田信繁留下遺計，協助豐臣家對付德川家。

真田昌幸的計策是豐臣家應該主動出擊，以大坂城為據點迅速占領京畿要地，控制住近江國這一上洛的要害，等到德川家率領的東國聯軍抵達京畿以後，豐臣家再在京畿部署多道防線，節節抵抗德川家的攻擊。只要戰事演變為持久戰以後，遠道而來的東國聯軍必然士氣低落，不堪再戰，此時只要找準機會反擊，即便無法徹底擊敗德川家，豐臣家也可以與德川家二

分日本。

儘管後藤基次等將領也贊同真田信繁提出的計策，但是缺乏戰場指揮經驗的真田信繁並不受到豐臣家的重視，最終主動出擊的戰法被大野治長否定，豐臣家決定寄希望於巨城大坂城，以籠城戰來對付德川家康。

幕府方的軍隊行進迅速，在大坂城還在為是否要籠城而議論不止時，十月二十九日，本多忠政、藤堂高虎率領的幕府軍前鋒便攻入了和泉國。

為了更好地進行防禦，真田信繁在大坂城修築了一座丸形的「出城」，即被稱為「真田丸」的防禦工事。真田丸的周圍挖掘了深堀，還設定了三重柵欄，城內也修築了許多高樓，在上面部署了大量的遠端武器部隊。真田信繁修築的圓形出城，脫胎於武田家的「丸馬出」的築城法，具有顯著的武田家城池的特徵。

不過，近年來的研究與先前大唱反調，認為真田丸並非是大坂城的出城，而是修築在距離大坂城不遠的一個支城，真田丸與大坂城之間隔著低地與水路，這些日後有機會可以再詳細說說。

大坂之陣

慶長十九年（1614年）十一月十九日，幕府軍的蜂須賀至鎮、淺野長晟率軍攻打木津川口取得大勝，拉開了大坂之陣的序幕。

幕府軍對大坂城發起的真正進攻，則是始於真田信繁防守的真田丸。十二月二日，幕府將軍德川秀忠巡視了真田丸的防禦，囑咐在當地布陣的前田利常不得擅自行動。然而，真田信繁派出守軍出城，不斷地以鐵炮騷擾前田軍，前田軍不堪受擾，攻打真田方布陣的篠山，結果真田軍一見到幕府軍攻來便退入真田丸中，使得前田軍撲了個空。

　　十二月四日夜裡，前田利常不顧幕府的不許擅自進攻的命令，對真田丸南面的小橋山發起攻擊，結果又撲了個空，與此同時，松平忠直、井伊直孝等部隊也迅速對真田丸發起攻擊。

　　在這個時候，大坂城守將之一的石川康勝（石川數正之子）防守的箭櫓失火，幕府軍以為是大坂城內與內通幕府的南條元忠舉兵了，匆忙對大坂城發起總攻。因為事發突然，幕府軍並未攜帶攻城要用的楯與竹束，遭到了大坂方鐵炮部隊的阻擊，傷亡慘重。趁著幕府軍混亂，真田信繁派出嫡長子真田大助率軍五百人出城騷擾幕府軍，挫敗了幕府軍的第一次進攻。

　　幕府軍的第一戰並非出自德川家康的計畫，他得知前田利常、藤堂高虎、松平忠直等人擅自出擊以後，三次派出使者命令前線的諸位大名撤軍。最終，松平忠直軍戰死四百八十餘騎，前田利常軍戰死三百餘騎，其他的雜兵更是死傷無數。

　　意識到硬來行不通以後，德川家康命令家臣本多正純調略真田丸內的真田信繁，本多正純隨後派出真田信繁的叔叔真田信尹（加津野昌春）前往大坂城與真田信繁交涉。

一開始，本多正純示意可以下賜十萬石的領地給真田信繁，真田信繁則表示在戰爭期間自己是不會背棄豐臣家的，若是兩家和談，自己只需要一千石領地即可。

真田信尹返回以後，本多正純二度派遣他前往大坂城，提出若是真田信繁願意在戰爭期間倒戈，可以將信濃一國賜給他。

本多正純的提議簡直把真田信繁給氣樂了，真田信繁不是不想要這十萬石或信濃國的領地，而是幕府方的承諾過於不現實。先前的十萬石領地不過是權宜之計，日後必然有可能遭到減封或除封的可能，而這次的賞賜信濃國一國更是無稽之談，要知道信濃國的大名大都派遣軍勢前來參陣了，如果把信濃國賜給自己，那麼這些大名如何安置呢？

真田信繁對叔父表示本多正純是個大忽悠，自己不信他，隨後就將真田信尹趕出了城。

然而，因為德川家康派出的鐵炮部隊與大筒部隊不斷地炮轟大坂城，澱姬、豐臣秀賴母子最終只得同意幕府提出的和談條件──拆除大坂城的二之丸與三之丸，將澱姬送往江戶城做人質。

和談成立以後，真田信繁拜訪了大坂城下的真田家陣地，哥哥真田信之因為生病沒有前來參陣，大坂冬之陣真田軍的主將乃是姪子真田信吉。

慶長二十年（1615年）三月十二日，京都所司代板倉勝重向德川家康報告了大坂城的動向，表示大坂冬之陣時參陣的浪人

並未被解散,反而豐臣家還在不斷地購買糧草與築城用的木材。

四月九日,大坂城的主和派大野治長遇襲,身負重傷。四月二十四日,德川家康提出要求,要羽柴秀賴遣散軍隊退出大坂城,前往大和郡山城。豐臣家自然不會答應德川家康的要求,隨後幕府軍共出動了十七萬大軍,再次向大坂城襲來。

此時的大坂城已是裸城一座,先前真田信繁修築的真田丸等防禦工事均被拆除,最終,大坂城守軍決定在道明寺與幕府軍展開決戰。

五月六日,後藤基次與幕府軍展開交鋒,原本應當前來增援的真田信繁、毛利勝永因為大霧延誤了進軍,孤軍奮鬥的後藤基次很快就不敵幕府軍,後藤基次、薄田兼相等人戰死。等到真田信繁趕來以後,以及是戰役的收尾階段了,在這個時候,真田軍對追擊的幕府方的伊達軍發起攻擊,擊敗了伊達政宗。

此時大坂城派來使者,表示木村重成等人戰死,命令諸軍返回大坂城,真田信繁只得率領著道明寺戰役中的殘兵撤軍。

同日,德川家康的本陣移到了天王寺,德川秀忠也抵達了岡山,兩軍最後的決戰迫在眉睫。此時的大坂城守軍兵力大約只有五萬餘人,真田信繁等人商議之後,決定對德川家康的本陣發起決死突襲。沒想到,豐臣軍的前鋒竟然沒有收到命令擅自與幕府軍開戰,此時明石全登軍還未趕到,真田信繁的部署徹底被打亂,不得不提前對德川家康的本陣發起衝鋒。

德川家康本陣之前乃是松平忠直的一萬三千人的軍隊，松平忠直軍被真田信繁、毛利勝永突襲以後敗走，使得德川家康的本陣暴露在了真田信繁的兵鋒之下，真田家一度殺入德川家康的本陣中，引起了本陣的混亂，連德川家康的馬印都被真田軍士兵砍倒。

可是，殺到德川家康本陣的真田軍已經是強弩之末了，因為無法斬殺德川家康，各路幕府軍紛紛前來救援，真田軍也是回天乏術。這時，真田信繁派兒子真田大助前往大坂城請求羽柴秀賴出戰，希望羽柴秀賴的到來能夠振奮士氣，結果卻遭到了拒絕。

絕望之下的真田信繁筋疲力盡，倒在了戰場附近的田地裡，被松平忠直軍中的西尾仁左衛門討取了首級，享年四十六歲。

真田信繁的戰死，代表著持續了一百五十年的日本戰國時代的結束。

元和八年（1622年）十月，真田信之從上田藩六萬五千石被加封至松代藩十萬石，沼田藩則依舊由其子真田信吉領有。松代藩也在信濃國，與上田藩緊鄰，新的居城松代城即是武田家曾經在信濃國的重要支城海津城。

真田信之非常長命，寬永十一年（1634年），嫡子真田信吉去世，真田家的家督便由真田信之的次子真田信政繼承。在這之後，因為繼承沼田藩的真田信吉嫡子熊之助夭折的緣故，沼

田藩也被真田信政納入囊中。

真田信之一直熬到了江戶幕府的四代將軍時期，明歷二年（1656年），九十一歲的真田信之剃髮出家，將家督之位讓給了六十一歲的次子真田信政。次年，真田信政也去世了，真田信之便示意由真田信政的末子、年僅兩歲的真田幸道繼承家督，自己則作為他的後見人。

真田信之的做法，引起了嫡孫沼田藩藩主真田信直的不滿，真田信直是信之嫡子信吉之子，作為嫡系後代，他認為自己理應繼承真田家。為了對抗本家，真田信直對沼田領進行檢地，強行將年收入從三萬石提高至十四萬四千石，與後來幕府在沼田藩的檢地結果六萬五千石相比，真田信直直接將賦稅提高了一倍。最終，沼田藩的苛政引起領民的不滿，真田信直也遭到了改易。

不過，沼田藩的騷動並沒有影響到真田信之坐鎮的松代藩。萬治元年（1658年），九十三歲的真田信之生了重病，於十月十七日去世。真田信之死後，松代藩一直存續到了明治維新的時代。

齋藤家

齋藤妙椿的崛起

美濃國的武家名門齋藤氏出自藤原氏魚名流，是平安時代的鎮守府將軍藤原利仁的後裔，是越前齋藤氏的庶流，後來到美濃國成為當地的國眾。進入室町時代以後，齋藤氏成為了幕府將軍的奉公眾，但是又違反幕府的禁令成為了美濃國守護土岐氏的家臣，被土岐氏任命為美濃國的守護代。

日本應仁元年（1467年），京都爆發了「應仁・文明之亂」，由於美濃國的守護土岐成賴加入西軍作戰，長年在京，美濃國的實權便落入了守護代齋藤氏的手中。當時美濃國的守護代是齋藤利藤，但是因為齋藤利藤年少的緣故，實際上齋藤家的實權掌握在利藤的叔父齋藤妙椿手中。不久後，齋藤妙椿便取代姪子成為了守護代。

齋藤妙椿的實名不詳，早年按照武家的慣例，進入寺院中修行，法名為妙椿。應仁之亂爆發後，除去京都的戰事以外，美濃國、伊勢國、近江國、尾張國等地也陷入了戰亂之中。應仁二年（1468年），齋藤妙椿相繼攻取了美濃國的郡上城、居益

城，藉著應仁之亂的機會大肆發展勢力。

文明二年（1470 年）九月，因為東軍主力之一的京極持清去世，京極家家臣多賀清直勾結西軍的六角高賴，導致京極家在近江國的勢力大為衰退。因為近江國的局勢時刻都能威脅到京都，因而東軍主將細川勝元便派遣細川成之、武田國信等人率軍進入近江國，支援多賀高忠與六角家作戰。面對東軍的攻擊，六角高賴獨木難支，他一邊退入近江國的甲賀郡躲藏，一邊向美濃國守護土岐氏請求援軍。很快，守護代齋藤妙椿就率領著美濃國的軍勢侵入了近江國，六角・齋藤聯軍在如意嶽擊敗了東軍聯軍，隨後又攻陷了東軍方的清水城，扭轉了近江國的局勢。

在這期間，由於天皇與幕府將軍足利義政都被東軍控制，西軍諸將們便擁立足利義政的弟弟足利義視為西軍的「幕府將軍」，同時還想要擁戴南朝天皇後裔為帝，取得大義名分與東軍抗衡。作為土岐氏的重臣，齋藤妙椿不同意擁戴南朝天皇後裔，畢竟應仁之亂只是幕府內部的武家鬥爭，如果擁戴新帝的話，那就變成對朝廷的謀反了。不過，當時西軍主將山名宗全以及主力畠山義就、大內政弘都支持擁立南帝，因此齋藤妙椿的反對便沒有什麼力度了。

文明九年（1477 年），京都的戰事終結，畠山義就率領軍隊退回了河內國，而大內政弘也向東軍投降，撤回了大內家的領地。西軍的「幕府將軍」足利義視此時的地位非常尷尬，失去軍

事後援的他向齋藤妙椿發出求援信，土岐成賴、齋藤妙椿不忍拋棄足利義視，便率軍上洛，將足利義視、足利義材父子接到了美濃國居住。

齋藤妙椿與朝倉孝景、織田敏定、浦上則宗等守護代一樣，藉著應仁之亂的機會登上了歷史舞臺，將家族推向了遠超先祖的巔峰時期。齋藤妙椿本身也是一員猛將，在他的奮戰下，齋藤家的威名遍及美濃國、尾張國、伊勢國、越前國、近江國等地。不過，文明十二年（1480年）時，齋藤妙椿就因病去世了，而後齋藤妙椿的地位便由養子齋藤妙純繼承。

齋藤妙椿去世後不久，守護代齋藤利藤便與齋藤妙純之間發生了內戰，由於齋藤妙椿死前曾請求土岐成賴重用齋藤妙純的緣故，在這場內戰中守護土岐氏站在了齋藤妙純一方，將齋藤利藤驅逐。不過，由於齋藤利藤與幕府執事伊勢氏的關係交好，在幕府的介入之下，土岐成賴、齋藤妙純最終與齋藤利藤議和，迎接齋藤利藤返回美濃國出任守護代。

另外一邊，齋藤妙純與同樣是陪臣下克上的越前朝倉家的關係匪淺，齋藤妙純甚至將女兒嫁給了朝倉家的繼承人朝倉貞景，與朝倉家締結同盟。此時的齋藤妙純家實力強勁，早已有了超過宗家的勢頭，可是也正是由於齋藤妙純的過於強勢，引起了美濃國的許多國眾不滿，導致美濃國再次發生內戰，最終走向了衰弱。

事件的起因，是美濃國守護土岐成賴溺愛幼子土岐元賴，

想要將家督讓給幼子,但是齋藤妙純卻堅決反對這件事,他認為廢長立幼是動亂的根本,要求土岐成賴立嫡子土岐政房為繼承人。為了與齋藤妙純對抗,土岐成賴與守護代齋藤利藤祕密結盟,同時還調略了齋藤妙純的重臣石丸利光,以賜姓「齋藤」為條件將其策反。

明應三年(1494年),齋藤利光(石丸利光)與同僚西尾直教對立,西尾直教向齋藤妙純舉報利光有謀反嫌疑。齋藤妙純早就察覺到利光與守護家、守護代家的往來,便想要追究利光,而齋藤利光則越級向守護土岐成賴申訴,反過來將西尾直教判處流放。

得知守護的動向以後,齋藤妙純意識到美濃國內已經凝聚起一股反對自己的強大勢力,因此他便開始在居城迦納城召集兵馬,加固城防。另外一方面,齋藤利光也知道與昔日舊主齋藤妙純的對立不可避免,便在居城舟田城召集兵馬,同時派遣嫡子齋藤兵庫助前往舟田城西邊的西方寺防禦。

明應四年(1495年),守護土岐成賴從革手城退出,革手城落入了齋藤妙純派的土岐政房手中。隨後齋藤妙純率軍來到革手城北部的正法寺著陣,而齋藤利光則派遣軍隊在正法寺領內的北部布陣。為了爭取大義名分,齋藤利光先是擁戴齋藤利藤之孫齋藤利春為主,不久齋藤利春病死後,齋藤利光又擁戴齋藤利藤的幼子毘沙童為主,後來利光更是將土岐成賴的幼子土岐元賴迎接入船田城,分別有了守護與守護代的大義名分。為

了切斷革手城、正法寺與迦納城的聯繫，齋藤利光派遣家臣杉山氏一族在正法寺東面布陣，同時還命令弟弟齋藤典明在革手城南部布陣，從東、北、南三面將正法寺、革手城包圍。

齋藤妙純自然不會放任齋藤利光不管，是年六月，得到尾張國織田伊勢守家援軍的齋藤妙純命令西尾直教率軍兩千餘在迦納城西部的安養寺布陣，與杉山氏對峙。而後，齋藤利光派遣軍勢攻擊迦納城，但是卻被齋藤妙純麾下的長井秀弘擊敗，戰死五百餘。利光軍首戰失利後士氣大跌，杉山氏率領的軍隊擔心遭到齋藤妙純與西尾直教、長井秀弘等人的包圍，便想與正法寺內的齋藤利光會合，結果在軍隊移動的途中，杉山氏遭到革手城守軍的襲擊，再次大敗。

連戰連敗的齋藤利光軍無法在革手城周圍立足，只好放棄陣地，退回了居城船田城。七月，齋藤妙純率軍攻打利光方的國眾古田氏，齋藤利光率軍來援，仍舊不敵齋藤妙純大敗而歸。齋藤妙純隨後將戰死的利光軍武士首級砍下掛在船田城外示眾，船田城的守軍見狀更加感到恐懼，齋藤利光也只好燒毀船田城，帶著土岐元賴、齋藤毘沙童等人流亡近江國。齋藤利光逃亡以後，守護土岐成賴也宣布隱居，將家督與守護職讓給嫡子土岐政房。

明應五年（1496 年）五月，趁著齋藤妙純率軍前往尾張國支援盟友織田伊勢守家的機會，齋藤利光得到了近江國六角家、尾張國織田大和守家、伊勢國梅戶氏的援軍後，組成了一

支四千人的軍隊重返美濃國，進入了土岐成賴隱居的城田寺城之中。得知齋藤利光捲土重來後，齋藤妙純也向盟友織田伊勢守家、朝倉家、京極家求援，朝倉貞景、織田寬廣隨後率軍出陣，京極家也派遣家臣淺井直種（淺井長政曾祖父）率軍來援。

齋藤妙純本就善戰，有了織田伊勢守家、朝倉家、京極家的援軍後更是如虎添翼。五月二十七日，齋藤妙純率軍與利光軍交戰，利光軍畏懼齋藤妙純的勇武，士卒們出現了逃亡的現象，導致利光軍再度敗北。二十九日，齋藤妙純包圍了城田寺城。次日，絕望中的齋藤利光自盡而死，土岐成賴的幼子土岐元賴也被齋藤妙純逼迫自盡，齋藤毘沙童雖然被赦免，但是也只能遁入空門出家。

船田戰役以後，土岐成賴為首的守護勢力、齋藤利藤為首的守護代勢力相繼衰弱，儘管土岐政房繼承了美濃國的守護職，但是美濃國的實權卻落入了齋藤妙純的手中。值得一提的是，齋藤妙純的家臣長井秀弘在船田戰役時立下功勳，逐漸開始抬頭，而長井秀弘的麾下，又有一名叫做西村勘九郎的傢伙在此戰中十分活躍，這個西村勘九郎，正是歷史小說《國盜物語》中齋藤道三前半生的原型，歷史上則是齋藤道三的父親長井新左衛門尉。

誰也想不到，此時的西村勘九郎，後來的長井新左衛門尉，最終竟然成為左右美濃國走向的關鍵人物。

東國篇

國盜物語

明應五年（1496年）時，齋藤妙純率軍出陣近江國，支援盟友京極高清與六角家作戰，然而就在這年十二月，近江國的住民們不滿齋藤軍的暴行組成了一揆，趁齋藤軍不備襲擊了他們，導致自齋藤妙純以下共一千餘齋藤軍武士戰死。由於齋藤妙純的嫡子齋藤利親也在此戰中戰死的緣故，在齋藤妙椿、妙純時代實力強勁的「齋藤持是院家」遭受了重大的打擊。

齋藤妙純在生前就將家督之位讓給嫡子齋藤利親，但是在妙純、利親父子戰死後，齋藤利親之子勝千代十分年幼，齋藤妙純的夫人利貞尼便讓齋藤利親的弟弟大黑丸繼承家業，元服後取名為齋藤又四郎。然而，齋藤又四郎卻也是個短命鬼，在明應八年（1499年）十一月時得了急病去世，在這之後勝千代想移居迦納城繼承持是院家，但是奶奶利貞尼卻又擁立又四郎的弟弟彥四郎為家督。

永正九年（1512年）時，齋藤彥四郎因為與守護土岐政房不和的緣故流亡尾張國，依附尾張織田家，而後在尾張織田家的協助下不斷地侵入美濃國，挑起戰事。在這期間，土岐政房也開始重用齋藤妙全（齋藤利隆、推測長井氏出身，齋藤妙純的乾弟弟），而齋藤妙全麾下的長井長弘、西村勘九郎等人也在美濃國與尾張國之間的戰爭中逐漸嶄露頭角。

前文提到，在舟田戰役期間，齋藤家家臣長井秀弘的麾

下,有著一名叫西村勘九郎的武士大放異彩。西村勘九郎並非是美濃國的在地武士,他本是朝廷的「北面武士」松波左近將監藤原基宗的庶子,自幼在京都妙覺寺出家,法號法華房。在妙覺寺修行期間,法華房和師兄南陽房關係甚好,而這位南陽房,便是美濃國武士齋藤(長井)利隆的弟弟。

二十多歲時,法華房還俗,恢復本姓「松波」,取名為松波莊五郎,搬到了京都近郊的西崗居住,而後松波莊五郎迎娶了當地油商奈良屋的女兒,入贅到了商人的家中,還將店名改為了「山崎屋」。當時日本的商業被稱為「座」的組織壟斷,山崎屋恰好便是「座」的一員,擁有派遣行腳商人到日本各地販賣燈油的特權。

另外一邊,自應仁之亂時美濃國守護土岐氏加入西軍、後來又庇護了足利義政的弟弟足利義視、足利義材父子開始,美濃國與京都的關係就一直很差,基本處於半封閉的狀態。而松波莊五郎利用師兄南陽房的關係多次往返京都與美濃國之間販賣燈油,賺取了許多錢財。就在這個期間,松波莊五郎接觸到了守護土岐成賴、齋藤妙純以及齋藤氏的重臣長井秀弘等武士,由於松波莊五郎十分聰明武勇,再加上美濃國需要松波莊五郎這樣熟悉京都的人,便命令他成為長井氏的重臣西村三郎左衛門的養子,繼承西村家。

在齋藤妙純、長井秀弘於近江國戰死以後,西村勘九郎就一直與長井長弘一同追隨守護土岐政房,後來更是因功受賜「長

井」苗字，取名為長井新左衛門尉，從長井家的家臣「西村氏」一躍成為與長井長弘平起平坐的守護代齋藤家的重臣。

　　守護土岐政房晚年寵愛次子土岐賴藝，想要廢長立幼，他拉攏了長井長弘、長井新左衛門尉兩人，但是守護代齋藤利良（齋藤又四郎之子）卻站在長子土岐賴武的一邊。最終，土岐政房一方擊敗了齋藤利良一方，齋藤利良不得不擁戴著土岐賴武流亡越前國。永正十六年（1519 年）土岐政房去世，繼承家督的土岐賴藝開始重用長井長弘、長井新左衛門尉，此後長井新左衛門尉開始自稱「豐後守」的官途。

　　大約在天文二年（1533 年）左右，長井新左衛門尉去世，其子長井規秀繼承了他的地位。幾乎在同一時間，與長井新左衛門尉平起平坐的長井長弘也因病去世，其子長井景弘繼承了家督之位。長井規秀、長井景弘在這年六月一同連署給龍德寺下發禁制，不過在次年九月時，土岐家給華嚴寺的禁制中就只剩下了規秀一人的名字，並且他還將署名從長井規秀改為了「藤原規秀」，推測大約在天文二年至三年期間，長井規秀就消滅了長井氏宗家長井景弘，並且受賜藤原氏出身的「齋藤」苗字。到了天文四年（1535 年）時，規秀將自己的名字改為了齋藤新九郎利政，不久之後又出家入道，法號道三，也就是我們熟知的織田信長的岳父齋藤道三了。

　　齋藤道三剛繼承家業的時代，美濃國的局勢非常混亂，說是一盤散沙也不為過。在外部有著朝倉家支持的土岐賴武、齋

藤利良（齋藤家分家持是院家後裔）虎視眈眈，內部的守護代齋藤利茂、齋藤利賢（舟田戰役中衰弱的齋藤家宗家後裔）也對這個半路殺出來的「齋藤」非常不感冒。

天文五年秋天，朝倉家、六角家以及美濃國中支持土岐賴武的國眾組成聯軍，擁戴土岐賴武之子土岐賴充（土岐賴純）重返美濃國，包圍了齋藤道三的居城稻葉山城。不過，善戰的齋藤道三很快就擊敗了朝倉、六角聯軍，次年土岐賴藝、齋藤道三與六角家議和，與六角家締結了姻親關係。

儘管如此，在越前國的朝倉家庇護下的土岐賴充依舊對美濃國虎視眈眈。天文十三年（1544年），土岐賴充以美濃國守護的身分請求越前國守護朝倉氏與尾張國守護斯波氏出陣美濃國，尾張國守護代織田大和守隨後便派遣家臣織田信秀率領尾張國的軍勢侵入美濃國，包圍了稻葉山城。齋藤道三先是佯裝不敵織田軍，率軍退入稻葉山城之中，任憑織田軍在城下燒討，就是拒絕出城作戰。

等到了傍晚之時，織田信秀下令鳴金收兵，見到織田軍撤退的齋藤道三立即率領軍勢從城內衝出，一舉擊敗了織田軍。織田信秀的弟弟織田信康、同僚織田因幡守、家臣青山秀勝、熱田神宮的宮司千秋季光均在這一戰中戰死（迦納口戰役）。此後，齋藤道三與土岐賴充議和，約定讓土岐賴藝隱居，由土岐賴充繼承家督守護職，齋藤道三還將女兒（濃姬）嫁給了土岐賴充。然而，土岐賴充在天文十六年（1547年）時突然去世，年僅

二十四歲，坊間傳聞是齋藤道三刺殺了土岐賴充，但是並沒有什麼切實的證據與動機。

另外一邊，齋藤道三趁著織田信秀在小豆坂之戰戰敗的時候率軍攻打被織田家占領的大垣城。由於織田信秀還要與南方的今川家作戰，因而織田信秀最終決定與齋藤道三議和，讓嫡子織田信長迎娶齋藤道三之女為正室夫人，兩家締結了同盟。至此，齋藤軍與近江國北部的淺井家、尾張國的織田家締結盟約，剩下的敵人就只剩下越前國的朝倉家了。

天文十九年（1550年）十月，眼見時機成熟的齋藤道三將前守護土岐賴藝流放，竊取了國中的實權，成為事實上的美濃國國主。

從「齋藤」到「一色」

天文二十三年（1554年）三月初，在流放土岐賴藝的五年之後，齋藤道三將稻葉山城以及家督之位讓給了嫡長子齋藤利尚，自己則搬出了稻葉山城居住。

在兩年之前，齋藤道三曾經的舊敵織田信秀病逝，為了鞏固信秀去世之後的「濃尾同盟」，齋藤道三在天文二十二年四月曾於濃、尾邊境的聖德寺與女婿織田信長會面。據說齋藤道三見到人數不足千人的織田軍攜帶著大量的鐵炮以及「三間槍」之後，曾在歸途中對家臣說到：「我的兒子今後恐怕只能給這個傢伙牽馬了。」

齋藤家

　　在織田信長統一尾張國期間，齋藤道三經常派遣軍勢前往尾張國，支援女婿的作戰，同時道三還命令出陣的家臣們要向他彙報織田軍的戰況。大約在這個時期，織田信長的善戰給齋藤道三留下了深刻的印象，讓他越來越看重這個女婿。

　　然而就在這個時候，齋藤道三的嫡子齋藤利尚卻突然舉兵與父親敵對。根據《信長公記》的記載，齋藤道三認為齋藤利尚沒有出任家督的器量，並且非常寵愛利尚的弟弟孫次郎與喜平次，有廢嫡的打算。而孫次郎與喜平次則仗著父親的寵信，非常輕視身為齋藤家家督的兄長，導致齋藤利尚起了殺心。

　　弘治元年（1555年）十一月二十二日，齋藤利尚藉口自己病入膏肓，想召見兩個弟弟商議後事為名，將孫次郎、喜平次召喚進稻葉山城之中，隨後命日根野弘就殺死了弟弟們，齋藤道三得知齋藤利尚舉兵以後，也召集了忠於自己的家臣，退入山中城防守。次年四月十八日，齋藤道三率軍來到長良川附近的鶴山布陣，同時向尾張國派去了使者，請求織田信長出兵支援自己。四月二十日，在織田軍援軍到來以前，齋藤利尚就對齋藤道三軍發起了攻擊，殺死了自己的父親。

　　關於齋藤利尚與父親道三敵對之事，在江戶時代的軍記物《岐阜軍記》裡還有這麼一個故事：話說齋藤利尚猶豫該不該舉兵之時，家臣（叔父？）長井道利對其說到：「你本來就不是道三之子，你的母親深芳野夫人原本是守護土岐賴藝的愛妾，後來被賜給了道三，當時深芳野夫人已經懷有身孕，這才生下了你。」

日本江戶時代非常流行因果報應的理論，因此齋藤利尚是土岐賴藝落胤的故事便越穿越廣，不過這件事並不見於同時代的史料之中，並且連八卦達人太田牛一在《信長公記》裡都未提及這件事，因而應當是後世牽強附會的創作而已。

再者，齋藤利尚在與道三敵對之後，曾將自己的名字改為「齋藤范可」，根據太田牛一的介紹，「范可」是中國唐朝的一個弒父之人的名字，齋藤利尚此舉一方面是懺悔與親生父親敵對的舉動，一方面也是向加入己方的家臣們表現自己的決心。這充分說明了，無論是齋藤利尚本人，還是太田牛一這樣的旁觀者，都認為齋藤道三、利尚敵對是父子之爭，而非「哈姆雷特」式的土岐落胤回歸之戰。

在消滅了父親齋藤道三的勢力以後，齋藤利尚正式開始了對美濃國的統治，他一改父親的政策，與尾張國的織田信長敵對。永祿二年（1559年）二月織田信長上洛之時，齋藤利尚還派遣過刺客想要刺殺信長。

在此期間，齋藤利尚將自己的名字從「范可」又改成了「高政」，上洛覲見幕府將軍足利義輝後，更是連「齋藤」苗字都改了，獲得了四職家之一「一色」苗字的使用許可，同時取名為「一色義龍」。由於後來取得天下的織田信長並不認可齋藤家繼承「一色家」這件事，所以後世的史料都為了貶低齋藤家的地位，將一色義龍稱為「齋藤義龍」。同樣的做法可見於當時日本關東北條氏康與上杉謙信的書信，二者均不認可對方的「北

條」、「上杉」身分,一邊稱呼對方為「長尾景虎/輝虎/謙信」,一邊則稱呼對方是「伊勢氏康」,不過二者都不是最終的勝利者,並且上杉家與北條家在江戶時代都以藩主身分存在,因而我們如今才會稱他們為「北條」、「上杉」。為了方便閱讀,下文將按照通說,統一稱呼歷史上的一色義龍、義棟父子為齋藤義龍、龍興。

除了與尾張國斷交以外,齋藤義龍還同父親時代的盟友淺井家斷交,反過來與敵人六角家結盟,將女兒嫁給了六角家家督六角義弼。六角義弼與齋藤家結盟之事讓隱居的六角家前家督六角承禎非常不滿,正是他在勸阻六角義弼與齋藤家結盟的書信之中提到了齋藤義龍的祖父本來只是個叫松波的僧人,後來史學界才將原本混淆成一人的松波莊五郎、齋藤道三父子的事蹟給分開。

值得一提的是,齋藤義龍與淺井家斷交以後,淺井家也與齋藤家的敵人織田家結盟,淺井家家督淺井賢政還迎娶了織田信長的妹妹織田市為妻,同時從信長名字中拜領一字,將名字改為「淺井長政」。另外在齋藤家與淺井家交戰期間,前守護土岐賴藝之子土岐賴次也隨齋藤軍一同出陣,齋藤義龍為此下發了感狀,安堵了土岐賴次的領地,說明在齋藤義龍時代,土岐氏與齋藤氏的主從身分已經完全對調。

齋藤義龍同其餘的戰國大名一樣,非常強調自己在領地內的絕對地位,典型的事件便是在義龍改姓「一色」以後美濃國發

生的「永祿別傳之亂」。

　　事情是起因便是齋藤義龍將家族從藤原氏後裔的「齋藤氏」改為源氏後裔的「一色氏」以後，便廢掉了父祖信仰的日蓮宗常在寺的菩提寺地位，開始在稻葉山城下修築起源氏信仰的禪宗寺院「傳燈護國寺」。

　　當時日本禪宗下分為許多派系，往下分有臨濟宗、曹洞宗、普化宗、黃檗宗等等，其中臨濟宗是室町時代武家信仰的宗派，而臨濟宗下又分為妙心寺派、相國寺派、天龍寺派、南禪寺派等等，傳燈護國寺正是「妙心寺派」的寺院。不過，妙心寺派裡也是個小麻將館，分為東海、龍泉、聖澤、靈雲四個派系，當時在美濃國十分有影響力的僧人快川紹喜是東海派，而齋藤義龍任命的傳燈護國寺住持別傳宗龜則是最弱的靈雲派。

　　齋藤義龍這麼做大概是不願意見到東海派在美濃國變得「強者愈強」吧，但是快川紹喜卻不樂意了，再加上他是當時日本非常有名的高僧，所以在快川紹喜的抗議之下，美濃國的僧人們紛紛離開寺院。同時，快川紹喜還對齋藤義龍表示：「你只是一國太守而已，而我卻是三界的法師。」

　　快川紹喜的做法引起了齋藤義龍極大的不滿，他要求妙心寺削掉快川紹喜的僧籍，但是此舉反而引起更大的反應，挑發了齋藤家與整個臨濟宗妙心寺派的對立。不僅僅是美濃國而已，以駿河國清見寺、臨濟寺等靈雲派寺院都站到了快川紹喜的一邊，譴責齋藤義龍以及別傳宗龜二人。當然，僧人的譴責

對強硬的齋藤義龍來說不痛不癢，他花錢讓朝廷將傳燈寺晉升為與南禪寺一樣寺格的寺院，堅決與快川紹喜等和尚對抗到底。

然而，永祿四年（1561年）五月，齋藤義龍突然在稻葉山城暴斃，年僅三十三歲。齋藤家的家臣們本來就很不支持齋藤義龍與快川紹喜對立，在齋藤義龍死後，繼承家督的齋藤龍興便立即召回了快川紹喜，不但廢掉了傳燈寺的菩提寺地位，甚至摁著齋藤義龍的棺材板讓快川紹喜主持葬禮。

另外一邊，尾張國的大名織田信長得知齋藤義龍去世之後，便立即發兵攻打美濃國。在織田家的強大攻勢下，齋藤家能夠支撐多久呢？齋藤道三的子嗣，又是否會為信長牽馬呢？這個我們下回再說。

齋藤家的滅亡與齋藤利治

永祿四年（1561年），美濃齋藤家家督齋藤義龍突然在稻葉山城暴斃，年僅三十三歲，由其子齋藤龍興繼承家督之位，他也是齋藤家作為戰國大名的最後一任家督。

齋藤龍興真正的名字應該是一色龍興，後來又改名為一色義棟、一色義糺，本文為了方便閱讀，統一稱其為通說中的齋藤龍興。由於齋藤龍興繼位時年僅十五歲，齋藤家的政治體制由領主一元化逐漸向重臣合議制轉變，這也為後來齋藤家的內亂埋下了伏筆。

齋藤義龍去世僅兩天之後，織田信長便聞訊而來，在森部、十四條戰役取得兩次大勝，攻陷了由長井甲斐守、日比野下野守防守的墨俁城。在通說中，墨俁城是由木下秀吉用計一夜建成的，但是在較為良質的史料之中，墨俁城本身就是美濃齋藤家的一處軍事據點，被信長奪下後加以改築，才成為織田家的城池。

由於織田家對美濃國的侵略日益頻繁，在快川紹喜的協助下，齋藤龍興與甲斐國的大名武田家締結盟約，隨後又為父親舉辦了葬禮。反過來，為了對付齋藤、六角、武田的盟約，織田信長不得不與江北的淺井家、越後的上杉家締結了同盟，還將妹妹市姬嫁給了淺井長政。其實到目前為止都可以看出，齋藤龍興並非是個無為之輩，他也是個不輸給父祖的人，但是天命卻已經不在齋藤家了。

根據《美濃明細記》的記載，永祿七年（1564年）二月六日，美濃國不破郡菩提山城城主竹中重虎（半兵衛）帶著弟弟竹中重矩在內的十五個家臣，趁齋藤龍興不備奪取了稻葉山城，理由是因為齋藤龍興寵信奸佞，因而半兵衛對其進行兵諫。事後，織田信長提出以美濃國半國領地為條件，讓竹中半兵衛交出稻葉山城，但是卻被半兵衛拒絕，稻葉山城也被還給了齋藤龍興。

這個故事被江戶時代的武士作為反面典型教育子弟，一定不能親近小人，疏遠賢臣。然而，實際上結合當時的史料來

看，這個故事遠沒有軍記物中記載的那麼簡單。

首先，便是齋藤龍興是否寵信奸佞？從半兵衛奪取稻葉山城後殺死六名齋藤龍興的側近來看的話，這件事很可能是因為齋藤龍興日益成長，想要從家臣手中奪回大權所致，而齋藤龍興可以依賴的側近自然成為這些國眾口中的「奸佞」。在奪取稻葉山城的半年後，竹中半兵衛仍舊占據著稻葉山城，還以城主的姿態下發禁制。快川紹喜在書信中形容這件事為：「不知羞恥、毫無義理的人加入了半兵衛一方，知恥重義的人則加入太守（齋藤龍興）麾下……」

其次，竹中半兵衛奪取稻葉山城是否是「智取」？其實，良質史料中，並未記載竹中半兵衛奪取稻葉山城時手下有多少人，即便是十六人，在逸話中也從未提到，半兵衛奪取稻葉山城時，真正讓齋藤龍興決定棄城而逃的並非是半兵衛這些人，而是出現在稻葉山城下的竹中半兵衛的岳父安藤守就率領的兩千軍勢。事後，由於美濃國的很多勢力仍然忠於齋藤龍興，所以竹中半兵衛和安藤守就才不得不放棄稻葉山城，與齋藤龍興達成和解，歸還了城池。

永祿八年（1565年）五月，織田信長率軍奪取了中美濃地區，稻葉山城徹底暴露在了織田家的眼皮子底下。而後，發覺織田信長崛起已是不可避免的武田信玄果斷地與齋藤家破盟，轉而與織田家締結了同盟。此時的稻葉山城雖然近在咫尺，但是如果織田信長強攻此城的話，攻城戰曠日持久不說，很可能

會因此遭遇大敗，所以，織田信長決定採取更懷柔的方式奪取稻葉山城。

另外一邊，齋藤龍興想強化齋藤家家督實權的做法引起美濃國國眾們的不滿。永祿十年（1567 年）八月一日，有著「美濃三人眾」之稱的稻葉一鐵、安藤守就、氏家直元加入織田家麾下，當美濃三人眾的軍勢出現在稻葉山城下的織田軍陣中時，齋藤龍興徹底失去了抵抗的意志，於九月開城投降，同長井道利等人退往伊勢國。

此後的齋藤龍興參加了長島一向一揆的作戰，而後又前往京畿，與「三好三人眾」一同襲擊了足利義昭（本國寺戰役），最後齋藤龍興又前往越前國依附舊敵朝倉家。齋藤龍興的後半生非常悲劇，兜兜轉轉一圈後，在朝倉家滅亡前夕於撤軍途中在刀根坂之戰中戰死。

不過，美濃齋藤家卻並未就此退出舞臺。齋藤義龍的異母弟弟、齋藤道三的末子齋藤利治早在永祿七年（1564 年）左右就離開了齋藤家，投入織田信長麾下，加入了織田信長對中美濃的侵攻。織田信長對這個義弟非常看重，命令他繼承齋藤道三的家業，復興美濃齋藤家。

齋藤利治參加了織田軍的許多戰鬥，無論是侵攻伊勢國，還是圍攻小谷城、姊川之戰、與三好家的野田・福島戰役、足利義昭「御謀反後」的槙島城攻擊戰等等，都能看到齋藤利治的身影。在織田信忠成長以後，織田信長命令齋藤利治、森長

可、毛利長秀等人輔佐織田信忠，將他們視作織田家未來的家老培養。

齋藤利治第一次作為大將活躍，是在上杉謙信死後織田家對越中國的侵攻作戰之中。越中國守護原本是畠山尾州家，後來由於鞭長莫及，交由同族能登畠山家代管，然而隨著能登畠山家的衰弱，越中國的實權落入了守護代神保家與國眾椎名家的手中。

早先，神保家的嫡長子神保長住因為與父親不和被流放，不得不流落京都。在父親去世以後，神保長住向織田信長提出請求，表示自己想反悔越中國繼承神保家，希望織田家予以支援。

天正六年（1578年）四月，織田信長下賜了軍資金給神保長住，同時命令飛驒國國眾協助神保長住返回越中國。可是，此時的越中國處於越後上杉家的統治之下，織田家的北陸軍團尚在與加賀國的一向一揆作戰，與越中國並不接壤，僅憑飛驒國的這些勢力讓神保長住返回越中國遠遠不夠，於是織田信長便想起了小舅子齋藤利治。

齋藤利治領命之後，並沒有因為自己是孤軍就感到膽怯，而是召集了美濃國的國眾們，途徑飛驒國進入了越中國，於十月三日對上杉家發起攻擊，包圍了今和泉城。到了凌晨時分，齋藤利治突然下令撤軍，上杉軍不明所以，便對撤退的齋藤軍發起追擊。當上杉軍來到一處叫「月岡野」的地方時，才發現齋

藤軍早已在此地布好陣型，由於月岡野地形複雜，上杉軍亂作一團，被齋藤軍以壓倒性的優勢擊敗，戰死三百六十餘人。月岡野戰役後，今和泉城也不得不開城投降。

齋藤利治並未攜帶多少軍勢進入越中國，織田家對其原本不抱多大的希望，當得知齋藤利治在越中國的戰事取得大勝後，織田信忠連忙派遣森長可、毛利長秀等人進入越中國支援齋藤利治。不過，十月二十八日時，織田信長擔心冬季來臨會掐斷齋藤利治與織田領的聯繫，便下令讓齋藤利治撤軍回國。根據推測，齋藤利治在次年重返越中國，協助織田家的北陸軍團侵攻越中國、能登國兩地，同時也在北陸受封了許多領地。

天正十年（1582 年）二月，齋藤利治率軍參加了「甲州征伐」，消滅了甲斐武田家，而後他便返回了領地。「本能寺之變」發生時，齋藤利治恰好身在京都，得知織田信長已死後，齋藤利治進入了二條御所與外甥織田信忠一同作戰，最終戰死在了二條御所之中。

齋藤利治死後，他的兩個兒子一個出仕了織田信長的孫子織田秀信，一個則出仕了池田輝政，後來成為岡山藩的藩士，子孫延續至今。

伊達家

伊達天文之亂

　　伊達家的祖先伊達朝宗曾是鎌倉幕府麾下的御家人,在源賴朝討伐奧州藤原氏的「奧州戰役」之中立下了戰功,受封伊達郡,因此便以「伊達」為自家的苗字。

　　元弘三年(1333年),鎌倉幕府滅亡,時任伊達家家督的伊達行朝成為建武朝廷派遣至陸奧國出任陸奧守的北畠顯家的手下。然而,北畠顯家在延元二年(1337年)時率軍西進上洛,卻戰死在京畿,隨北畠顯家一同上洛的伊達行朝等將只得自行突圍返回陸奧國。

　　等到伊達行朝去世以後,行朝之子伊達宗遠背叛了南朝,加入了北朝室町幕府的麾下。在伊達宗遠出任家督期間,伊達家趁著南北朝的戰爭極大地拓展了自家的勢力範圍,甚至將領地拓展到了陸奧國的鄰國出羽國。

　　在室町幕府麾下時期,伊達家作為日本東北部的有力家族,被幕府拉攏用以抑制關東鎌倉府的勢力,從十一代家督伊達持宗開始,伊達家家督世世代代都從幕府將軍處受賜偏諱,

以表明其在陸奧國的地位。

進入戰國時代以後的伊達家一開始並不顯眼，直到第十四代家督伊達稙宗時伊達家才迎來了分水嶺，從此開始崛起於奧羽群雄之間。

為什麼說伊達稙宗時期是伊達家的分水嶺呢？伊達稙宗出生於長享二年（1488年），原名伊達高宗，在永正十四年（1517年）時透過管領細川高國從幕府將軍足利義稙處受賜「稙」字，方才改名為伊達稙宗。

伊達稙宗出任家督期間，伊達家從幕府處補任了陸奧國的守護職役，還被舉薦出任從四位下左京大夫官位。要知道，陸奧國、出羽國與日本其他分國不同，自鎌倉時代開始就從不設定守護，而是設定奧羽總奉行、奧羽探題進行管理。只是進入戰國時代以後，奧州探題大崎家走向衰弱，幕府這才破天荒地任命伊達稙宗為陸奧國守護，統領陸奧國的武家。

除此以外，伊達稙宗出任的左京大夫官位甚至凌駕於幕府管領細川高國的右京大夫之上，這本是足利將軍家庶流斯波家出身的大崎家才有的待遇，此舉也說明幕府有意扶持伊達家取代大崎家，成為陸奧國武家中的第一人。

天文五年（1536年）四月十四日，伊達稙宗制定了伊達家的分國法《塵芥集》，這也是奧羽諸多戰國大名家中的第一個分國法。不僅如此，伊達稙宗有許多妻妾與子嗣，為了擴大伊達家的勢力範圍，伊達稙宗將子女入嗣、入嫁至伊達家領國周邊的

小大名家中，建立起了宗主的地位。

除了利用外交手段籠絡大名以外，伊達稙宗還不斷地發起對外戰爭，積極地介入其他家族的內亂。在越後國守護上杉定實與守護代長尾為景的內亂、大崎家的內亂、蘆名家的內亂中都能看到伊達稙宗活躍的身影。然而伊達稙宗時期真正有名的戰爭，恐怕得數天文年間伊達稙宗與其子伊達晴宗之間的內戰吧。

天文十年（1541年），伊達稙宗將家督之位讓予嫡子伊達晴宗，可是隱居的伊達稙宗並未放棄大權，而是依然以大殿下的身分在幕後操控著伊達家。然而僅僅一年之後，意氣風發的伊達稙宗便被兒子伊達晴宗幽禁，從而引發了「伊達天文之亂」。

根據通說，伊達稙宗想要將小兒子時宗丸送入越後上杉家成為上杉定實的養子，以此增強越後上杉家與伊達家的聯繫。為此，時宗丸元服後從上杉定實處受封一字取名為伊達實元，越後上杉家還將自家家紋的變種「竹中雀」賜給了伊達家，伊達稙宗才將伊達家的家紋從「三引兩」改為了後來的「仙台笹（即竹中雀）」。

伊達稙宗十分看好伊達實元，他認為伊達實元性格堅韌，足智多謀，將來必成大器，定能讓越後上杉家重塑昔日的榮光，所以伊達稙宗不但給越後上杉家送了兒子，還準備買一送多，將許多伊達家的精銳武士也一併送入越後上杉家，以輔佐伊達實元。可是，伊達稙宗的舉動卻引起了家中的不滿，許多

家臣都反對將伊達實元和精銳武士送入越後上杉家中，認為這是在分化伊達家的實力，而這些反對派的領袖，則是伊達稙宗的嫡子伊達晴宗。

不過，也有觀點認為，伊達家的內訌真正的起因還是伊達稙宗不願意放權，且與女婿懸田俊宗眉來眼去，威脅到了家督伊達晴宗的利益。伊達晴宗並不想只是父親手中的傀儡，並且父子二人的對外政策也有些不同，在伊達晴宗看來，父親稙宗雖然發起過許多次對外戰爭，但是似乎都只是為了擴大伊達家的影響力而已，家族的領地並沒有因為這些戰爭而擴大。伊達晴宗的觀點得到了許多伊達家家臣的支持，這些家臣們負擔了出兵他國的軍役，但是卻未得到應有的封賞，甚至到了伊達晴宗的孫子伊達政宗的時代，伊達政宗也評價曾祖父的窮兵黷武又未擴大領地實際上是對家臣的不負責。

天文十一年（1542年）六月，伊達稙宗在打獵之際遭到了伊達晴宗的襲擊，隨後被幽禁在了西山城。不久之後，伊達稙宗的側近小梁川宗朝將伊達稙宗救出西山城，送往了其女婿懸田俊宗所在的懸田城，隨後伊達稙宗宣布舉兵，要與現家督伊達晴宗對決，著名的「伊達天文之亂」爆發。

由於伊達稙宗先前的對外政策，兒子大崎義宣、伊達實元等，女婿田村隆顯、懸田俊宗、蘆名盛氏，還有最上義守、相馬顯胤、國分宗政等大名都站在了伊達稙宗的一方，使得伊達稙宗占據了優勢。反觀伊達晴宗方，除了叔叔留守景宗、岳父

岩城重隆外，只有大崎義直、長尾晴景等擔憂伊達稙宗勢力滲透的大名支持。

天文十五年（1546年）六月，伊達晴宗在敵軍的攻勢之下，不得不放棄了西山城，而後伊達晴宗為了對付父親伊達稙宗方的攻勢，將根據地遷到了西山城附近的白石城。次年，伊達稙宗方的田村隆顯與蘆名盛氏發生衝突，蘆名盛氏因此投至了伊達晴宗一方。另外一方面，支持伊達晴宗的大崎義直開始對養子大崎義宣施壓，大崎家出身武家名門斯波家，迫於壓力才讓伊達家血統的大崎義宣入嗣，如今得到這麼個機會，大崎義直自然趁機對養子發難。有了蘆名盛氏與大崎義直的支援，伊達晴宗方逐漸在天文之亂中占據優勢。

天文十七年（1548年）九月，幕府將軍足利義輝出面調解伊達家的內訌，最終以伊達稙宗隱居，正式將家督讓予兒子伊達晴宗為條件達成和睦，長達七年的伊達天文之亂方才告一段落。不過，伊達稙宗的女婿懸田俊宗等卻不滿和談，繼續與伊達晴宗對抗，直到天文二十二年（1553年）時才被伊達晴宗剿滅。

「伊達天文之亂」讓伊達家的勢力縮水不少，而伊達稙宗的後繼者伊達晴宗又不是一個熱衷於戰事之人，這極大地影響了伊達家在戰國時代的稱霸程序。

伊達輝宗的崛起

天文二十二年（1553年）正月十七日，伊達晴宗制定了《晴宗公采地下賜錄》，以整理在天文之亂中為了拉攏國人而濫發的領地安堵狀，伊達晴宗也藉此掌握了家臣們的領地情況。

天文二十四年（1555年），室町幕府任命伊達晴宗為奧州探題，打破了此前一直由大崎家獨占此職的局面。和父親伊達稙宗不同，伊達晴宗時代的伊達家並不熱衷於外交與戰事，而是關起門來過起了自己的小日子，這顯然是不符合當時的時代潮流的。

永祿七年（1564年），伊達晴宗將家督之位讓予嫡子伊達輝宗，自己則跑到了杉目城中隱居。不過，伊達晴宗並未放下大權，而是和先前的伊達稙宗一樣，靠著重臣中野宗時等人掌控著伊達家。

而新任家督伊達輝宗也是伊達家的一代雄主，繼承家督之時年僅二十一歲，他的個性有些接近爺爺伊達稙宗，熱衷於外交與對外戰爭，只是伊達輝宗的手段相比爺爺要更加高明一些。

永祿八年（1565年）六月十九日，在伊具郡丸森城隱居的伊達稙宗去世，伊達稙宗的外孫相馬盛胤趁機接收了丸森城，占據了伊具郡的南部地區，伊達家與相馬家之間爆發了戰爭。除此以外，蘆名盛氏在這年與伊達晴宗的女婿二階堂盛義發生衝突，伊達家也派出軍隊支援二階堂盛義。

不久之後，在伊達輝宗的調解下，二階堂盛義前往黑川城向蘆名盛氏表示臣服，將兒子二階堂盛隆送入蘆名家當人質。伊達輝宗則將妹妹彥姬嫁給蘆名盛氏之子蘆名盛興，與蘆名家達成和睦。可是，伊達輝宗的舉動引起了父親伊達晴宗的不滿，為了防止伊達晴宗的干涉，伊達輝宗只能將妹妹先收為養女，再嫁予蘆名盛興。不僅如此，為了防止天文之亂的重現，伊達輝宗還祕密與蘆名盛氏達成協議，約定如果伊達家再次出現父子對立時，蘆名家要站在伊達輝宗的一方。

元龜元年（1570 年）四月，伊達輝宗藉口中野宗時、牧野宗仲父子謀反，將這兩位伊達晴宗時代的重臣流放，同時提拔了遠藤基信、鬼庭良直等家臣，徹底掌握了伊達家的實權。伊達輝宗時代的伊達家再度雄起於南奧，伊達輝宗將弟弟送入留守氏、石川氏中繼承家業，又與佐竹家、蘆名家等家族締結了姻親關係，還迎娶了出羽國名門最上義守的女兒義姬為妻。

對外戰爭方面，除了介入最上義守、最上義光父子的內訌外，伊達輝宗時代的最主要成就便是與勢力滲透進伊具郡的相馬家交戰。天正四年（1576 年），亙理家與相馬家交戰，伊達輝宗趁機以支援亙理家為藉口對相馬家發起攻擊。不過，相馬家家督相馬盛胤也不是泛泛之輩，在相馬盛胤的抵抗之下，伊達家的這次進攻終被化解。

為了分化相馬家的勢力，伊達輝宗在天正七年（1579 年）時讓嫡子伊達政宗迎娶了相馬盛胤的小舅子田村清顯的女兒，而

後又在天正九年（1581年）時調略了小齋城城主佐藤為信，奪回了小齋城。天正十二年（1584年）五月，在田村清顯、佐竹義重等人的調解之下，伊達家與相馬家議和，相馬家承認伊達家對伊具郡小齋城、丸森城等地的所有權。至此，伊達輝宗總算是收復了祖父伊達稙宗時代的所有領地。

在外交方面，伊達輝宗不再僅僅局限於與奧羽大名展開外交，而是放眼天下，積極主動地與各地的強大勢力交好，例如關東的霸主北條氏政，畿內的霸主織田信長等等。從天正元年（1573年）開始，伊達輝宗就向織田信長進獻了鷹、馬等貢品，主動向織田家示好，織田信長則命令伊達輝宗出兵越後國，與柴田勝家一同攻打越後國大名上杉謙信。

天正六年（1578年），上杉謙信在春日山城去世，隨後上杉家爆發了由上杉謙信養子上杉景勝與上杉景虎之間爭奪家督的「御館之亂」。伊達輝宗為了支援盟友北條氏政的弟弟上杉景虎，與蘆名盛氏一同組成聯軍侵入了越後國，與越後國北部的領主新發田長敦、新發田重家交戰。在御館之亂結束後，由於上杉景勝賞罰不公，以新發田家為首的越後國北部國眾掀起反旗，伊達輝宗與蘆名盛氏又對新發田家派去援軍。

天正八年（1580年），蘆名家的雄主蘆名盛氏去世，由於其子蘆名盛興早逝，蘆名家的家督由養子蘆名盛隆（二階堂盛義之子）繼承。蘆名盛隆繼位之後，立即與佐竹家達成和睦，佐竹義重還在天正十年之際前往蘆名家的本城黑川城進行友好訪問。

常陸佐竹家對陸奧國南部的滲透，以及伊達輝宗與佐竹家的敵人北條家交好，都預示著伊達家與佐竹家這兩個地方霸主終將會走向對立的結局。

天正十年（1582年），是改變日本歷史的一年。這年六月，「天下人」織田信長在本能寺遭到了家臣明智光秀的襲擊殞命，其嫡子織田信忠也在二條御所戰死，織田家陷入了一片混亂之中。

因為在對付越後上杉家的時候與織田家的北陸軍團長柴田勝家締結了頗深的淵源，伊達輝宗在本能寺之變後便抱緊了柴田勝家的大腿。沒曾想人算不如天算，柴田勝家、織田信孝在同年年末與織田家的另外一位重臣羽柴秀吉交惡，而後在次年的「賤岳之戰」中，柴田勝家敗北自盡，伊達輝宗與中央政權的關係立即變得微妙起來。

為了應對將來可能迎接的羽柴秀吉的攻擊，伊達輝宗在給姪子巖城常隆的書信中提到，伊達家需要與奧羽的大名組成聯盟，防止遭到京方的攻擊。另外一方面，與羽柴秀吉交好的佐竹義重則不斷地向陸奧國滲透，吸納了許多南奧地區的小大名為附庸。

天正十二年（1584年）十月六日，蘆名家家督蘆名盛隆在黑川城被家臣暗殺，年僅二十四歲。蘆名盛隆去世時，其子龜王丸不過才一個月大而已，因此蘆名家內因為家督繼承的問題出現的紛爭。因為早年間蘆名盛氏曾經有意收伊達輝宗的次子小

次郎為養子,所以伊達輝宗便以龜王丸年紀太小為緣由,想將小次郎送入蘆名家繼承家督。不過,佐竹家好不容易與蘆名家結盟,佐竹義重自然不願意眼睜睜地看著蘆名家成為伊達家的庶家,再次走向與佐竹家敵對的道路。畢竟蘆名盛隆是有孩子的,所以在佐竹義重的介入之下,伊達輝宗將兒子送入蘆名家出任家督之事最終失敗,龜王丸順利地繼承了家督。

因為讓小次郎入嗣蘆名家的計畫失敗,伊達輝宗以此事為契機引咎隱居,將家督之位讓予嫡子伊達政宗,這一年伊達輝宗四十一歲,伊達政宗不過十八歲而已。當然,引咎隱退只是伊達輝宗的藉口而已,隱居之後的伊達輝宗依然掌握著伊達家的內政、外交大權,而新家督伊達政宗的登場,也宣告著伊達家將迎來一個新的時代。

奧州霸主伊達政宗

伊達政宗於永祿十年(1567年)八月三日在米澤城出生,幼名梵天丸,母親是最上義守的女兒義姬。

天正五年(1577年)十一月,梵天丸舉行了元服禮,按照慣例伊達家家督都會從幕府將軍處拜領一字取名,例如伊達稙宗與足利義稙、伊達晴宗與足利義晴、伊達輝宗與足利義輝。可是,此時的幕府將軍足利義昭已經被織田信長流放,所以在無法取得將軍賜字的情況下,伊達輝宗給兒子取名為「藤次郎政宗」。「政宗」的名字取自南北朝時期伊達家的第九代家督伊達政

宗，伊達輝宗給兒子取一個先祖的名字，目的就是希望兒子能夠和九代家督政宗一樣，重塑伊達家的榮光。

在仙台市博物館中，收藏著一封年分不明的伊達輝宗親筆書寫的書信，這封書信按推測應該是天正十二年（1584年）年末至天正十三年（1585年）伊達政宗繼承家督的這段時間寫成，正是前家督伊達輝宗鼓勵兒子的信件。

伊達輝宗在信中寫到：「年輕的時候，諸如策略失誤、亦或者口出狂言、失言的錯誤通常都會有很多。但是世間的評價或者家臣們的非議你都不要在意，我會站在你面前，賭上性命成為你的支柱。相信自己往前衝吧，帶著覺悟前進，將與自己敵對的人全都消滅。」在書信的最後，伊達輝宗寫著：「看完此信後請燒毀」，足以見得這是一封父子之間的密信，沒必要給他人看到。

伊達輝宗以一個父親的角度去鼓勵兒子，激勵政宗相信自己，使其重拾自信。這封信成為了伊達政宗一生中最大的支柱，他並未焚毀信件，而是用紙將信包好，並親筆寫上「性山（伊達輝宗）御自筆」的字樣。後來，伊達政宗教育自己的兒子的時候，又將這封信交給了兒子，也就是仙台藩的二代藩主伊達忠宗，伊達忠宗在原本的外包紙上又包了一層，也親筆寫下了「性山樣御自筆」的字樣，將此信流傳了下來。

伊達政宗出任家督之後，立即與伊達家曾經的盟友蘆名家解除了同盟關係。早些年，田村家的家臣大內定綱與二本松城

城主畠山義繼結盟，從田村家獨立，當時田村清顯找來了伊達家作為後盾，而大內定綱、畠山義繼則拉來了蘆名盛隆作為援軍。伊達輝宗曾經想要調解大內定綱與田村清顯的關係，但是年輕氣盛的伊達政宗卻想要與大內定綱、畠山義繼還有他們背後的蘆名家一決勝負。

天正十三年(1585年)四月，伊達政宗從米澤城出陣，對蘆名家的領地檜原發起攻擊，而後又率軍侵入大內定綱麾下的鹽松地區，包圍了大內家麾下的小手森城。在伊達政宗的攻擊之下，小手森城很快就被伊達軍攻陷，伊達政宗下達了對城內守軍、老弱的無差別屠殺命令，極大地震懾了大內定綱的盟友畠山義繼。

畠山義繼當即決定與伊達家和談，伊達輝宗、伊達實元則作為中間人調解畠山義繼與伊達政宗的關係，最終以畠山義繼割讓部分領地為條件達成和睦。十月八日，畠山義繼以感謝伊達輝宗居中調停為名拜訪了宮森城，在離開之時伊達輝宗親自送別畠山義繼，結果畠山義繼和家臣們突然拔出佩刀挾持了伊達輝宗。

眼見前家督被綁架，伊達實元之子伊達成實與輝宗的弟弟留守政景連忙率軍追擊，在抵達伊達家與畠山家領地邊境的阿武隈川時，伊達輝宗突然對家臣們下令朝自己射擊。在這樣的情況下，伊達成實與留守政景為了避免伊達輝宗成為畠山家威脅伊達家的人質，命令鐵炮隊向畠山義繼一行人開火，將畠山

義繼主從與伊達輝宗擊斃。

伊達輝宗被綁架時伊達政宗正在打獵，得知父親被綁架後，伊達政宗連忙帶隊前來救援，可惜的是政宗還是來遲一步，當他抵達阿武隈川時，看到的只有父親伊達輝宗與畠山義繼一行人的屍體。

盛怒之下的伊達政宗立即下令攻擊畠山家的二本松城，畠山家也向佐竹家、蘆名家派去使者請求援軍。常陸佐竹家本就對南奧地區垂涎三尺，得知伊達輝宗去世之後，佐竹義重有些輕視年輕的伊達政宗，決定介入伊達家與畠山家的戰爭。

十一月七日，以佐竹家、蘆名家為首的南奧聯軍共三萬人來到了陸奧國安達郡的人取橋。此時伊達政宗手下的兵力只有一萬三千人，在二本松城留下六千人後，伊達政宗親自率著七千人前來迎戰。

雖然伊達軍人數劣勢，但是伊達政宗依舊堅持與聯軍激戰了一天。直至日落時分，傷亡慘重的伊達軍開始潰敗，伊達軍的本陣遭到了佐竹、蘆名聯軍的攻擊，伊達政宗本人也被捲入肉搏戰中。眼見敗勢無法挽回，伊達政宗只好丟下軍隊逃亡，而伊達家的重臣鬼庭良直為了掩護伊達政宗率軍殿後，直至戰死為止。

幸運的是，上天還是眷顧著伊達政宗的。在人取橋戰役的當天夜裡，佐竹義重的叔父小野崎義昌在陣中被家臣刺殺，聯軍內部軍心不穩，人心惶惶。此時，小田原北條家還給伊達政

宗獻上了助攻，北條家麾下的江戶家、里見家對佐竹家的領地發起了侵攻。

因此，儘管南奧聯軍在人取橋戰役中取得大勝，佐竹義重為了保障自家利益依舊選擇了撤軍。而在聯軍的主心骨佐竹軍撤退以後，其餘家族也紛紛率軍後撤，給了伊達政宗喘息之機。在外無援軍的情況下，二本松城最終在相馬家的調解下開城投降，二本松畠山家就此滅亡。不過，此後不久蘆名家家督龜王丸夭折，佐竹義重將兒子義廣送入蘆名家繼承家督，從而控制了蘆名家。

然而，就在伊達政宗準備大展拳腳之際，伊達家卻受到了來自京都的一道命令。原來，此時已經出任「關白」的羽柴秀吉，給各地的大名發去了「總無事令」，禁止大名們發動私戰。伊達政宗雖然給羽柴秀吉送去賀禮，但是卻認為奧羽是「天高關白遠」，依舊繼續著伊達家在奧羽地區的戰爭。

臣服羽柴家

天正十五年（1587年），就在伊達政宗收到「總無事令」的這年年末，伊達家北邊的從屬大崎家爆發了內亂，大崎家家臣氏家吉繼舉兵作亂，同時向伊達政宗求援，而大崎家家督大崎義隆則試圖趁機獨立，並有著同族最上家的支持。

次年正月，伊達政宗命令留守政景、泉田重光作為大將，侵入了大崎家的領地。可是，由於留守政景的岳父黑川晴氏（最

上家分家）的背叛，伊達軍最終在此戰中敗北，泉田重光也被大崎家扣為人質。另外，對外甥伊達政宗一直不怎麼感冒的最上義光派出了軍勢支援同族大崎家，伊達家的北部頓時變得十分不穩定起來。

此外，由於伊達政宗在北邊的戰場陷入膠著狀態，那邊的蘆名家、相馬家便也想趁著這個機會大撈一把。二月十二日，佐竹義重、蘆名義廣派遣大內定綱攻陷了伊達家的苗代田城，相馬家則開始調略伊達政宗岳父田村清顯方面的城池，伊達政宗陷入了兩面受敵的境地。

在這樣的情況下，伊達政宗不得不低頭認慫，他請求母親義姬調解伊達家與最上家的關係，最上義光恰好也不想違逆羽柴秀吉發來的總無事令，便同意了和談，雙方的條件是各讓一步，大崎家找氏家吉繼的麻煩，伊達家也不追究黑川晴氏的責任。而後，在南邊戰線方面，伊達政宗的重臣伊達成實透過謀略手段，威逼利誘地策反了蘆名家一方的大內定綱，暫時緩解了壓力。

天正十七年（1589 年）初，原本與伊達家關係交好的巖城常隆突然舉兵叛變，在聯合了相馬家後，開始對田村家的領地發起攻擊。此時伊達政宗已經穩定住了北邊的局勢，便率軍南下，與相馬、蘆名、巖城等南奧國眾以及他們背後的佐竹家交戰。

四月二十二日，伊達政宗率軍進入大森城。兩天後，大內

定綱的弟弟片平親綱被伊達家調略，伊達政宗認為這是一個侵入蘆名家領地的好機會，便在二本松城內召集軍勢。五月四日，伊達軍以片倉景綱等人為先鋒，對蘆名家麾下諸城發起攻擊，很快就攻陷了數座城池。可是，伊達政宗並未乘勝追擊，而是轉頭北上，侵入相馬家的領地，在奪取幾座邊境的城池後，伊達政宗留下亙理重宗駐守，又掉頭率軍侵入了蘆名領。

就在這個期間，蘆名家本城黑川城北部的豬苗代城被伊達政宗成功調略。豬苗代家是蘆名家的同族，前家督豬苗代盛國在將家督讓給兒子盛胤之後，因為父子不和想要廢嫡，因此豬苗代家發生了分裂，豬苗代盛國也站在了伊達家的一邊。

六月三日夜裡，伊達政宗趁著大雨的掩護急行軍進入了豬苗代城。五日，得到佐竹家支援的蘆名軍出陣，派遣豬苗代盛胤在豬苗代湖周邊縱火挑釁，伊達政宗派出豬苗代盛國為前鋒迎敵，豬苗代父子兩人在折上原遭遇，打響了伊達軍與蘆名・佐竹聯軍全面戰爭的第一槍。

折上原戰役交戰初期，由於風向對伊達軍不利，蘆名・佐竹聯軍占據了上風，可是沒多久風向突然轉變，蘆名・佐竹聯軍士兵被大風吹得睜不開眼，伊達軍趁勢發起反擊。就在這個關鍵時刻，聯軍後方的蘆名家家臣富田氏實擅自率軍撤退，引起了連鎖反應，導致不明所以的二階堂軍、石川軍也紛紛撤退。

蘆名家的家臣們本來就因為繼嗣問題衝突重重，蘆名義廣入嗣後，蘆名家事實上被佐竹家控制，許多家臣都不願意為蘆

名義廣賣命,這才出現了在戰場上擅自撤退的情況。

眼見後方軍勢越來越少,蘆名義廣逐漸也支撐不住,蘆名‧佐竹聯軍在伊達軍的攻擊下終於崩潰,開始向黑川城逃亡。可是,當聯軍逃到折上原與黑川城之間的日橋川時,才發現富田軍在撤退以後,將日橋川上的橋給拆了。無法渡河的聯軍在日橋川被伊達軍追上,以蘆名家家臣為首共三千餘戰死,還有近兩千人跌入日橋川中溺死。

六月十日夜裡,蘆名義廣拋棄了居城黑川城,逃回了佐竹家依附父親佐竹義重。次日,伊達政宗率領軍隊進入黑川城,蘆名家的家臣們紛紛對伊達政宗表示歸順之意,戰國大名蘆名家事實上滅亡,伊達政宗也藉此開創了伊達家最大的版圖。

就在伊達政宗春風得意之際,這年十一月,以北條家入侵真田家領地為契機,羽柴秀吉發起了聲勢浩大的關東征伐。北條家是伊達政宗的父親伊達輝宗時代的盟友,與伊達家的關係一直都不錯,伊達輝宗在伊達家究竟應該站在哪一邊的問題上十分糾結。

天正十八年(1590 年)五月,羽柴秀吉的奉行淺野長政給伊達政宗去信,再一次催促伊達政宗率軍前來小田原城參陣。此時的伊達政宗早已被羽柴軍強大的軍勢給嚇傻了,連忙率軍前往小田原城參陣。由於伊達政宗的遲到以及伊達家違反總無事令的緣故,羽柴秀吉沒收了伊達政宗剛剛打下的會津地區以及石川郡等地,將伊達家打回原型。

十月,由於葛西晴信、大崎義隆在小田原征伐時沒有前來參陣,羽柴秀吉下令沒收了兩家的領地,轉封給家臣木村吉清。木村吉清初來乍到,再加上原先木村家只是個五千石俸祿的武士,受封葛西、大崎兩家的舊領共三十萬石後,人手不足的木村家開始大量登用浪人級別的低階武士,這些低階武士爬到了在地領主的頭上,導致葛西家、大崎家的家臣在領內掀起了叛亂。

此時負責羽柴政權劃分奧羽領地的奉行淺野長吉才剛走到南奧地區的白河城,準備返回京畿向秀吉報告工作成果。得知葛西・大崎地區發生一揆後,淺野長吉又折返回了二本松城,同時命令伊達政宗與轉封至會津地區的蒲生氏鄉鎮壓葛西・大崎一揆,救出被一揆包圍的木村吉清。

在此期間,伊達政宗的家臣跑到了蒲生氏鄉的陣中,舉報伊達政宗是這次葛西・大崎一揆的幕後煽動者,甚至還有人說伊達軍在與一揆眾交戰時,別看陣前劈里啪啦打得熱鬧,實際上是伊達軍與一揆眾勾結,雙方故意用鐵炮朝天放空槍裝模作樣。得知此事的蒲生氏鄉連忙給羽柴秀吉派去使者,報告伊達政宗可能與一揆眾有勾結的消息,羽柴秀吉也派出石田三成下向奧羽地區調查此事。

說來也奇怪,在石田三成上路後,伊達軍的工作效率突然變高,不但奪取了被一揆眾占領的高畫質水城、宮澤城,還將木村吉清父子順利地從一揆眾的重重包圍之中救出。可是即便

如此，蒲生氏鄉也不敢對伊達政宗掉以輕心，要求伊達家將伊達成實、國分盛重送入蒲生家當人質。

天正十九年（1591年）正月十日，到達相馬地區的石田三成給伊達政宗去信，向伊達政宗傳達了羽柴秀吉的命令，表示暫時不需要伊達家協助鎮壓一揆，而是要求伊達政宗上洛向秀吉解釋其煽動一揆的密信。伊達政宗上洛之後，又是賭咒又是發誓地向秀吉解釋密信是偽造的，被煩得不行的秀吉便承認了伊達政宗的解釋，改命其與德川家康、羽柴秀次一同出陣東北鎮壓一揆。

葛西・大崎一揆被鎮壓後，原本賜給木村吉的清葛西、大崎兩家的三十萬舊領被秀吉沒收，轉封給了伊達政宗。當然，領地不是白拿的，伊達家領地中的長井郡、信夫郡、安達郡、田村郡、苅田郡甚至連伊達家的發家之地伊達郡共四十四萬石都被秀吉加封給了蒲生氏鄉，伊達政宗實際上被減封了十四萬石，只剩下五十八萬石領地。

慶長出羽戰役

慶長五年（1600年），在羽柴秀吉去世之後，家臣毛利輝元、上杉景勝、石田三成與德川家康的衝突越來越大，最終引發了「關原戰役」。

事件的起因是上杉景勝返回自家領地整軍備戰，並且拒絕接受德川家康的上洛命令，德川家康便以此事為藉口，召集軍

隊東進，想要討伐上杉家。七月十二日，伊達政宗奉命警戒上杉景勝，從京畿返回領地的北目城之中，得知伊達政宗的動向後，上杉景勝也加強了自家的防禦。

七月二十四日，伊達政宗派遣軍隊攻打上杉家的白石城，很快就攻陷了城池，隨後伊達軍繼續朝著上杉家的桑折方面進軍。

八月二日，德川家康給伊達政宗送去書信，告知毛利輝元、石田三成等人在大坂舉兵的消息。七日，德川家康再次給伊達政宗去信，表示自己將會返回江戶城，但是會讓德川秀忠在宇都宮城指揮對上杉家的戰事。

為了拉攏伊達家，德川家康還向伊達政宗表示，戰後將把「苅田、伊達、信夫、二本松、鹽松、田村、長井」七地四十九萬石賜給伊達家。二本松、鹽松兩地位於安達郡，也就是說德川家康此舉是將先前在葛西・大崎一揆時被秀吉沒收的領地重新歸還伊達家，若加上現有的伊達家領地的話，加封後的伊達家將成為百萬石級別的大名，此即著名的「百萬石承諾」。

對於上杉家來說，雖然上杉家與伊達家、最上家的領地接壤，但是比起伊達家而言，位於上杉家的米澤、莊內領之間的最上家才是當下的「眼中釘」。只要將最上家消滅，上杉家的米澤、莊內兩地的領地將連成一片。

八月十八日，最上義光給上杉家家老直江兼續去信，表示最上家並無與上杉家敵對之意，希望上杉家不要攻打最上家的

領地。然而，上杉家豈會因為幾封書信就放棄與德川家康敵對的計畫呢？九月九日，在直江兼續的指揮下，上杉軍對最上家的領地發起了全面進攻。十三日，最上家的畑谷城被上杉軍攻陷，守將江口清光以下五百餘守軍悉數戰死。而後，上杉軍又繼續朝著由最上家臣里見越後、里見民部父子防守的上山城進軍，結果遭到了最上軍的伏擊，上杉軍的前鋒全軍覆沒。

攻擊上山城失敗後，直江兼續指揮上杉軍繼續朝著長谷堂城進軍，長谷堂城是最上家本城山形城南部的門戶，一旦長谷堂城被上杉軍攻陷，山形城也遲早不保。好在最上義光的家臣們個個都驍勇善戰，為了保護自家的領地拚死與上杉軍作戰，竟然以寡兵與上杉軍打成拉鋸之勢。

可是，此時的最上家已經是強弩之末了，眼見伊達政宗依然在自家領地內不動如山，最上義光急忙派遣兒子最上義康為使者前往北目城求援，伊達政宗隨後派出留守政景率軍前往山形城增援，但是自己卻依舊停留在北目城之中。讓上杉家、伊達家、最上家都沒有想到的是，「關原戰役」僅僅在九月十五日半天就結束了，德川家康為首的東軍取得了大勝。

九月末，伊達政宗得知了關原戰役的結局，伊達軍士氣大振想要與上杉軍一決勝負。幾乎在同時，上杉景勝與直江兼續也得知了關原戰役西軍敗北之事，自十月一日開始，上杉軍從最上家領地陸續撤軍。

戰後，由於伊達政宗在「慶長出羽戰役」中並沒有做出多大

貢獻，並且在關原戰役期間，伊達政宗還煽動「和賀一揆」在南部家領地作亂，導致原本計劃增援最上家的南部軍不得不返回領地平叛。德川家康拒絕將原本允諾的四十九萬石領地賜給伊達家，只給伊達政宗加封了苅田郡一萬三千石而已。

慶長六年（1601年），作了一輩子死的伊達政宗終於決定消停，認認真真地做一隻德川家的舔狗了。四月，伊達政宗在給德川家康側近今井宗薰的書信之中提到，將來很可能會有人以擁戴羽柴秀賴為名與德川家對抗。與其那樣，不如讓德川家康現在就把秀賴接到德川家內撫養，如果羽柴秀賴真的沒有能力統治日本的話，家康大人就隨便賞賜兩三個分國給秀賴讓其保存羽柴家就好了。

伊達政宗的書信之意，除了向德川家康表達伊達家的忠心外，還間接地認可了德川家君臨日本的地位。要知道，當時的德川家康還不過只是羽柴秀賴的後見人而已，還是羽柴家的家臣，而伊達政宗卻讓德川家康將來隨便賞賜幾個分國給秀賴，故意將二者的地位對調，讓德川家康感到十分舒適。

慶長十八年（1613年），為了與歐洲通商，在得到德川家康的許可之後，伊達政宗派遣家臣支倉常長等人前往歐洲，此即「慶長遣歐使節」。

慶長十九年（1614年），德川家與羽柴家之間爆發了「大坂冬之陣」，伊達政宗率軍前往大坂參陣。德川家與羽柴家和談之後，由於伊達家的忠心，幕府將軍德川秀忠將伊予國的宇和郡

賜給了伊達政宗的庶長子伊達秀宗，建立起了宇和島伊達家。

慶長二十年（1615年）四月，德川家與羽柴家再起爭端，「大阪夏之陣」爆發。五月六日，伊達政宗、本多忠政、松平忠明在道明寺與羽柴家大將後藤基次交戰，儘管後藤基次拚死奮戰，但是羽柴軍還是被幕府軍的車輪戰給拖垮，後藤基次也被伊達家的鐵炮隊擊中身亡。

擊敗後藤基次後，伊達政宗想乘勝追擊攻打在譽田布陣的真田信繁，結果被真田軍擊退。此時幕府軍的另一位大將水野勝成派出使者，表示真田信繁的兵力不多，希望伊達政宗能夠配合其餘幕府軍再度對真田軍發起攻擊，卻被伊達政宗以彈藥不足為藉口拒絕。此外，伊達軍在譽田戰役中不但射殺了水野軍的三名武士，還準備將馬匹與鎧甲當做戰利品帶回，最後在撤退途中被水野勝成伏擊，奪回了馬匹。

正是因為伊達政宗的行為，真田信繁得以在幕府軍面前大搖大擺地返回了大坂城，還在陣前嘲笑幕府軍道：「關東武者百萬，卻無一人是男兒。」

五月七日，在天王寺戰役中，從屬水野勝成作戰的神保相茂隊在與明石全登交戰時被伊達軍的鐵炮隊攻擊從而全軍覆沒。戰後神保家家臣向水野勝成、本多正純抗議，但是伊達政宗卻解釋說：「神保軍被敵軍擊潰向我方陣地逃亡，為了避免被潰軍擾亂陣腳，不得已才進行無差別射擊。」

神保軍被伊達軍射殺之事的具體經過不明，但是在大坂之

陣約五十年後創作出的軍記物《難波戰記》中提到，神保軍是在休息時突然遭到伊達軍鐵炮隊的攻擊導致全軍覆沒的。

大坂之陣結束後，伊達政宗一直活到了三代將軍德川家光的時代，並且貫徹了自己的舔狗生涯。當德川家光制定「參勤交代」制度時，許多大名都對此感到不滿，伊達政宗當眾對眾大名錶示：「如果有誰不服從命令，我伊達政宗將會親自討伐他。」

寬永十一年（1634年）五月二十四日，伊達政宗因病去世，享年七十歲，伊達家作為幕府的仙台藩藩主，一直存續到了幕末。

附錄

伊達政宗的「獨眼龍」形象來源

在通說裡伊達政宗小時候因為患上了疾病,導致一隻眼失明,他的側近片倉小十郎用小刀將伊達政宗失明的眼睛切除,並送給他一個眼罩,在此之後,伊達政宗不再因為一隻眼失明而喪氣,反而化悲憤為動力,成為席捲陸奧國的戰國名將,被後人評價為是早生十年(也有保守的說二十年)就可以奪取天下的人。

不過,從戰國時代的史料來看,並沒有記載說伊達政宗是一個帶著眼罩的獨眼龍,而從對伊達政宗的遺骨發掘來看,伊達政宗的頭骨也沒有摘過眼球的痕跡。

實際上,伊達政宗的「戴著眼罩的獨眼龍」形象,完全是後世日本人的人為創作,伊達政宗第一次被稱為「獨眼龍」,是因為江戶時代中後期的儒學家賴山陽。賴山陽喜歡中國的文化,喜歡儒學和史學,在一次寫詩時,將伊達政宗與五代十國的名將李克用相提並論,表示伊達政宗是像獨眼龍李克用那樣的名將。

賴山陽是《日本外史》的作者，他的學生們也都是比較有名的漢學大儒，因此賴山陽所寫的漢詩久而久之，就被人們接受了，伊達政宗就這麼莫名其妙地「被瞎了一隻眼」。

到了昭和時代，伊達政宗的形象在藝術舞臺上逐漸活躍起來。1942年時，日本拍攝了一部電影《獨眼龍政宗》，其中的伊達政宗便是以戴著眼罩的形象出現的。不過，在這之後，伊達政宗的藝術形象，很多都是「睜一隻眼閉一隻眼」的獨眼龍，而不是「戴著眼罩的獨眼龍」。

然而，1987年，NHK電視臺拍攝了大河劇《獨眼龍政宗》，原本劇組準備讓主演渡邊謙睜一隻眼閉一隻眼演「獨眼龍」，但是因為每次拍攝都要閉眼，對演員來說過於困難，最終決定採用眼罩，緩解演員的壓力。就是從大河劇《獨眼龍政宗》開始，伊達政宗的「帶著眼罩的獨眼龍」形象，正式成為定說。

即便伊達政宗真的是獨眼龍，在他的遺骨上也沒有發現動手術的痕跡，至於片倉小十郎幫伊達政宗切眼球的逸話，還有伊達政宗自己切眼球的版本，根本不足為信。所以，綜合來說，伊達政宗的戴眼罩的獨眼龍形象，實際上是後世的創作。

在伊達政宗的敵人佐竹家的記載裡，伊達政宗是一個用白布遮著眼睛的武將，所以伊達政宗可能確實患有眼疾，但是肯定是不會到戴眼罩這麼潮的地步的。

西國篇

細川家

東軍主將細川勝元

在室町幕府時代，幕府的長官是足利家家督出任的「征夷大將軍」，而幕府內部的次官，則是由足利氏一族出任的「管領」。

最早在室町幕府的初代將軍足利尊氏出任征夷大將軍期間，足利家的家宰高氏一族的高師直便出任幕府的「執事」，協助將軍處理政務。後來，「執事」被改稱為「管領」，並且這一職位被足利氏庶流細川京兆家、畠山金吾家、斯波武衛家三家大名壟斷，這三家也被稱為「三管領」。當日本進入戰國時代時，幕府的管領正是由「三管領」之一的細川勝元出任。

細川勝元出生於永享二年（1430 年），其父細川持之為細川京兆家家督，身兼攝津國、丹波國、贊岐國、土佐國四國守護，母親則是侍所所司、出雲國、隱岐國、飛驒國三國守護京極高光之女。從出身來看的話，說細川勝元是含著金鑰匙出生的也不為過。

細川勝元的小名為「聰明丸」，這是細川京兆家嫡流代代相傳的小名。嘉吉元年（1441 年）時，室町幕府的六代將軍足利義

教在宴會上被家臣赤松滿祐、赤松教康父子刺殺，細川勝元的父親細川持之因為陪同將軍赴宴，因而也負了傷。將軍死後，細川持之主導幕政，擁戴足利義教之子千也茶丸為主，將赤松家討伐。可惜的是，細川持之在次年就因為傷重引發併發症去世，年僅四十三歲。

細川勝元在十一歲時元服，從將軍足利義勝（千也茶丸）處獲賜偏諱，取名細川勝元。父親去世時細川勝元年僅十三歲，好在細川氏一族在當時的日本聲勢顯赫，除了細川氏的一門總領細川京兆家外，還有庶流阿波守護家、淡路守護家、和泉上守護家、和泉下守護家、備中守護家等等庶流拱衛，是當時日本最強勢的家族。除此以外，細川勝元的叔叔細川持賢沒有像其他守護家族那樣，欺侮姪子年少謀求家督之位，而是作為細川勝元的後見人支持著他。此後，細川持賢一族便開創了「細川典廄家」的家業，成為細川京兆家的世代宿老。

文安二年（1445年）十六歲的細川勝元出任幕府管領，兩年之後，細川勝元迎娶了山名宗全的養女，與山名家締結了姻親關係。山名家同細川勝元母親出身的京極家一樣，也是具有出任侍所所司資格的家族，尤其是在討伐赤松家以後，山名氏一族更是占據了赤松家舊領，成為實力僅次於細川氏的家族。兩家的結盟，讓細川勝元成為日本僅次於幕府將軍的最年輕又最有權勢的武士。

出任幕府管領的細川勝元一點都不好惹，為了打壓另外一

西國篇

個「三管領」畠山金吾家家督畠山持國的勢力,細川勝元本「著兩個凡是」的精神——凡是畠山持國支持的細川家就反對,凡是畠山持國反對的細川家就支持,在各地掀起了戰亂。例如畠山持國支持大和國的越智家榮,細川勝元就轉而支持越智家榮的對手成身院光宣;畠山持國早年曾立弟弟畠山持富為繼承人,兒子出生後又轉而立兒子畠山義就為繼承人,細川勝元便轉而支持畠山持富及其後裔。

畠山持國死後,畠山持國之子畠山義就與畠山持富之子畠山彌三郎、畠山政長展開了爭奪家督的內戰,細川勝元自然樂得見到畠山家內鬥,在背後推波助瀾,將畠山義就流放。除了畠山家內鬥外,「三管領」中家格最高的斯波武衛家也因為家督絕嗣而出現分裂,武衛家庶流大野斯波家出身的斯波義敏入繼宗家,但是因為與家臣不和、得罪將軍被流放,改由足利氏另外一支庶流涉川氏出身的斯波義廉出任家督。不過這樣一來,大野斯波家以及陸奧國的大崎氏、出羽國的最上氏(都是斯波氏出身)就不幹了,憑什麼讓外姓的人騎在自己的頭上?「三管領」家中武衛家、金吾家的分裂,使得細川京兆家事實上獨占了管領的權勢。

不過,這期間細川勝元與岳父山名宗全的關係卻出現了裂痕,緣由是赤松家的庶流想要復興家族,也就是奪回細川勝元岳父山名宗全麾下的赤松家舊領,而細川氏庶流阿波守護家的家督細川成之則站在了赤松家的一邊,引起了山名宗全的不滿。

細川家

　　這其實並不能怪細川勝元，由於細川京兆家和山名家結盟後的勢力過於強大，引起了將軍足利義政的警惕，足利義政便透過抬高阿波守護家的地位來制衡細川京兆家，導致阿波守護家經常與總領對立，聽調不聽宣。除此以外，將軍足利義政和政所執事伊勢貞親為了打壓守護家族的勢力，無視斯波家重臣以及山名家（山名家與斯波義廉有婚約）的抗議，廢掉了斯波義廉的家督之位，召回了被流放的斯波義敏回歸武衛家。同時，足利義政和伊勢貞親還赦免了與細川勝元爭奪伊予國霸權的大內政弘，表明了態度就是要打壓細川家與山名家。

　　文正元年（1466年）九月，細川勝元與山名宗全一同發動政變，擁戴足利義政的弟弟足利義視為主，流放了伊勢貞親。與通說中不一樣的是，山名宗全從始至終都是足利義視的堅定支持者，他迫切地希望足利義視能夠出任幕府將軍，抬高山名家的地位，可是細川勝元在流放伊勢貞親以後卻讓將軍足利義政復權，與山名宗全的計畫背道而馳，引起了山名家的不滿。

　　十二月，山名宗全與稱霸了大和國、河內國的畠山義就結盟，號召畠山義就上洛。次年（文正二年，應仁元年，1467年）正月，畠山義就與時任管領的畠山政長在京都的御靈神社展開戰役，足利義政知道畠山義就與畠山政長背後的支持者分別是山名宗全與細川勝元，為了避免守護大名捲入內亂，幕府下令任何大名不得插手畠山家的戰爭。

　　細川勝元非常老實地遵守了幕府的命令，而山名宗全就不

一樣了,他派遣女婿斯波義廉麾下大將朝倉孝景前往御靈神社支援畠山義就。儘管在援軍到來以前,畠山義就就擊敗了畠山政長,但是山名宗全不惜違背幕府命令也要支援盟友的做法與細川勝元的見死不救形成了鮮明的對比,導致御靈戰役以後細川勝元被世人們嘲笑為「背棄盟友的膽小鬼」。前文有提到過,細川勝元是含著金鑰匙出生的貴公子,在叔父的庇佑下,從小到大一路順風順水,哪裡受過這樣的委屈,他自然忍受不了罵名,決定要發起報復。

三月,朝廷認為「文正」這個年號又是政變又是內戰的,不大吉利,便下旨改元「應仁」,結果僅僅在改元的兩個月後,日本發生了更大的戰亂——被後人稱為日本戰國時代開端的「應仁·文明之亂」。

五月,細川勝元與畠山政長、斯波義敏、赤松政則等大名組成同盟,發兵包圍了將軍的御所「花之御所」,將天皇遷移至御所中,控制了幕府將軍與天皇,隨後對山名宗全、畠山義就、斯波義廉發起反擊,應仁之亂爆發。由於細川勝元的本陣在京都東邊,而山名宗全的本陣在西邊,所以兩軍也被稱為東軍與西軍。

應仁之亂早期,山名宗全猝不及防,被東軍打得節節敗退。好在進入八月以後,與細川京兆家對立的大內政弘率軍上洛加入西軍,一舉扭轉了戰局。大內家擁有周防國、長門國、豐前國、築前國四國守護職役,在北九州、瀨戶內海西部擁有

強大的勢力，長年與細川京兆家爭奪著與明朝的「勘合貿易權」以及瀨戶內海霸權，大內軍的抵達，使得「應仁之亂」陷入了僵局，變成了一場曠日持久的大戰亂。

與猛將山名宗全相比，細川勝元更長於調略與詭計。為了打擊西軍的力量，細川勝元重用侍所所司代多賀高忠麾下的潑皮無賴骨皮道賢，任命他為足輕大將，率領一批由流氓、市民組成的足輕在西軍陣地附近騷擾作戰。文明元年（1469年），細川勝元以備後國、安藝國、山城國守護職收買了山名宗全的次子山名是豐，命其奪取攝津國切斷大內軍的補給路線，隨後又不斷地調略山名氏一族的家臣，企圖瓦解山名氏的領國。隨後細川勝元又煽動大內氏一族的大內教幸在大內家的領國掀起內戰，攪亂了大內軍的根據地。

不僅如此，文明三年（1471年）時細川勝元以越前國守護職位條件調略了西軍猛將朝倉孝景，命其返回越前國作戰。攝津國的兵庫津與越前國的若狹灣都是西軍補給線的命根子所在，這兩處地域落入東軍手中，讓東軍在應仁之亂中占據上風，最終取勝。

然而，長年的戰事與陰謀逐漸拖垮了細川勝元的身體。文明五年（1473年）三月，年邁的山名宗全在內憂外患的情況下病故，兩個月後細川勝元也追隨著岳父的後塵去世，年僅四十四歲。雖然細川勝元去世時應仁之亂仍在繼續，但是靠著細川勝元的計謀，東軍已經奠定了勝局。

西國篇

　　細川勝元去世後，細川京兆家家督由細川勝元的嫡子聰明丸（細川政元）繼承，那麼在細川政元的領導下，應仁之亂的走向以及細川京兆家的未來又將走向何方呢？

「半將軍」細川政元

　　細川政元出生於文正元年（1466年），父親是「三管領」之一細川勝元，母親則是山名熙貴之女、山名宗全的養女。因為這層關係，細川政元出生後就被冠以「聰明丸」小名，這是細川京兆家家督代代相傳的名字，宣示著細川政元的繼承人身分。

　　細川政元出生的第二年，也就是應仁元年（1467年），應仁・文明之亂爆發。細川政元的外祖父山名宗全組建了西軍與其父親細川勝元組建的東軍在京都展開激戰，由於細川家與山名家陷入戰爭的緣故，細川勝元廢掉了細川政元的繼承人之位，迎接了細川野州家的細川勝之為猶子，準備將其立為繼承人。

　　不過，隨著應仁之亂的推進，原本是盟友的山名家與細川家逐漸厭惡了戰爭。為了與西軍主力山名家議和，細川政元再度被立為了細川家的繼承人，向山名家示好，山名家隨即也開始準備與細川家和談，山名宗全退位隱居，將家督讓給孫子山名政豐。

　　文明五年（1473年），山名宗全與細川勝元相繼去世，細川政元正式繼承了家督之位，年僅八歲而已。按照前例，由細川

典廄家的家督細川政國輔佐他處理政務。次年，山名家與細川家達成和睦，西軍的主將搖身一變加入了東軍，此後西軍的主力便變成了畠山義就與大內政弘。

文明十年（1478年），十三歲的細川政元元服，八代將軍足利義政親自下賜偏諱，這才開始使用細川政元的名字。細川政元的父親細川勝元長於調略，細川政元與父親比起來則是有過之而無不及。

此時應仁之亂雖已結束，但是地方上畠山義就、畠山政長的戰爭仍舊在繼續。畠山政長是父親細川勝元的盟友，但是其軍事能力卻比畠山義就差了幾個等級，導致畠山政長方雖然占據著大義名分，卻始終無法消滅「朝敵」畠山義就。兩畠山的戰場逐漸由大和國、河內國轉向了京都所在的山城國，為了徵集民夫與兵糧，兩畠山不斷地侵犯山城國的村落與莊園，給當地的住民帶來了巨大的災禍。

文明十七年（1485年）十二月，山城國的民眾們終於忍受不了兩畠山的戰爭，締結了「國人一揆」，驅逐了畠山政長與畠山義就。此後，國一揆不再接受守護的統轄，自己制定了《國中掟法》推行山城國的自治。不過，這次「山城國一揆」表面上看起來是國人眾不堪重負發起的「起義」，實際上國一揆的主要成員「國中三十六人眾」裡的大部分人都是細川京兆家的家臣出身。也就是說，細川政元在幕後操縱著國人們，最終成功地將三管領之一的畠山家的勢力驅逐出了山城國。

西國篇

長享元年（1487年），由於近江國守護六角高賴侵蝕了幕府的「御料所」（直轄領），九代將軍足利義尚決心出陣近江國，討伐六角家。幕府軍的主力由幕府將軍的直轄軍隊「奉公眾」以及細川政元、斯波義寬、富樫政親等守護大名組成。

足利義尚與文化人父親足利義政不一樣，是一個武德充沛幕府的將軍。大概由於以前足利義政處置地方守護軟綿綿的態度，六角高賴一直都不重視幕府的警告，直到幕府組建了討伐軍以後，六角高賴才慌忙地派出使者前往管領細川政元陣中請求調解。細川政元也不想興起戰事，但是幕府將軍的意願也不是自己能夠左右的，因而只能回覆六角家到：「先前多次勸說，你也不聽，如今是自作孽不可活。」

在幕府的攻擊之下，六角高賴很快就放棄了抵抗，流亡甲賀郡。不過，足利義尚為了擺脫父親足利義政、管領細川政元的影響，一直停留在近江國而沒有返回京都，足利義尚所在的「鉤之陣」，也成為了當時室町幕府實際上的行政中心。不過，由於長期出陣在外負擔過重，斯波義寬很快就率領軍隊返回了尾張國，富樫政親也因為領國鬧起一向一揆而撤軍，再加上足利義尚本人沉迷酒色，沒多久就在鉤之陣暴斃而死。

足利義尚去世時只有二十五歲，沒有留下子嗣，室町幕府的將軍之位便空了出來。此時有權繼承幕府將軍位置的，分別是足利義政的兩個姪子——應仁之亂時西軍之主足利義視之子足利義材、堀越公方足利政知之子香嚴院清晃。

細川政元自然是不喜歡曾經細川家的敵人足利義視一系，支持香嚴院清晃繼承將軍之位，但是足利義尚的母親日野富子卻不這麼看。足利義材的母親日野良子是日野富子的親妹妹，日野家代代與足利家聯姻，靠著這層關係成為公卿階層中的一霸，如果讓沒有日野家血統的香嚴院清晃繼承將軍之位的話，就將改變這個傳統。因此，在日野富子的支持下，幕府最終立足利義材為新任幕府將軍。

　　可惜的是，足利義視、足利義材父子根本就不買日野富子的帳，日益驕橫，絲毫不把日野富子放在眼裡。為了打擊足利義材父子，日野富子將已故的足利義尚的住所小川御所讓渡給了香嚴院清晃，在京都引起了軒然大波——日野富子是不是想改立香嚴院清晃為幕府將軍？得知這件事之後的足利義材立即收買了京都的一批地痞無賴，將小川御所砸毀，與日野富子產生了對立。

　　延德三年（1491 年）四月，為了要宣誓自己幕府將軍繼承人的身分，足利義材下令再次出陣近江國，此次響應幕府號召前來的大名多達十餘家，人數遠超前將軍足利義尚時代。足利義材任命細川政元為幕府軍前鋒，又命赤松政則、武田元信為「軍奉行」，負責指揮軍隊。可是，作為前鋒的細川軍在這次出陣中由於孤軍深入一度被六角軍打得大敗，最終靠著赤松政則等人的援軍才挽回敗勢。細川軍的失利讓足利義材產生了「細川政元也不過如此」的錯覺，開始輕視細川京兆家。

西國篇

　　明應二年（1493年）二月十五日，嘗到了出征討伐逆臣甜頭的足利義材決定討伐畠山義就之子畠山基家，率領幕府軍出陣河內國。幕府軍的組成與前次六角征伐時幾乎沒有兩樣，說是幾乎，其實就是少了細川政元為首的細川京兆家。

　　就在足利義材離京後的四月二十二日夜裡，細川政元、日野富子以及伊勢貞宗聯手發動了政變，將香嚴院清晃接到了細川京兆家的宅邸之中，下令廢掉足利義材的將軍之位，擁立香嚴院清晃為新任幕府將軍，也就是足利義澄。

　　「明應政變」發生以後，許多在河內國參陣的大名、奉公眾紛紛離開，返回京都歸降足利義澄與細川政元。足利義材與畠山政長籠城抵抗一番以後，畠山政長自盡而死，足利義材則放下武器投降。

　　細川政元發動政變的理由之一，便是足利義材窮兵黷武，這也從側面反映了當時大名們普遍的厭戰情緒。除了已經討伐成功的六角家、正在討伐的畠山總州家外，足利義材還準備出征越前國，討伐朝倉家。討伐六角家是因為六角家侵占幕府、寺社的領地，這無話可說，可是討伐畠山總州家、朝倉家均是足利義材擅自答應畠山政長、斯波義寬的，這兩家大名在當時實力強勁，即便能被順利討伐，真正獲利的也只有畠山政長和斯波義寬，其餘參陣的大名能夠分到的蛋糕則非常有限，所以大家都不想再打仗了。

　　政變之後的細川政元成為日本炙手可熱的人物，甚至被人

稱為「幕府的半將軍」，可是就在細川京兆家如日中天的時候，卻開始出現了不穩定的現象。

兩細川之亂

細川京兆家的內訌，主要原因是因為家臣們的分裂。在細川勝元時代，細川京兆家的家臣們主要由藥師寺氏、內藤氏、安富氏等譜代家臣組成，可是到了細川政元時期，為了更好地掌握幕政，細川政元吸納了許多幕府奉行人、奉公眾出身的武士為新晉家臣，這些新晉家臣與原本的家臣因為利益不同而出現對立，導致細川京兆家分裂。

除此以外，細川政元長年沉迷於「修驗道」，這是一種結合了日本人對山岳的信仰以及佛教教義的本土宗教，提倡人們在山裡修行。細川政元為了修行，長年不近女色，導致他一直都沒有子嗣。在延德三年（1491年）時，細川政元曾前往修驗道的聖地陸奧國白河參拜，出行前由於擔心意外，細川政元迎接公卿九條政基之子為養子，也就是細川澄之。

不過，公卿出身的細川澄之並不被家臣們看好，細川氏一族也不願意讓沒有細川家血統的人繼承家業。恰好這時候阿波守護家與細川京兆家貌合神離，細川政元便決定迎接阿波守護家出身的人來繼承細川京兆家，以維護細川氏一族的統一。文龜三年（1503年），細川政元迎接阿波守護細川義春之子細川六郎為養子，同年為其舉辦元服禮，從將軍足利義澄處拜領一

字,取名細川澄元。

這下麻煩大了。

眾所周知,細川澄元出身阿波守護家,細川政元之所以選擇他做繼承人就是想利用阿波守護家的影響力制衡日益驕橫的內眾們。反之,對內眾們來說,一旦細川澄元繼承細川京兆家的家督之位,他必然會重用諸如阿波三好氏等阿波守護家家臣,讓這些阿波國眾的勢力滲透進畿內,影響內眾們的利益。

永正四年(1507年)六月二十四日,內眾藥師寺長忠、香西元長指使細川政元的近侍福井四郎、竹田孫七,趁細川政元入浴之時將其刺殺,年僅四十二歲。殺死主君後的藥師寺長忠、香西元長立即擁戴細川澄之為主,同時派兵攻打細川澄元與三好之長。

七月八日,細川澄之從幕府將軍足利義澄處獲得了繼承細川京兆家的許可,但是細川氏一族對此卻並不買帳。前文提到細川氏一族本就不滿細川澄之的公卿血緣,再加上弒主、弒父等被武士所不齒的行為,因而細川氏一族便擁戴細川野州家出身的細川高國為主將,率軍突然包圍了細川澄之在京都的府邸,殺死了細川澄之以及香西元長、藥師寺長忠等有力內眾,隨著支撐細川京兆家的內眾們的衰弱,細川京兆家的政治體制也逐漸走向瓦解。

永正五年(1508年)正月,前將軍足利義尹(即足利義材)在大內軍的擁戴下率軍上洛。此時的細川京兆家雖然解決了細

川澄之等人,但是畿內系家臣與阿波系家臣的衝突依舊存在,細川氏的諸多分家也不滿阿波守護家凌駕於自家之上,便祕密結成了反澄元的派系。

此時細川京兆家內,讓細川高國繼承家督的呼聲非常高,從血緣來說細川高國是細川野州家出身,與細川政元血緣最近,從功績上來說,細川高國又是討伐了弒父、弒主的細川澄之的功臣。在這樣的情況下,細川高國被細川氏一門眾擁戴為一門總領,隨後他驅逐了幕府將軍足利義澄與細川澄元,再與上洛的大內義興結盟,迎接足利義尹返回京都復任將軍。足利義尹對此也非常高興,下令讓細川高國以細川政元養子的形式繼承細川京兆家。

永正八年(1511年)六月,返回阿波國的細川澄元拉攏了細川典廐家、和泉上守護家、淡路守護家等細川氏庶流以及播磨、備前、美作三國守護赤松義村、畠山總州家家督畠山義英(畠山義就之孫),宣布舉兵上洛,擁戴前將軍足利義澄討伐足利義尹為首的逆臣。在澄元軍的攻擊之下,攝津國、和泉國的高國軍節節敗退,河內國的畠山尚順(總州家,畠山政長之子)也被畠山義英擊敗,足利義尹、大內義興、細川高國不得不率領軍隊暫避鋒芒,放棄京都退入丹波國。

然而就在形式對細川澄元一片大好之際,前將軍足利義澄卻突然暴斃,導致澄元軍失去了大義旗幟,士氣低落,在船岡山之戰一戰中被高國軍擊敗,主將細川典廐家家督細川政賢戰

死，足利義尹、細川高國等人再度奪回了京都。不過，足利義尹一派也並非是鐵板一塊，例如細川京兆家與周防大內家歷來都因為勘合貿易、瀨戶內海霸權鬧得不可開交，足利義尹上洛後細川高國雖與大內義興結盟，但是兩家的衝突依舊存在。

永正十五年（1518年），大內義興率領軍隊返回領國，自永正五年上洛以來，大內軍在京長達十年，錯過了在地方上發展勢力的黃金時期。在這期間出雲國的尼子經久、安藝國的武田元繁等戰國大名紛紛崛起，威脅到了大內家在西國的霸主地位，因而大內義興才決定要返回領國經營大內家的領地。

次年，得知大內義興返回領國後，細川澄元決定再度派遣重臣三好之長率領軍勢上洛。失去大內軍支持的細川高國自認為無法抵禦澄元軍，便決定退往近江國投靠六角家，然而將軍足利義稙（足利義尹改名）卻拒絕退往近江國，而是暗地裡偷偷與細川澄元結盟，迎接澄元軍上洛。

然而，這一次上洛的澄元軍遇到了和「船岡山之戰」時的澄元軍一樣的困境，那就是原本應該是主將的細川澄元居然仍然宅在阿波國。不出意外的，三好之長上洛時得到各方支援，軍勢達到兩萬人，但是由於細川澄元紋絲不動，導致京畿的國眾們認為澄元軍沒有長期留在京都的打算，紛紛帶著部隊開了小差。

不久之後，細川高國在六角定賴的支援下率軍反攻，總勢達到了四、五萬人，而三好之長這邊卻只剩下約五千人左右的

軍勢,根本就不是高國軍的對手。澄元軍戰敗後,三好之長因為年邁再加上過於肥胖無法突圍,便躲進了足利義稙妹妹所在的曇花院之中,高國軍隨後率軍包圍了曇花院,殺死了三好之長以及他的兩個兒子芥川長光、三好長則。

很多人或許對細川澄元的舉動感到不解,但是說句公道話,這一次細川澄元沒有上洛並不是因為他宅,而是因為他快不行了。細川澄元的身體一直都不大好,在三好之長上洛後,細川澄元就一直臥病在床,得知三好之長戰敗身死以後,病入膏肓的細川澄元急火攻心,一命嗚呼,年僅三十二歲。

另外一邊,返回京都的細川高國與幕府將軍足利義稙的關係變得十分微妙。雖然足利義稙在三好之長上洛時背叛過自己,但是足利義稙沒有子嗣,眼下除了足利義稙以外,有權繼承幕府將軍之位的只有在阿波守護家庇護下的足利義維以及在播磨赤松家庇護下的足利義晴。這兩個家族都站在細川高國的對立面,自然不可能將將軍繼承人送到高國手中,因而細川高國能夠擁戴的主公,除了足利義稙外別無他選。

大永元年(1521年)三月七日,足利義稙與細川高國再次對立,帶著側近們離開京都前往淡路國。足利義稙認為細川高國沒有選擇,一定會向自己妥協,宣誓效忠,結果沒想到細川高國早就在背地裡透過赤松家重臣浦上村宗的關係與赤松家修好,隨後細川高國將足利義晴從赤松家接到京都,擁立其為新任幕府將軍。

此後的細川高國藉助六角家、赤松家的支持，在京畿權勢滔天，大有復興細川京兆家的跡象。不過，讓細川高國沒有想到的是，戰敗後一直韜光養晦的阿波守護家，很快就要再次捲土重來了。

細川家的衰亡

細川澄元、三好之長死去時，澄元之子晴元只有六歲，繼承三好家的三好之長的孫子三好元長只有十九歲，儘管足利義稙前去投靠他們，但是阿波守護家的勢力暫時還是難以與細川高國抗衡。

大永六年（1526年），細川高國突然殺死了重臣香西元盛，自毀長城的細川高國給了阿波守護家一個介入京畿局勢的好機會。勞苦功高的香西元盛蒙受不白之冤而死，讓丹波國的國眾們對細川高國感到心寒，便紛紛向阿波國的細川晴元表示忠心。香西元盛的義兄波多野元清、弟弟柳本賢治更是在丹波國的八上城、神尾山城舉兵，要與細川高國決一死戰。

十二月十三日，細川晴元、三好元長響應丹波國眾的請求，派遣三好勝長、三好政長率軍渡海，於堺港登陸，沒多久丹波國、攝津國就都落入了細川晴元的手中。為此，細川高國不得不親自出戰，他向播磨赤松家、若狹武田家、越前朝倉家與近江六角家派去了使者，請求盟友派遣援軍。然而除了若狹武田家派出兩千援軍以外，其餘三家均不想與勢頭正盛的晴元

軍交戰，便都作壁上觀。

大永七年（1527年）二月十三日，高國軍與晴元軍在桂川交戰，雙方都押上了全部底牌，最終失去大部分家臣支持的細川高國戰敗，逃回了京都。次日，細川高國帶著幕府將軍足利義晴流亡近江國，許多幕府的奉行人、評定眾也隨著將軍一起離開，室町幕府實質上停止了運作。

二月二十二日，細川晴元、三好元長擁戴足利義稙養子足利義維渡海進入堺港，由於細川晴元方的勢力在瓜分細川高國領地時侵占了不少寺院的領地，導致朝廷對他們有些不滿，剛繼位不久的後奈良天皇一度拒絕了足利義維的任官申請。不過，最終朝廷還是讓足利義維敘任從五位下左馬頭，授予其開設陣儀的許可，讓他成為事實上的將軍繼承人。

九月中旬，細川高國終於說服了朝倉家與六角家，三家組成了一支共五萬四千人的軍勢反攻上洛，晴元軍一方的人數則比高國軍少得要多，主力分別是三好元長與畠山總州家家督畠山義堯二人率領的軍勢。高國軍先是擊敗了畠山義堯的軍勢，但是另外一邊三好元長率領的阿波國眾卻擊敗了朝倉軍，扭轉了敗勢，兩方在京都陷入了對峙的局面。在此期間六角軍、朝倉軍不願長期在京紛紛退卻，細川高國也只能返回了近江國，而晴元軍一方，由於柳本賢治的讒言，三好元長也率軍離開了陣地。

此後的細川高國依舊在為重返京都而四處奔波，他先與伊

賀國守護仁木氏以及伊勢國國司北畠氏交涉，希望兩家派出軍隊支援自己，在被兩家拒絕以後，細川高國又渡海前往出雲國，想說服當時如日中天的尼子經久率軍上洛，不過也被尼子經久給拒絕了。最終，細川高國流落到了備前國，依靠備前國守護代浦上村宗。浦上家雖是赤松家家臣，但是早已有了下克上的傾向，浦上村宗正好也想借這個機會統一赤松家內的各個派系，便同意了細川高國的上洛請求。

享祿三年（1530年）六月，浦上村宗與細川高國一同侵入了播磨國，由於晴元軍派來的主將柳本賢治被二人派出的刺客刺殺，播磨國落入浦上村宗與細川高國手中，二人隨後立即侵入了攝津國，奪取了多座晴元方的城池。

此時的細川晴元沒有選擇，他一邊與三好元長交涉，解釋先前的事情都是柳本賢治的讒言，請求三好元長不計前嫌派出軍隊，而後又與赤松家的家督赤松政村聯繫，希望赤松政村能夠號召赤松家家臣起兵討伐浦上村宗。

三好元長收到細川晴元書信時已經在阿波國，見主君言辭懇切，他便立即率軍渡海抵達攝津國，果然在此地阻擋住了浦上・高國軍的攻勢。恰好在這個時候，赤松政村加入了晴元軍的消息傳到了浦上・高國軍的陣地之中，得知後路被抄的浦上・高國軍士兵士氣大跌，三好元長隨後下令發起總攻，浦上村宗不知所蹤，細川高國則戰敗自盡。

隨著細川高國之死，持續了數十年的「兩細川之亂」才算告

一段落。然而在這個時候，由於細川高國、細川澄元等人的內訌，使得無論是細川京兆家還是室町幕府，都開始出現了崩壞的局面，室町幕府的真正衰弱時期，其實正是這段時期而不是戰國時代前期。

另外一方面，此時的細川晴元雖然統一了細川京兆家，但是畿內的對峙依舊存在，足利義維所在的「堺幕府」與足利義晴所在的近江國形成了對立的局面，而「堺幕府」內部也出現了許多衝突。當然，「堺幕府」內部的最主要衝突還是老生常談的阿波眾與畿內眾的對立，只是這一次，進入京畿後的細川晴元以細川京兆家家督的立場站在了畿內眾的一方。

在這期間，由於被稱為「堺大樹」的足利義維支持阿波眾，細川晴元便決定與近江國的足利義晴和談，改為擁立足利義晴為主。與足利義維相比，當時足利義晴是各地大名普遍認可的正統的幕府將軍，而足利義晴的政權在細川高國死後，「管領」一職也出現了空缺，因此各有所需的雙方一拍即合，締結了盟約。

為了對付阿波眾的主力三好元長，細川晴元不惜煽動一向一揆攻擊三好軍，逼迫三好元長自盡。可是在三好元長死後，一向一揆逐漸失控，細川晴元又開始煽動法華宗、天台宗、臨濟宗等宗派攻擊一向宗，等到法華宗崛起以後，細川晴元又與天台宗一同鎮壓法華宗的勢力。細川晴元這種透過引發更大的麻煩來解決眼下麻煩的做法，讓京畿陷入了一片混亂之中，從

西國篇

此以後法華宗、一向宗、天台宗等宗教勢力開始左右京畿的武家鬥爭，直到織田信長時期方才被平定。

除此以外，被細川晴元害死的三好元長之子三好長慶也在暗處蓄勢待發，三好長慶有著阿波守護家的支持，以細川晴元家臣的身分在畿內不斷地擴張著勢力。到了天文十七年（1548年）時，擁有足夠力量的三好長慶終於對細川晴元舉起反旗，奉細川高國的養子細川氏綱為主，將細川晴元驅逐出了京都。

此後，細川晴元雖然一直與三好長慶交戰，但是三好長慶與父親三好元長不同，他將三好家的根據地從阿波國遷到了攝津國，做好了在京畿扎根的打算，因而細川晴元根本沒有能力能夠阻擋日益崛起的三好家。

永祿四年（1561年），由於三好長慶的弟弟三好元長去世，細川晴元與畠山高政（尾州家）、六角義賢一同舉兵與三好長慶敵對，但是晴元軍很快就被三好軍擊敗，細川晴元也被迫前往攝津國的普門寺隱居，於兩年後去世。曾經在京畿隻手遮天的細川京兆家，自細川政元死後就開始內亂不斷，到細川晴元時代，更是被阿波三好家取代，細川京兆家也逐漸被歷史的潮流給吞沒了。

值得一提的是，在戰國時代後期活躍於安土·桃山政權中的細川藤孝一系的細川家，出自細川京兆家的庶流和泉上守護家，在他們的努力下，細川一族的傳奇仍舊在繼續。

大內家

大內家的先祖

　　大內氏原本是朝鮮古代的百濟國國王的後裔，最早以「多多良」為自家姓氏。後來多多良氏在周防國吉敷郡的大內村扎根，便改稱「大內氏」。大內氏在平安時代成為周防國的國衙官人，累積了不小的勢力，鎌倉幕府建立以後，大內氏又成為了幕府的御家人，成為了當地的一方霸主。

　　等到日本進入南北朝時代以後，大內家嫡系的大內弘世卻加入了反室町幕府的一方，成為了足利直冬的郎黨。在此期間，大內弘世相繼消滅了幕府方的周防國守護大內弘直（鷲頭大內家）、長門國守護厚東義武，成為兩國的實際支配者。不久後，大內弘世就被室町幕府以正式的周防國、長門國守護職收買，加入了幕府的一方，成為戰國時代大內家的祖先。

　　當時，室町幕府為了平定九州，派遣了重臣今川貞世前往九州出任「九州探題」，並讓大內弘世的嫡子義弘迎娶了今川貞世的弟弟今川仲秋的女兒，以大內、今川兩家作為平定九州的主力。不過，大內弘世在九州期間曾與今川貞世發生衝突，

率部返回了領地,而嫡子大內義弘則反對父親的做法,父子二人也產生了衝突。這讓大內弘世有了廢嫡的打算,想要立義弘的弟弟滿弘為繼承人,使得大內義弘、滿弘兄弟在領地內大打出手。

大內義弘被後人稱為「古今無雙之名將」,十分驍勇善戰,大內家的內戰最終以大內義弘的全面勝利而告終。後來,大內義弘相繼又因為戰功受封和泉國、紀伊國的守護職役,成為室町幕府裡最具實力的大名之一。可是,大內義弘同時也有著極為高傲的弱點,當幕府將軍足利義滿下令各地大名支援修築北山別墅時,大內義弘只派出了一人前往將軍處表示大內家乃是武士出身,只知道以弓矢為業,不懂土木工程,十分不給將軍面子。雙方的衝突越來越深以後,大內義弘便串通關東鎌倉府的「關東公方」足利氏滿掀起反旗,最終被將軍足利義滿討伐。

大內義弘去世後,足利義滿任命大內義弘的弟弟大內弘茂為新任家督返回周防國、長門國,但是大內義弘的另一個弟弟、在領地內留守的大內盛見卻拒絕承認大內弘茂的家督之位,與其發生戰爭。最終,大內盛見平定了弘茂一黨,逼迫幕府承認自己的家督之位,還受封周防、長門、豐前、築前四國守護頭銜。大內盛見十分傾心於漢學與禪學,為大內家後來的風雅打下了一定的基礎。此外,他對哥哥大內義弘也非常有感情,早早就向幕府申請希望將周防國、長門國守護職役賜給姪子大內持世、持盛兄弟。傳說大內盛見擔心自己的孩子將來會

爭奪大內家家督之位，曾想假裝不小心把兩個孩子教幸、教弘給丟進河中淹死，最終被人救上。

遺憾的是，永享三年（1431年）六月二十八日，大內盛見在出兵九州期間遭到少弐氏的突襲戰死，享年五十六歲。大內盛見去世以後，姪子大內持世、持盛也開始了爭奪家督之位的戰爭，大內持盛甚至與早年奪嫡失敗的大內滿弘之子大內滿世結盟，想要突襲殺死哥哥持世。最終在幕府的介入下，大內持世取得了石見國、安藝國國眾的支持，平定了大內持盛、滿世的叛亂。

然而，大內家的家督彷彿遭到了詛咒一般，從二代家督大內義弘開始，大內家就鮮少有善終的家督。大內持世本算是治世之大名，可以和平地過完一生，但是他卻在嘉吉元年（1441年）六月同幕府將軍足利義教一同前往赤松滿祐家中赴宴。結果在這場鴻門宴上，赤松滿祐殺死了幕府將軍足利義教，坐在義教身邊的大內持世也受到波及身受重傷，逃回家中不久以後便傷重而死。

因為大內持世沒有子嗣，便以大內盛見之子大內教弘為繼承人。大內教弘積極地發展對外走私貿易，甚至私下裡與倭寇都有往來，賺取了非常多的錢財。當時四國島的伊予國發生戰亂，讚岐國守護細川勝元出兵攻打了原伊予國守護河野通春，因為河野家與大內家有著姻親關係，所以河野通春便向大內教弘求援。

西國篇

不過,細川勝元同時也是室町幕府的副職「管領」,在他的運作下,幕府將軍足利義政給大內家送來書信,命令大內教弘出兵討伐河野通春。在命令無效以後,幕府決定派遣大內教弘的庶兄教幸在安藝國國眾毛利興元、小早川熙平、吉川元經的支援下返回周防、長門,同大內教弘爭奪家督之位。大內教弘為了先發制人,派遣重臣陶弘正出兵安藝國,自己則率領大軍前往伊予國作戰。結果天不遂人願,陶弘正在安藝國戰敗身死,大內教弘也在出兵期間染上惡疾,不久就在軍營中病逝,享年四十六歲。大內家的家督由大內教弘的嫡子、年僅二十歲的大內政弘繼承。

讓所有人都沒有想到的是,大內政弘是一個不輸給父祖的猛將。繼承家督以後,大內政弘率軍轉戰伊予國,並且連戰連捷,同河野通春一起打得細川家生活不能自理。最後,在細川勝元的要求下,幕府將軍足利義政下令命各國勢力討伐大內政弘。可是,誰願意為了一紙文書去招惹大內政弘這個猛男呢?此事最終也不了了之,因為在京都發生了一場更大、更驚人的戰亂。

大內政弘時代

應仁元年(1467年),室町幕府的重臣細川勝元與山名宗全的衝突激化,兩家各自拉攏了不同的勢力在京都大打出手,是為「應仁・文明之亂」。大內政弘是西軍主將山名宗全的女婿,

自然成為了山名宗全的拉攏對象。接到岳父的請求後，大內政弘在周防國山口點起兩萬大軍，分別乘坐五百餘艘戰船前往京都。

大內政弘上洛以後，逆轉了京都的形勢，讓一度陷入下風的西軍重新掌握住了戰場的主動權。為此，東軍主將細川勝元只得使出渾身解數，騷擾大內政弘的後方。十月十六日，大內軍的補給基地兵庫遭到東軍的襲擊，導致瀨戶內海的糧道被切斷。此外，細川勝元還拉攏了留守老家的大內政弘的伯父大內教幸，鼓動教幸在領地內掀起叛亂。

當時大內家留守周防國的筆頭家臣乃是不到二十歲的陶弘護，大內教幸欺侮陶弘護年少，拉攏了許多國人作亂，想要奪取大內家的控制權。然而，陶弘護雖然年輕，但政治手腕和軍事才能卻不輸給老臣們。在陶弘護的奮戰下，各地從屬大內教幸的國眾相繼被剿滅，大內教幸也被陶弘護給驅逐。

當陶弘護給京都送去自己已經平定大內教幸之亂的消息時，大內政弘一方面感到十分欣喜，另一方面也對陶弘護的才能感到不安。在應仁之亂早期，戰場主舞臺還是屬於室町幕府麾下的各個守護的，然而隨著戰亂的加深，守護代階層逐漸取代了守護的地位，成為戰場的主角。比如赤松家的守護代浦上一族、斯波家的守護代朝倉一族、織田一族以及土岐家的守護代齋藤一族。

文明五年（1473年）三月，西軍主將山名宗全去世。兩個月

西國篇

後，東軍主將細川勝元也積勞成疾因病逝世。隨著雙方主將的去世，「應仁之亂」逐漸進入了一個新的階段。次年四月，山名宗全的孫子山名政豐帶領著山名一族脫離西軍，向東軍投降。山名一族投降後，在西軍內有著最強實力的大內政弘成為了新的西軍主將。不過，長期在外遠征也讓大內家自上而下疲憊不堪，應仁之亂的結束只是時間問題。

文明九年（1477年），在東軍的調略之下，大內政弘以歸降東軍的形勢結束了「應仁之亂」。作為回報，大內政弘獲得了周防、長門、豐前、築前四國守護職頭銜以及石見國仁廣郡、安藝國西條等地為領地。

雖然大內政弘丟了面子，但是卻贏得了裡子。在京都賺得盆滿缽滿的大內政弘很快就率領軍隊宛如凱旋一樣返回大內家領地，臨走前還給大御所足利義政、義政的老婆日野富子、現將軍足利義尚以及蜷川親元等幕臣獻上了不少的錢財。

為了防止被在瀨戶內海有著強大實力的細川家的年輕人偷襲，大內軍並不從瀨戶內海啟航，而是從日本海一側的若狹國小浜登船返回領地。

大內政弘是一個道地道地的武士，他的一生除了征戰就是征戰。才剛返回領地不久，大內政弘便馬不停蹄地對北九州發起戰爭，以守護的名義恢復在戰亂期間失去控制的豐前國、築前國等地。然而在此期間，大內家卻發生了一件驚天大事。

文明十四年（1482年）五月，周防國守護代陶弘護在大內

家的根據地山口館奉公時,突然遭到石見國國人吉見信賴的襲擊,當場身上被捅了七八個透明窟窿。而吉見信賴則被恰好和陶弘護一同在辦公室喝茶打發時間的長門國守護代內藤弘矩殺死。

經過調查,大內家對外公布了這次事件乃是因私復仇的結論。原來,吉見信賴和同為石見國國人的益田兼堯有著領地衝突,但是益田兼堯因為是陶弘護的老丈人,所以陶弘護在這件事上包庇了自己的岳父。

此外,在大內教幸之亂時。陶弘護曾經給東軍一方的吉見信賴的老爸吉見成賴去信,表示自己想擁立大內教幸之子嘉嘉丸為新任大內家家督,希望吉見信賴向將軍足利義政、管領細川勝元申請正式任命的文書。結果大家都知道,所謂投靠東軍其實只是陶弘護的障眼法,他趁著大內教幸的支持者麻痺大意之際,一舉平定了大內教幸的叛亂。但是,陶弘護的做法無異於涮了吉見成賴一把,因此吉見信賴才對其抱有這麼大的恨意。

不過,大內家的公告自然是沒有人相信的。畢竟吉見信賴當場就被捅死了,你們又是怎麼知道這麼多內情的?更多的證據表明,殺死陶弘護的真正幕後黑手其實就是大內家的家督大內政弘,吉見信賴只是大內政弘的工具而已,事成之後便被內藤弘矩給滅了口。理由有三:其一,大內政弘在陶弘護死後立即發兵攻打吉見家,但是也只是虛張聲勢而已。不久後大內政弘便撤軍回國,同時還強制命令仍然在戰場上的益田兼堯退

兵。其二，吉見信賴殺死陶弘護時用的短刀「鵜噬」在事後被大內政弘沒收，但是不久之後又被大內政弘賜給了吉見信賴的老爸吉見成賴。其三，吉見一族在此後擺脫了國眾的地位，轉而成為大內家的重臣，吉見一族的勢力也越來越大。

綜上所述，你要是和我說大內政弘是無辜的，那我也沒辦法。可是，大內政弘為什麼要殺死陶弘護呢？說到底，還是「應仁之亂」的餘波引起的。

在「應仁之亂」期間，在地留守的守護代陶弘護的崛起本就讓長期在京的大內政弘感到不安。另外，當時為了平定大內教幸之亂，陶弘護從九州徵調了許多豐前國、築前國的國眾前來周防國、長門國作戰，但是國眾們長期在外征戰經濟壓力實在過大，陶弘護便下令將周防國、長門國內的寺院和神社的領地給「半濟」了，也就是將寺社領地收入的一半，交給九州國眾們作為在周防、長門作戰的軍費。

周防、長門的寺社與大內家都有著千絲萬縷的聯繫，許多寺社的收入其實都是直接進了大內家的口袋的，這讓大內政弘感到十分不滿。不過畢竟是在戰時，大內政弘只能追認陶弘護的「半濟令」。從「追認」這兩個字就可以看出，陶弘護頒布「半濟令」時壓根就沒和大內政弘商量過。等到「應仁之亂」結束以後，大內政弘返回了周防國，但是「半濟令」的廢止卻十分艱難。拿了陶弘護好處的九州國眾和陶弘護眉來眼去，陶弘護則認為大內政弘出兵九州仍需要豐前、築前國人的支持，主張繼

續將防長的寺社領地「半濟」給九州國眾們。

再這樣下去，只怕大內家被陶弘護給下克上只是時間問題。大內政弘只好忍痛割愛，揮淚導演了一齣「因私復仇」的鬧劇。陶弘護死後，大內政弘重新制定了大內家的行政制度，規定家中大小事務都必須由家督、守護代階層的「評定眾」以及吏僚階層的「奉行眾」在「評定」會議上商討決議，防止家中再次出現類似陶弘護這樣獨斷專行的權臣。

明應政變中的大內家

同「應仁之亂」以前大內家長期與幕府對立不同，大內政弘自京都返回領地以後，便一直致力於修復大內家與室町幕府的關係。長享元年（1487 年），幕府將軍足利義尚下令討伐近江國的大名六角高賴，大內政弘隨即派出家臣率領先頭部隊上洛支援，自己則在領地內徵集糧草準備親自出征。

不過，此時的大內家因為長年征戰導致財政緊張，大內政弘甚至以割讓大內家直轄領地為條件向地方國眾徵集糧草。此外，用於上洛的船隻也處於不足的狀態，只能向民間租借民船，這又是另一筆開銷。隨著足利義尚在近江國的「鉤之陣」內病逝，本就難以實行的上洛計劃也因此而取消。

令大內政弘沒有想到的是，因為足利義尚沒有子嗣的緣故，幕府決定由足利義尚的堂弟、也就是「應仁之亂」時「西幕府」的將軍足利義視的兒子足利義材出任下一任幕府將軍。在

西國篇

「應仁之亂」期間，大內政弘曾將大內家在京都的別墅貢獻給足利義視作為住所，與足利義視的關係十分親密。

足利義材繼任幕府將軍以後，下令要繼續遵從前將軍足利義尚的計畫親征六角家。對於故人之子的命令，大內政弘絲毫不加猶豫便下令舉兵上洛。然而，因為大內政弘身體狀態不佳的原因，此次大內軍由大內政弘的嫡子大內義興率領，前後總共達到一萬五千人左右。大內義興時年不過十五歲而已，他的母親「今小路」是京都賀茂神社的社家鳥居大路氏出身，也在這次上洛中回到了闊別已久的京都。不知道是不是為了陪母親逛街的緣故，大內義興對遠征近江國不是十分感冒，而是請了病假在京都摸魚。

足利義材的近江征伐戰很快就以幕府方的全面勝利而告終，算是完結了前將軍足利義尚的願望。可是，足利義材是一個十分尚武且好大喜功的將軍，在近江征伐結束後不久，足利義材便在畠山政長的慫恿下決定不解散幕府的軍隊，繼續出兵河內國。當時畠山家分裂成了畠山政長系的「畠山尾州家」與畠山義就係的「畠山總州家」，足利義材出兵的對象便是占據河內國的「畠山總州家」。

幕臣們認為出兵河內國是為了畠山政長的「私戰」，紛紛向將軍足利義材勸諫，但是足利義材卻充耳不聞，引得幕府管領細川政元十分不滿。結果在足利義材出兵河內國期間，細川政元、前將軍足利義尚之母日野富子以及幕府政所執事伊勢貞宗

一同發動政變,廢掉了足利義材的幕府將軍之位,改立關東「堀越公方」足利政知的兒子足利義澄為新任幕府將軍,是為「明應政變」。

此時的大內義興率領著大內軍在和泉國的堺布陣,但是面對京都政局的巨大變化,他卻沒有任何支援大內家歷來的盟友足利義材的行動。這並不能怪他,在「明應政變」發生以前,京都發生了另外一件撲朔迷離的案件,也就是「大內義興妹妹誘拐事件」。據說大內義興的母親今小路想給義興妹妹安排婚事,便將其召到了京都。可是在義興的妹妹進入京都以後,她的住所卻遭到歹徒的襲擊,義興的妹妹也被歹徒綁架。

當時京都內盛傳此事的始作俑者乃是若狹武田家,因為義興的妹妹原本是決定嫁入若狹武田家的,但是大內家卻單方面破壞了婚約,這才遭到報復。然而,事件的背後恐怕並沒有那麼簡單。

若狹武田家在安藝國也有領地,與大內家一直處於對立的狀態,因此與大內家的死對頭細川家走得很近。大內義興的妹妹與若狹武田家的婚約,其實是雙方為了緩和關係作出的努力。當大內家破壞婚約以後,若狹武田家便忍無可忍,很可能是在細川政元的慫恿之下綁架了義興的妹妹。在此事發生以後,細川政元便派遣心腹重臣、土佐國守護代細川元治前往堺與大內義興展開密談。細川政元之所以慫恿若狹武田家綁架義興的妹妹,恐怕就是想以此為要挾,逼迫大內義興在「明應政

變」期間保持中立吧。

大內義興與父親大內政弘不一樣,他對細川家並沒有很反感,反而不斷地嘗試同細川家結盟,所以也就預設了細川政元的政變。當「明應政變」發生後,大內義興不動如山的消息傳到周防國時,大內政弘為此大怒不已,下令讓幾個隨同大內義興前往京都的輔佐家臣切腹自盡,並勒令大內義興率軍回國。

大內家雖然沒有捲入明應政變的亂局當中,但是大內家內部卻相繼發生了「陶武護事件」與「誅殺內藤弘矩事件」等內訌。陶武護是陶弘護的嫡子,被大內政弘當做大內家的肱骨重臣培養。可是,陶武護僅比大內義興年長幾歲而已,年輕氣盛的兩人在京都鬧了一些不愉快,陶武護便在攝津國天王寺出家遁世了。

陶武護本只是賭氣,但是大內家對他卻沒有絲毫挽留,而是讓陶武護的弟弟陶興明出任陶氏的家督。陶武護得知此事後大怒不已,便返回了周防國,在支持者的擁護下殺死了弟弟陶興明。

「陶武護」事件發生以後,大內政弘的第一反應並不是討伐陶武護,而是藉著討伐陶武護的名義,將長門國守護代內藤弘矩召到了山口館,隨後下令將其殺死。當初陶弘護遭到吉見信賴刺殺時,內藤弘矩想必是知情的,因此一直以來他對陶弘護之子陶武護都有一些愧疚感。在陶武護舉兵以後,大內政弘擔心當年暗殺陶弘護之事被內藤弘矩洩漏給陶武護,為其舉兵增

加正當性，因此才將內藤弘矩殺死滅口。內藤弘矩死後，其子內藤弘和在領內舉兵作亂，大內政弘派遣大內義興統軍討伐，最終殺死了內藤弘和，而陶武護則在兵敗以後流亡畿內的紀伊國高野山。

大內義興上洛

明應四年（1495 年）五月，大內家的一代雄主大內政弘病逝，家督由十九歲的大內義興繼承。大內義興並非泛泛之輩，繼承家督之初便奠定了大內家在北九州的絕對優勢，而後又平定了弟弟大內高弘的叛亂。

就在大內義興大展拳腳之際，一個人來到了大內家的領地。此人便是先前被細川政元等人聯手在「明應政變」中廢掉的幕府將軍足利義材，此時已經改名為足利義尹，後來足利義尹又把名字改為了足利義稙，為了方便閱讀，下文統一將其稱為足利義稙。足利義稙自從被廢以後，就在各地流浪，尋求返回京都的機會。可是各地的大名都不願意為了足利義尹而得罪如日中天的幕府管領細川政元，便都對此事不太熱心。無奈之下，足利義稙只好前來尋求自父親足利義視時代就是自己盟友的大內家的幫助。可是，大內義興對於足利義稙的求助也無能為力，只能把足利義稙接到山口館，好吃好喝地供著，等待將來上洛的機會。

細川政元得知大內義興收留了足利義稙後，立即透過幕府

向朝廷提出申請，將足利義稙與大內義興指認為朝敵，並命令九州的大友親治、少貳資元、菊池武運、阿蘇唯長、大內高弘等人攻打大內義興。

大友家在室町時代一直都與大內家處於敵對狀態。然而在「應仁之亂」期間，隨著少弍氏、菊池氏的崛起，大友家家督大友政親便迎娶了大內政弘的妹妹為妻，與大內家結成同盟，試圖藉助大內家的勢力占領筑後國。文明年間，因為豐後國政局不穩，大友政親帶著嫡子大友義右流亡周防國，一度停留在山口館。大友義右有著大內家的血統，仗著大內家為後盾，與父親的關係急速惡化。最終，大友政親毒死了親兒子大友義右，自己則返回豐後國舉兵討伐大內家。

倒楣的是，大友政親出兵後不久，他的船隻因為海難的緣故漂泊到了大內家麾下的長門國，結果被大內家俘虜。大內義興對於大友政親毒殺兒子的行為十分憤怒，下令讓大友政親切腹自盡。大友政親死後，大友家家督之位由他的弟弟大友親治繼承，大友家繼續著與大內家的敵對狀態。

文龜元年（1501 年）七月，大內義興動員起周防、長門、豐前等地的軍隊，與大友家在豐前國馬嶽城展開戰役，一舉擊敗了大友親治、少貳資元的聯軍。儘管如此，大內家和大友家依舊保持著誰也吃不掉誰的狀況。此後，在足利義稙的介入之下，大友家與大內家最終達成了和解。

為了給足利義稙爭取繼承足利家的正當名分，大內義興和

足利義稙還自導自演了一齣發現室町幕府初代將軍足利尊氏下向九州時的「御旗」戲碼，向世人暗示足利義稙此次落難與祖先相同，來日必定也會上洛鑄就大業。

永正四年（1507 年）四月，正在足利義稙與大內義興忙著準備上洛事宜時，京都傳來了一個驚天消息，說幕府管領細川政元在洗澡的時候被養子細川澄之派出的刺客殺死。大內義興大喜過望，隨後便立即召集兵馬上洛。

此時京畿的局勢十分混亂，細川澄之殺死養父細川政元以後，立即遭到了政元的另一個養子細川澄元以及細川野州家出身的細川高國的討伐。細川高國從血緣上來說是同細川政元最為親近的，因此細川家內部又分裂成支持細川澄元和支持細川高國兩派。

趁著這個機會，大內義興在永正五年帶著足利義稙來到了堺，隨後細川高國、畠山尚順（畠山政長之子）也派出軍隊前來投誠。得知足利義稙有著大內義興、細川高國、畠山尚順的支持，時任幕府將軍的足利義澄以及細川澄元連忙逃出京都，前往近江國避難。足利義稙兵不血刃奪下京都。七月一日，朝廷下發詔書，再度任命足利義尹為「征夷大將軍」。

完成上洛大業以後，大內義興理應是首功，可是足利義稙擔心大內義興與細川高國權勢過大，便極力拉攏與細川家同為「三管領」的畠山尚順，這惹得大內義興非常不高興，甚至辭掉了將軍下賜的堺南莊領地，想立即率軍回國。可是此時足利義

西國篇

澄及其支持者正在近江國蓄勢待發，足利義稙需要大內軍的協助才能守住京都，因此強行挽留義興。天皇得知大內義興想要回國，也擔心足利義澄等人捲土重來，便派出敕使挽留。

大內義興雖然勉強留在了京都，但是細川高國、畠山尚順等人卻瞧不起大內義興，細川家的士兵甚至在京都與大內家的士兵發生私鬥，雙方互有死傷。要不是將軍足利義稙及時介入調解，只怕大內義興在京都就要與細川高國重演「應仁之亂」了。

永正八年（1511年）六月，在足利義澄的命令下，回到阿波國的細川澄元宣布上洛討伐足利義尹。因為大內義興與細川高國不和的緣故，大內義興並沒有派兵支援細川高國，導致高國軍在和泉國戰敗，不得不退出京都。在將軍足利義稙的調解下，大內義興最終決定團結對外，在船岡山之戰中戰勝了澄元軍。

不過，雖然大內義興取得了船岡山之戰的勝利，但是大內軍因為長期在京的緣故，軍費開銷十分巨大，已經接近解體的邊緣了。許多跟隨大內義興一同上洛的，不屬於周防、長門兩國的大名、國眾紛紛率軍返回了自家領地。例如出雲國的大名尼子經久，便是在船岡山之戰之後率領尼子軍返回了出雲國。儘管足利義稙多次挽留大內義興，他仍在永正十四年（1517年）趁足利義稙前往攝津國溫泉療養時率軍離開了京都，並在次年八月啟程回國。

大內義興在京都取得了大內家前所未有的榮譽，並且獲得了獨霸室町幕府與明朝的勘合貿易的權力。但是時值戰國亂世，大內義興長年在京導致大內家每年都要付出巨大且無意義的軍費開銷，還錯過了在西國爭霸的大好時機。在大內義興在京期間，出雲國大名尼子經久在西國大肆擴張，成為了勢力不亞於大內家的梟雄，給大內義興造成了很大的困擾。

大內義隆與山口文化

隨著尼子家將勢力擴張到大內家的傳統勢力範圍安藝國、石見國等地，返回領地的大內義興決心與尼子經久一決高下。

大永四年（1524 年）五月，大內義興率領兩萬五千餘大內軍侵入安藝國。大內軍在大內義興的指示下兵分兩路進軍，一路由嫡子大內義率領一萬五千人，包圍了安藝武田家的根據地佐東銀山城，另一路則由大內義興自己親自帶隊，包圍了嚴島的櫻尾城。此戰是大內義隆的初陣，所以大內義興特意派遣老臣陶興房作為副將輔佐義隆。沒想到，佐東銀山城下的大內軍遭到尼子軍的一員小將的奇襲，導致大內軍全線潰敗，大內義隆、陶興房只得帶著殘兵前往大內義興陣中會合。這名尼子軍中的小將，便是日後赫赫有名的西國第一智將毛利元就。陶興房並未因為輸給毛利元就便耿耿於懷，而是十分欣賞毛利元就的才能，不久之後就將其策反至大內家麾下。

兒子打了敗仗，使得大內義興不得不轉變大內家的對外政

西國篇

策,同櫻尾城守將友田興藤議和,順便帶著兒子義隆一起去參拜了嚴島神社。之後,大內義興將本陣遷移至安藝國門山城,在此地指揮著與尼子家的戰爭。尼子經久與大內義興誰都不是善茬兒,兩家的戰爭持續了數年之久,直到享祿元年(1528年)時,大內義興在門山城染上重病,大內軍方才不得不撤軍返回了周防國。不久後,大內義興在山口館病逝,家督之位傳給了兒子大內義隆。

大內義隆繼承家督之後,在內政外交上都取得了不小的成就,大內家也在大內義隆時期在北九州站穩了腳跟。然而,情況很快就發生了變化。

天文十年(1541年)正月,尼子家在吉田郡山城戰役中被毛利元就、陶隆房(陶興房之子)的聯軍擊敗,尼子家的勢力大為衰退,安藝武田家也在這場戰役中滅亡。伴隨著尼子家因戰敗導致的不穩定,大內義隆決定乘勝追擊。次年正月,策反了尼子家的家臣們之後,大內義隆在領內召集軍隊,與養子大內晴持、家老陶隆房、杉重矩、內藤興盛等人率領四萬餘大軍殺入出雲國。

這場「出雲遠征」從一開始就不大順利。尼子家的第一道防線是由著名的「尼子十旗」之一的赤穴光清守衛的瀨戶山城。然而,在四萬餘大內軍的強攻之下,勢單力薄的瀨戶山城竟然多次抵擋住了大內軍的攻擊,還給大內軍造成了極大的傷亡。若不是因為赤穴光清在戰鬥中被流矢意外射死,只怕大內軍需

要付出更多代價才能拿下這座城池。可是，大內義隆卻不這麼想，他似乎將這次遠征當成了郊遊，對尼子家的根據地月山富田城的攻擊也十分消極，直到冬季來臨，大內義隆才決定在次年開春發起總攻。

天文十二年（1543年）二月二十日，大內義隆不顧毛利元就的反對，將本陣設在了月山富田城外的京羅木山。此地雖然方便指揮攻城，但是卻也處於戰場前線，十分危險。三月，大內軍對月山富田城多次發起攻擊，但都鎩羽而歸，反而大內軍的陣地遭到了由尼子誠久、敬久兄弟率領的新宮黨的襲擊。等到了四月，大內軍中的吉川興經、三刀屋久扶、本城常光、三澤為清、山內隆通等人突然舉起反旗，率軍進入了月山富田城防守。

因為國人們的背叛，大內軍的兵力已經沒有了絕對的優勢，再加上各地支持尼子家的國眾不斷地騷擾大內軍的補給線，使得大內軍難以維持對月山富田城的包圍。在這樣的情況下，大內義隆只好下令撤軍。結果，當大內義隆的本陣撤走以後，剩餘的大內軍遭到了尼子軍的反擊，養子大內晴持在走水路撤退時落水淹死，連毛利元就都差點死在殿後的戰鬥中。

從出雲國回到老家山口館以後，大內義隆對自己的軍事才能徹底失去了信心，從此痴迷於各種文化之中。時值戰國亂世，許多居住在京都的公卿貴族為了躲避戰亂，紛紛離開京都逃到地方。因為大內政弘、義興父子與京都有著千絲萬縷的聯

繫,所以政局相對穩定的大內家根據地山口館便成為了公卿們的好去處。大內義隆雖然沒有去過京都,但是在山口館接受京都來的文化人的感染以後,對京都公家文化充滿了嚮往。

此外,大內義隆還非常醉心於從中國傳到日本的儒學,曾花費五百貫的鉅款命人抄寫四書五經收藏。在與明朝、朝鮮的貿易往來中,大內義隆特意收購了許多漢文書籍,甚至在山口館開了個販賣漢文書籍的書店。當時日本流行的儒家文化分為兩種,一種是唐代傳入的儒學解釋,被稱為「古注」,一種是宋明時期傳入的儒學解釋,被稱為「新注」。大內義隆雖然身為武士,但是卻對「古注」和「新注」都瞭然於心,是個十足的文化人。

大內義隆對其他國家的文化也十分包容,除了禁止與外國人討論政治相關話題以外,大內家並不限制領民與外國人的交往。例如有個叫張忠的中國人,因為對儒學和醫學都有著很深的研究,成為了大內義隆的近侍。不過,因為大內義隆與重臣陶隆房有著男色關係,這導致在山口館傳教的天主教傳教士對大內義隆頗有微詞。

然而,醉心於文化的大內義隆卻逐漸引起了重臣陶隆房的不滿。陶隆房是陶興房的次子,因為他的哥哥陶興昌早逝,這才繼承了家業。不過近年來的研究顯示,陶隆房有可能並不是陶興房的兒子,而是陶興房的姐姐同大內義興的側近問田興之的兒子,因為陶興房絕嗣的緣故,這才入繼陶家。在《陰德太

平記》的記載中，陶隆房被稱為「純剛、純強的武將」、「近國無雙的勇將」，這樣的人自然對於遠征出雲國的失敗耿耿於懷，時刻想著對尼子家復仇。在遠征出雲國失敗以後，大內義隆將責任全都歸咎於鼓動自己出兵的「武斷派」家臣陶隆房等人，而在出兵前持反對意見的「文治派」家臣相良武任反倒受到了大內義隆的重用。在陶隆房看來，醉心於文化是不利於大內家的霸業的，於是便產生了除掉大內義隆的想法。

在陶隆房的陰謀下，相良武任被迫下野，大內家的許多家臣也都被陶隆房拉攏。豐前守護代杉重矩曾向大內義隆提議要提防陶隆房，但是大內義隆卻沒有放在心上。杉重矩為了自保，便加入了陶隆房的一方。等到大內義隆察覺到陶隆房有不臣之心時，已經難以收拾當下的局面了。

大內家的滅亡

天文二十年（1551年）正月五日，大內義隆祕密去信毛利元就，表示萬一大內家發生內亂的話，希望毛利元就能夠率軍前來支援自己。大內義隆不知道的是，毛利元就其實早就被陶隆房拉攏。義隆的近臣冷泉隆豐勸說大內義隆先發制人，但是大內義隆卻不願意興兵與陶隆房作戰，沒有聽從冷泉隆豐的建議。

八月十日，大內義隆派遣相良武任前往石見國，勸說吉見家前來支援自己。當時陶隆房已經舉兵占領了嚴島，山口館周圍的住民們也傳言說陶隆房會在二十八日進攻山口館。可是，

大內義隆仍然不願意面對現實,既不逃亡也不抵抗,反而在山口館接見了從京都來的使者。

結果到了八月二十八日,陶隆房果然率軍來到了山口館外,大內義隆向家老內藤興盛、杉重矩求援。冷泉隆豐則表示這兩人早就失身從賊了,不如先趁陶隆房沒有防備攻打杉重矩的居館,死也拉一個墊背的。可是大內義隆依舊沒有聽從冷泉隆豐的建議。

二十九日正午,陶隆房的軍中豎起了內藤興盛、杉重矩的旗幟,大內義隆這才明確地曉得了這兩個濃眉大眼的傢伙也投敵了。陶隆房軍隨後對山口館發起攻擊,此時大內義隆麾下仍有三千餘士兵,陶隆房軍也不過才五千人,冷泉隆豐便提議在山口館拚死抵抗,萬一戰敗便切腹自盡,也不算辱沒家名。然而不知道是怕死還是什麼別的原因,大內義隆仍然沒有聽從冷泉隆豐的建議,逃到了山口館北部的法泉寺之中。

因為大內義隆的不戰而逃,許多武士對大內義隆徹底失去了信心,紛紛帶著軍隊脫離了大內義隆的陣地。大內義隆為了集結軍隊,親自吹響了法螺,可是法螺聲反而更激起了士兵們的叛逆心理,大家溜得更快了,大內義隆氣得將法螺拋入水池之中。沒辦法,大內義隆便請求滯留山口館的前關白二條尹房介入調解,向家老內藤興盛派去使者,希望以自己隱居、嫡子大內義尊繼承家督的形式和談。

可是,內藤興盛卻拒絕了大內義隆的提議,對使者表示如

今只有大內義隆在法泉寺自盡，方才有可能結束戰爭。和談請求失敗以後，大內義隆只好從法泉寺突圍，而追隨大內義隆的陶隆房的從兄弟陶隆康、隆弘父子則率領殘兵在法泉寺殿後，最終戰死。

大內義隆趁著夜色逃到了長門國，本想從長門國出海，但是卻在海上遭遇了風暴。大內義隆害怕得不行，便對家臣們說：「與其葬身大海，不如前往大寧寺自盡。」隨後又帶著家臣們上岸，前往長門國的大寧寺之中。

九月一日，大寧寺遭到了陶隆房軍的攻擊，大內義隆在重重包圍之下自盡而死，冷泉隆豐在戰至力竭之後，也切腹而死。此外，大內義隆的嫡子義尊被陶隆房俘虜，不久後被處死。而前關白二條尹房則更倒楣，在大內義隆一行人從法泉寺逃出以後，二條尹房跟丟了隊伍，結果在山裡迷路了，最終被不明所以的陶隆房軍殺死。大概是痛恨文化人的緣故，陶隆房在占領山口館後大肆屠殺滯留山口的文化人，例如武田信玄的岳父三條公賴也被亂軍所殺，盛極一時的山口文化也就此滅亡。

有意思的是，雖然杉重矩及時叛變投靠了陶隆房，但是在陶隆房占領山口館後，杉重矩向大內義隆舉報陶隆房有不臣之心的書信被叛軍搜出，杉重矩也被追責，最終自盡而死。

陶隆房控制大內家以後，從九州的大友家迎接了大內義隆的外甥大友晴英為大內家的新任家督，陶隆房也從大友晴英處拜領一字，改名為「陶晴賢」。而大友晴英在來到大內家後，依

照慣例將名字改為了「大內義長」。

在「大寧寺之變」中，除了陶晴賢以外，毛利元就也獲得了巨大的利益，趁著大內義隆君臣內訌的機會，毛利元就發兵奪取了許多大內家在安藝國的領地，勢力大漲。隨後，毛利元就以安藝國為根據地，派兵侵入了尼子家麾下的備後國，占領了不少的地盤。毛利元就的壯大引起了陶晴賢的不滿，雙方也逐漸走向了對立。

天文二十二年（1553年），因為石見國國人吉見正賴拒絕承認大內義長政權的合法性，陶晴賢決定發兵攻打吉見家。在出兵以前，陶晴賢請求毛利元就派兵支援自己，但是卻被毛利元就、隆元父子拒絕。從這以後，陶晴賢便斷定毛利元就一定會與自己敵對，便私下開始拉攏安藝國從屬毛利家的國人們。可是此時的毛利家在安藝國已經根深蒂固，國人們對毛利家的忠誠度已經高於大內家了，甚至出現了陶晴賢送去的勸降信和使者全都被國人扣住送往毛利家的情況。

毛利元就見陶晴賢不講武德，便宣布與陶晴賢切割，從大內家獨立。隨後，毛利元就便占領了大內家在安藝國的據點佐東銀山城、門山城等地。正在石見國與吉見正賴作戰的陶晴賢得知此事後，便派遣心腹大將宮川甲斐守率軍六千人攻打毛利家。可是在毛利元就的巧妙指揮下，宮川甲斐守中了毛利元就的伏兵之計戰死，大內軍也戰死七百五十餘人。

當宮川甲斐守戰死的消息傳到石見國時，陶晴賢方才認識

到自己真正的敵人乃是毛利元就，連忙與吉見正賴罷兵言和。

　　弘治元年（1555年）九月二十一日，為了徹底剿滅毛利家，陶晴賢召集了周防、長門、築前、豐前四國共兩萬餘軍隊出兵安藝國。此戰中，陶晴賢甚至帶上了透過大友家購買的新式武器「鐵炮」作戰。

　　毛利元就早就料到陶晴賢的出兵，提前在嚴島修築了宮尾城防守，並提前在城內囤積了糧草，做好與陶晴賢打持久戰的打算。大內軍的大將弘中隆兼曾是安藝國東西條的代官，深知毛利元就的為人，他看出了宮尾城不過是毛利元就的誘餌而已，便勸說陶晴賢不要在嚴島登陸。可是陶晴賢犯了和主君大內義隆一樣的錯誤，認為毛利家兵少將寡不足為懼，反而嘲笑弘中隆兼是個懼怕毛利元就的膽小鬼。

　　不僅如此，陶晴賢甚至沒有與大內軍的大軍一起行動，僅帶著陶家自己的軍隊在嚴島登陸，而大內軍的主力則是沿著陸路進軍。得知陶晴賢上鉤以後，毛利元就在根據地吉田郡山城留下了八百守軍，隨後帶著主力軍隊四千餘前往嚴島對岸的草津城。

　　大內軍有著防長、北九州水軍眾的支持，在海上掌握著制海權。而毛利家麾下只有直轄的川內水軍眾、小早川水軍眾以及因島水軍眾（三島水軍眾之一），兵力並不算多。毛利元就將寶全押在了三島水軍眾的另外兩家來島水軍眾與能島水軍眾的身上。不過，由於宮尾城城破在即，毛利元就最終決定不等候

來島、能島水軍眾，先行出兵作戰。

九月二十八日，來島、能島水軍眾終於來到了嚴島附近的海面上，給毛利元就打了一陣強心劑。三十日夜裡，毛利元就與兒子吉川元春趁著夜色率軍登陸嚴島，另一個兒子小早川隆景則率領著水軍部隊先向西而行，再偽裝成北九州的水軍調頭東進，混入大內家的水軍船隊之中。戰鬥在次日清晨打響，陶晴賢本沒有打算在嚴島與毛利元就決戰，絲毫沒有準備。大內軍遭到毛利軍的攻擊後瞬間解體，紛紛向海邊的船隊逃去。幾乎在同一時間，小早川隆景的水軍部隊也向大內軍的船隊發起奇襲，大內家水軍兵敗如山倒，海面上全是燃燒著的大內水軍的船隻殘骸。

陶晴賢自知大勢已去，便推入嚴島的山中自盡而死。弘中隆兼在陶晴賢死後在嚴島堅持抵抗，最終也寡不敵眾戰敗而亡。

嚴島之戰戰敗以後，曾被陶晴賢逼迫自盡的杉重矩之子杉重輔趁機發兵攻打陶家的根據地富田若山城，逼迫陶晴賢之子陶長房自盡。雖然長門國守護代內藤隆世率軍平定了杉重輔的叛亂，但是山口館的城下町也在戰爭中化為了灰燼。藉著周防國內訌的機會，毛利元就乘勝追擊殺入周防國，但是卻在周防國久珂郡遭到了支持大內家的山代一揆的抵抗。毛利元就吸取尼子家的安藝遠征、大內家的出雲遠征失敗的經驗教訓，決定以安撫為主、圍剿為輔的政策拉攏周防國的國人們。

弘治三年（1557年）三月，毛利元就、隆元父子率軍朝著山

口館進軍。由於大內義長本來就是靠著陶晴賢的扶持才當上的家督，在大內家內並無威信與支持者，所以根本沒有人響應他的號召保衛山口館。無奈之下，大內義長只好和內藤隆世一同逃往長門國且山城固守待援。可是，強弩之末的大內義長哪裡是毛利元就的對手。四月八日，毛利軍對且山城發起總攻，守護代內藤隆世力戰而亡，大內義長則在次日自盡而死。

隨著且山城的陷落，曾經的西國霸主大內家就此宣告滅亡。

尼子家

尼子經久的登場

康永四年（1345年）四月，日本正處於南北朝時期，北朝室町幕府的初代將軍足利尊氏、足利義詮父子將近江國甲良莊、出雲國富田莊下賜給寵臣佐佐木道譽（京極道譽）。在甲良莊之中，有一處名為尼子鄉的地方，此地後來被賜給了佐佐木道譽的孫子佐佐木高久，而佐佐木高久便是戰國時代大名尼子家的先祖。

明德三年（1392年），佐佐木道譽的孫子京極高詮出任出雲國、隱岐國守護。為了治理出雲國，京極高詮派遣尼子高久的次子尼子持久前往出雲國出任守護代，尼子家正式遷居至出雲國居住。

應仁元年（1467年），京都爆發了「應仁‧文明之亂」，尼子家的主君京極持清加入了東軍的一方，在洛中與近江國作戰。而在地方上，「應仁之亂」的影響也十分巨大，日本各地都出現分裂，分別加入東軍、西軍互相攻伐。

應仁二年（1468年）六月二十日，出雲國國人松田備前守在

西軍方的伯耆守護山名家的支持下舉兵，對守護代居住的月山富田城發起攻擊。此時尼子家的家督乃是尼子持久之子尼子清定，為了維護守護代的權威與京極家在出雲國的統治，尼子清定決定率軍迎戰松田家。

在尼子清定的指揮下，尼子軍很快就擊退了松田備前守。不僅如此，尼子清定還在七月一日率軍反包圍了松田備前守的居城十神山城，經過三次戰役，尼子清定最終擊敗了松田備前守與前來支援的山名軍。

文明元年（1469年）七月一日，尼子軍對出雲國大東地區的叛亂者發起攻擊。首戰失利後，年近六十的尼子清定親自手持採配上戰場指揮戰鬥，終在七月二十九日擊敗了敵軍。為此，身在京都的京極持清還給尼子清定下發感狀，肯定尼子家的奮戰。

文明二年（1470年），尼子清定對月山富田城西南部的三澤城發起攻擊。三澤家自稱是源平戰役時期旭將軍木曾義仲的後人，在出雲國有著能與尼子家匹敵的實力，與其說兩家是因為陣營不同交戰，倒不如說都想成為出雲國霸主的兩家遲早都會有一場決戰。同年六月，石見國的西軍勢力侵入出雲國西部地區，尼子清定再次率軍出擊，擊退了敵軍。在這一年，京極家家督京極持清去世，家督之位傳給了孫子孫童子丸，由於孫童子丸年幼多病，最終幕府改任命京極持清的三子京極政經出任家督。

西國篇

　　文明六年（1474年），尼子清定派遣十七歲的嫡子尼子又四郎上洛，在洛中期間又四郎元服，並從主君京極政經處受賜一字，取名為尼子經久。就在尼子經久上洛的同年，出雲國能義郡爆發了針對尼子家的土一揆。

　　四月十四日，土一揆侵入富田莊之中，十九日在櫻崎方面與尼子軍展開激戰。五月二日，土一揆攻入月山富田城的城下町。此時尼子清定來不及召集軍勢，只得利用手下有限的軍勢與一揆眾交戰，雖然尼子軍最終擊退了敵軍，但是尼子清定的許多家臣都在這次戰役中戰死了。

　　文明十年（1478年）至文明十一年（1479年）之間，年近八十的尼子清定病逝。在父親尼子清定去世之後，尼子經久繼承了家督，然而年輕氣盛的尼子經久很快就與室町幕府發生了衝突。

　　文明十四年（1482年）十二月，室町幕府給京極政經、尼子經久下發命令，詢問出雲國為何沒有向幕府提供徭役，幕府表示如果京極家、尼子家繼續怠慢向幕府奉公的話，幕府將會予以處罰。實際上，早在京極持清時代，京極家就給出雲國免掉了一部分稅賦，可是尼子經久繼位以後，不但不向主家納貢，反而連徭役也不提供了。因此，在幕府下發的書信之中，列舉了尼子經久的四大罪狀：其一，尼子經久侵占寺社在出雲國的領地。其二，尼子經久拒絕向朝廷繳納維修皇宮的稅賦。其三，尼子經久怠慢幕府的徭役。其四，幕府下令征討河內國

時，尼子經久拒絕服從命令。

　　文明十六年（1484年）三月，幕府下令命出雲國、隱岐國國眾出兵討伐冥頑不靈的尼子經久。在國眾聯軍的攻擊之下，尼子經久不敵敗走，流亡母親的娘家真木家之中。在《陰德太平記》的記載中，尼子經久被流放的原因是他擅自對月山富田城附近的三澤家、三刀屋家發起攻擊，引起了京極政經的不滿，這才被守護與國人們聯合流放，不過此事並無可靠的旁證。

　　文明十七年（1485年）十月，失去守護代之職成為浪人的尼子經久來到了舊臣山中勝重家中，商議如何奪回尼子家的居城月山富田城。此時正下著大雨，山中勝重的妻子親自為尼子經久斟酒，山中勝重則向尼子經久起誓會效忠於尼子家，並且列舉了一族中可以信任的十七位武士。不過，僅僅靠這些人人手還是不足，尼子經久與山中勝重又召集了月山富田城下的缽屋賀麻黨，向其允以重利，拉攏了他們。缽屋是當時的藝人與手工業者的聚集地，每年都會舉行名為「千秋萬歲」的祭典，到了戰國時代以後，缽屋也會應徵進入領主的軍隊參戰、協助領主生產武器等等。

　　文明十八年（1486年）正月一日凌晨三點左右，賀麻黨成員約有七十多人身著甲冑，再在甲冑上披著素袍、戴著烏帽子，一邊敲打著太鼓，一邊跳著千秋萬歲的舞蹈，朝著月山富田城而來。由於這是每年的例會，所以月山富田城的守軍並未多疑，只是抱怨今年的祭典時辰有些過早，依舊開啟了城門。

当城內守軍的注意力都被賀麻黨吸引時，尼子經久、山中勝重等約五十六人從側門潛入城中，在城內四處縱火，同時大聲叫道：「失火了！」就在城內一片混亂之際，賀麻黨的武者們立即脫掉烏帽子與素袍，露出裡邊的鎧甲，隨後拔出太刀、長刀攻擊城內的守軍。取代尼子經久成為守護代的鹽冶掃部助得知月山富田城遭遇夜襲，連忙舉刀迎戰，見大勢已去之後，鹽冶掃部助將妻兒殺死，自己也在城內自盡而死。

奇襲月山富田城成功後，尼子經久一行人共殺死四五百五十餘守軍，經久將敵軍首級放在富田川邊示眾，同時宣告著自己重新成為月山富田城的主人。

這一年，尼子經久二十九歲。

制霸出雲國

回歸月山富田城以後，尼子經久開始了統一出雲國的戰爭，首當其衝的便是出雲國的有力國人三澤為忠。前文提過，三澤家在出雲國內有著與尼子家匹敵的實力，在幕府流放尼子經久時，三澤為忠也是反尼子勢力中的領頭羊。

根據《陰德太平記》中記載，尼子經久的家臣山中勘允（另說為山中勝重）犯了死罪逃往三澤家請求庇護。得知此事的尼子經久大怒不已，將山中勘允的母親、妻兒全部下獄。山中勘允在三澤家出仕約兩年後，向三澤為忠請求借兵三百人奇襲月山富田城，救回一家老小，並表示山中一族中也有人會暗中接

應。三澤為忠聽後大喜過望，將家中的精銳兵力五百餘人全交給了山中勘允，結果三澤軍在月山富田城下遭到了尼子軍的伏擊，戰死兩百餘人。三澤家在元氣大傷以後，也只好向尼子經久臣服。

不過，《陰德太平記》畢竟是江戶時代成書的軍記物，並且許多內容都與同時代的其他軍記物雷同，所以可信度並不高。不過從尼子經久給家臣下發的感狀來看，長享二年時（1488年）尼子家確實與三澤家發生了戰爭，並且取得了勝利。三澤家投降以後，三刀屋家、赤穴家、鹽冶家等國人也紛紛表示臣服，尼子經久還將三子興久送入鹽冶家當養子。

永正五年（1508年）十月二十五日，京極政經留下遺書，將家督之位傳給孫子佐佐木吉童子丸，並指定「尼子民部少輔、多賀伊豆守」二人為託孤重臣。尼子家此時已經幾乎是獨立的狀態了，從京極政經不得不向尼子經久託孤之事來看，出雲國的守護京極家如今早已江河日下，連可以信賴的人都沒有了。

在京極政經去世的同年，於「明應政變」中被流放的前幕府將軍足利義稙在西國霸主大內義興的擁戴下舉兵上洛，奪回了將軍之位。在足利義稙上洛之際，許多九州、西國的領主都隨軍上洛，因而在《陰德太平記》中記載尼子經久此時也隨大內軍一同擁戴足利義稙進入京都，甚至在永正八年（1511年）八月二十三日發生的「船岡山之戰」時，還與大內義興爭奪前鋒。正是在上洛期間，尼子經久的次子尼子國久、三子鹽冶興久分別

從細川高國、大內義興處拜領了一字。

不過,根據出雲大社《永正年中大社御遷宮次第》記載,尼子經久在永正五年至永正七年之間都有在出雲國活動的記錄。因此即便尼子經久有參加擁戴足利義稙的行動,也可能只是在永正八年時上洛,並且很快就返回了出雲國。根據《陰德太平記》的記載,尼子經久返回出雲國是因為被足利義稙的競爭對手足利義澄的競爭者六角定賴調略,讓其在後方攪亂大內義興的領地。

在船岡山之戰以前,毛利興元、吉川興經、高橋元光等人便相繼脫離大內軍返回領地,到了永正八年(1511年)年末時,安藝國、石見國的大半國眾都率軍返回了領地。除了因為長期在京軍役負擔過重以外,領地的動亂也使得國眾們不願意再呆在遠離家鄉的京都。

在此期間,尼子經久開始了尼子家的制霸西國之路。永正九年(1512年)十月,備後國國人古志為信在當地擊敗了侵入領地的大內軍,並得到了守護山名誠豐的賞賜。山名家在「應仁‧文明之亂」時與大內家同屬西軍,山名誠豐的曾祖父便是西軍主將山名宗全,然而這時的山名家早已日漸衰弱,守護頭銜有名無實,領地備後國也不斷地被大內家的勢力滲透。古志家出身出雲國,這一次擊退大內軍的作戰正是得到了同樣想染指備後國的尼子經久的指示。

此外,自永正十四年(1517年)開始,尼子經久親自率軍

南下備後國,其弟弟尼子久幸則負責攻略伯耆方面的領地。伯耆國原本是山名家庶流伯耆山名家的領地,然而伯耆山名家也和其餘室町時代的守護家族一樣,在應仁之亂後便逐漸走向衰弱。反之,伯耆國的國人南條家、小鴨家等家族開始崛起,尼子久幸面對的敵人正是這些伯耆國的國人。

永正十五年(1518年)八月,尼子經久率軍攻打出雲國大原郡的磨石山城,守將櫻井宗的抱著必死的決心與尼子軍對決,絲毫不落下風。在這樣的情況下,尼子經久不願意徒增傷亡,便下令在磨石山城附近修築付城,以圍困櫻井宗的。

然而就在圍城期間,尼子經久的嫡子尼子政久因為無聊,夜夜爬上付城的箭櫓,對著夜空中的月亮吹笛。尼子政久的風雅大家素有耳聞,櫻井宗的便判斷在戰場上還這麼有閒情逸致的人,一定就是敵方大將尼子政久。於是在九月六日夜裡,櫻井宗的朝著月色下的黑影射出一箭,當場命中尼子政久的咽喉斃命。得知尼子政久被守軍射殺以後,尼子經久悲傷不已,當場下達了對磨石山城的屠城命令,上至守軍士兵,下到貓和老鼠,只要是活的東西就通通殺光。

次日,尼子經久的次子尼子國久、三子鹽冶興久率軍對磨石山城發起強攻,尼子家的家臣們也奮勇作戰,誓為兄長尼子政久報仇,順便立下戰功在尼子經久心中留下好印象以成為尼子家的繼承人。在尼子軍的強攻之下,守將櫻井宗的戰死,其妻兒也被尼子軍殺害,守軍加上家屬共一千三百餘人均被尼

軍斬殺。

歸陣月山富田城以後，尼子經久召集了尼子一族與家臣們，表示自己想要將家督之位讓給弟弟尼子久幸。尼子久幸自然是不敢同意，便提議讓尼子政久之子、也就是尼子經久的嫡孫尼子詮久繼承家督。

在尼子政久戰死的同年，西國霸主大內義興率軍從京畿返回領地。大內義興在京期間，尼子經久趁機在備後國、安藝國擴張地盤，驅逐大內家的勢力，在大內義興歸國以後，大內家自然要與尼子家算一次總帳。

雙雄對決

永正十四年（1517年）時，大內義興從幕府受賜石見國守護，此舉引起了前守護山名紀伊守的不滿。山名紀伊守逃到了尼子家向尼子經久求援，給予了尼子家進軍石見國的大義名分。

大永元年（1521年）八月，尼子經久與大內義興在石見國方面引發戰端，兩家在幕府將軍足利義晴的調停下議和，但是和睦僅僅維持了一個月左右，尼子經久就再度舉兵侵入了石見國，攻陷了大內方的今井城。次年六月二十八日，尼子經久再度舉兵自月山富田城出陣侵入石見國，此次尼子軍的攻擊對象是石見國國人福屋家。福屋家無力抵抗尼子軍的攻擊，便燒毀了前線的雲井城，退往本城乙明城防守。尼子軍一路高歌猛進，在長浜一地與大內家派來的援軍激戰，兩軍誰也無法擊敗

對方,最終只得停戰罷兵。

此外,由於嚴島神社的神主藤原興親在永正五年時去世,嚴島神主家嫡流絕嗣,神主一族的友田興藤便與小方加賀守開始爭奪嚴島神主之職。等到大內義興歸國以後,無主之地的嚴島神社領就被大內家吞噬侵占。

大永三年(1523年)四月,友田興藤在得到安藝武田家家督武田光和的援助之後,便以嚴島神主自居。友田興藤聯合起嚴島神主家的家臣們,將大內家在神社領內的守軍放逐。趁著這個機會,尼子經久決定對大內家勢力範圍內的安藝國發起攻擊。六月,尼子經久率軍進入安藝國高田郡,而後派遣重臣龜井秀綱前往吉田郡山城勸降當地國人毛利家。此時毛利家前家督毛利興元英年早逝,新家督毛利幸松丸尚且年幼,家中大權都在後見人毛利元就的手中,毛利元就眼見尼子軍來勢洶洶,便同意了尼子經久的提議暫時臣服於尼子家。

勸降毛利家以後,擋在尼子經久面前的,是大內家在安藝國賀茂郡的西條鏡山城。早在大永元年時,尼子經久就派遣軍勢奪取了這處軍事要地,可是到了次年時,大內家重臣陶興房便重新奪回了西條鏡山城,並在此地安插了守將藏田房信。因此,尼子經久這次侵入安藝國的目標十分明確,一路朝著西條鏡山城而來。

六月十三日,毛利軍作為尼子軍的前鋒對西條鏡山城發起攻擊,守將藏田房信異常勇猛,一時間毛利軍難以攻陷城池。

西國篇

　　此時，毛利元就給城中派去使者，以安堵本領、保存家名為條件策反了駐守本丸的藏田房信的叔父藏田日向守。二十七日，毛利軍對死守二之丸的藏田房信發起總攻，藏田房信一邊要應對城下的毛利軍，一邊又要應對本丸的叛軍，雙拳難敵四手，最終戰死在城中。

　　西條鏡山城的戰鬥以尼子家的大勝而告終，尼子經久肯定了毛利元就的軍功，但是卻認為藏田日向守的叛變是極度不義之舉，命其切腹自盡。值得一提的是，九歲的毛利幸松丸年紀輕輕便多次上陣，在此戰中終於承受不住沉重的負擔患病，不久後便夭折了。毛利家的家督空懸，家內因此產生了分裂，有人提議讓毛利元就繼承家督，有人提議讓毛利元就的弟弟相合元綱繼承家督，還有人表示要從尼子家迎接一人入嗣毛利家繼承家督。最終在毛利家老臣的運作下，毛利元就得到了尼子經久的支持繼承了家督之位。

　　大永四年（1524年）五月二十日，大內義興、大內義隆父子召集了周防、長門、豐前、築前、石見、安藝六國的軍勢共兩萬五千餘人大舉侵入安藝國之中。大內義興在永興寺布下本陣，而後大內家決定兵分兩路，一路由大內義隆率領、陶興房作為後見人，直奔著武田光和的佐東銀山城而去。另外一路由大內義興親自率領，朝著友田興藤的櫻尾城而去。面對尼子經久的多次侵攻，大內家決定一舉將安藝國內從屬尼子家的勢力逐一連根拔起。

此時的尼子經久正在征服伯耆國，伯耆國自守護山名澄之開始，西伯郡的行松正盛、東伯郡的小鴨良章、山田高直、山名久氏、南條宗盛等國眾，被尼子軍一路追著打給攆出了伯耆國，分別前往因幡國、但馬國依附因幡山名家與但馬、備後守護山名誠豐去了。就在尼子經久春風得意時，毛利元就的使者從吉田郡山城來到了尼子軍陣中，彙報了櫻尾城、佐東銀山城被大內軍包圍的消息。

尼子經久自然不願意放任兩城落入大內家手中，收到消息後他立即指揮尼子軍從伯耆國撤軍，然後又馬不停蹄地動員起出雲、隱岐、伯耆、備後、備中五國的軍勢，出陣救援佐東銀山城。可是尼子軍動作倉促，前鋒僅有五千人左右，面對佐東銀山城下的大內軍，尼子軍的前鋒、二陣、三陣部隊均敗下陣來。眼見尼子家救援佐東銀山城無望，安藝國的國人毛利元就站了出來，在八月五日的雨夜中奇襲大內軍取得大勝，大內義隆在亂軍中倉惶逃亡，前去與父親大內義興會合。

然而，尼子軍在佐東銀山城取得大勝以後，卻發生了一件讓人跌破眼鏡的事情——佐東銀山城戰役中立下大功的毛利元就被大內家給策反了。大內家的家臣陶興房是個不世出的名將，雖然大內軍在佐東銀山城被毛利元就擊敗，但是慧眼獨具的陶興房卻看出了毛利元就是個大才，不惜予以重利調略毛利家。

尼子經久對毛利家一直不冷不熱，引起了毛利元就的不

滿。此前在毛利元就繼承家督以後,毛利家的重臣渡邊勝、坂廣秀內通尼子家重臣龜井秀綱,想要廢掉毛利元就,改立毛利元就的弟弟相合元綱繼承家督。此事最終被毛利元就發覺,相合元綱也被討伐,但是從此毛利元就便對尼子經久出現了不信任感。另外,在西條鏡山城戰役時毛利元就調略了藏田日向守主導了戰局,可以說是立下了頭功,可是尼子經久在戰後只給毛利家加封了五十貫的領地,彷彿在打發鄉下來的窮親戚一般。

與之相比,陶興房為了拉攏毛利元就,一口氣就將安藝武田家麾下的領地可部、深川、溫科、久村共一千三百七十貫賜給了毛利家,顯得十分大方。毛利元就正是趁著這個機會將毛利家從一個山間小領主擴張至與廣島灣接壤的大領主,為將來的崛起打下了堅實的基礎。

遠征安藝國

毛利元就被大內家策反以後,尼子經久方才開始感到後悔,可是此時縱使尼子家如何籠絡毛利家,毛利元就也不為所動了。尼子家在安藝國的有力支持者,僅剩下了安藝武田家的佐東銀山城了。

大永七年(1527年)七月,尼子經久率軍侵入備後國和智鄉。和智鄉的東北方向是從屬大內家的國人山內直通的甲山城,大內義興連忙派遣陶興房、毛利元就率軍來援,而尼子軍在和智鄉的八壇城、國廣山城、南山城、茶臼山城布下軍陣,

將大內軍與甲山城完全隔開。不過，由於冬季很快就到來了，尼子經久在沒完成出陣目的的情況下，不得不撤軍回國。

大永八年（1528年，是年改元享祿元年）七月，大內義興病逝，其子大內義隆繼承了大內家的家督。同年，尼子經久再度對備後國國人多賀山家發起攻擊，這一次備後、但馬守護山名家站了出來，在山名祐豐的領導之下，備後國眾齊心協力地擊退了入侵的尼子軍。

就在尼子家大力擴張時，家中卻出現了內亂。根據以往的通說，尼子經久的三子鹽冶興久感覺自己的三千貫領地過少，便向父親經久申請下賜原手郡的七百貫領地。遭到尼子經久的拒絕後，鹽冶興久在天文元年（1532年）掀起叛亂，尼子經久親自率軍七千人前往平叛，很快就將鹽冶興久驅逐出了出雲國。此後鹽冶興久逃往備後國甲山城依附岳父山內直通，而山內直通在兩年後迫於尼子經久的壓力逼迫鹽冶興久自盡，鹽冶興久之亂才宣告結束。

然而根據近年的研究顯示，鹽冶興久之亂其實早在享祿三年（1530年）就已經開始了。不僅如此，鹽冶興久之亂不僅僅只局限於尼子父子，例如出雲大社的兩個國造家千家家、北島家，出雲國鱷淵寺、國人三澤家、多賀家等等都加入了鹽冶興久的叛軍之中，此外大內家、毛利家都積極地與鹽冶興久聯繫，出雲國也因此一分為二開始內鬥。

為了鎮壓鹽冶興久，尼子經久給大內義隆派去了使者，勸

西國篇

說大內義隆不要支持尼子家的叛軍。此外，毛利元就在大內家、尼子家對決之際收拾了許多在兩家之間反覆橫跳的國人，極大地擴張了毛利家的領地，作為既得利益者的他自然也不願意看尼子家就這樣衰弱下去，便也向大內義隆進言靜觀其變。大內家此時正好在北九州與大友家爭雄，難以兩線作戰的大內義隆便同意了尼子經久與毛利元就的建議。不僅如此，毛利元就還與尼子經久的嫡孫尼子詮久結拜為義兄弟，當然也只是表面兄弟而已。

少了大內家、毛利家的支持後，鹽冶興久為首的國人聯軍很快就被尼子經久給鎮壓了。鹽冶興久流亡備後國依附岳父山內直通，而鹽冶興久的支持者出雲三澤家、備後山內家相繼遭到了尼子經久的攻擊，在天文三年（1534）時自盡而死，三澤家、山內家也紛紛臣服於尼子家。也就是說，鹽冶興久之亂不但沒有像通說中那樣讓尼子家衰弱，反而還讓尼子家收拾了不穩定的國人，增強了對出雲國的統治力。

進入天文年間以後，年過古稀的尼子經久開始退居幕後，尼子家的新家督尼子詮久走上了舞臺。天文初年時，大友義鑑以擁戴幕府將軍足利義晴為名，號召出雲尼子家、安藝武田家、熊谷家、伊予河野家、宇都宮家、能島村上家等家族組成「大內包圍網」。由於鹽冶興久之亂時尼子家與大內家和談，尼子家便將主要注意力放在東部的備中國、美作國、伯耆國、播磨國等地。在尼子家的鼎盛時期，尼子家的命令在出雲國、隱

岐國、石見國、伯耆國、美作國、備前國、備中國、備後國、安藝國、但馬國、播磨國都能通行，因而尼子經久被稱呼為「山陰、山陽兩道十一州的守護者」或「十一州太守」。

然而，天文四年（1535年）時大內家與大友家開始探索和睦之道，北九州的戰事趨向於平靜，因而大內家的爭霸重心再一次放在了西國。天文九年（1540年）四月，從屬尼子家的沼田小早川家轉投大內家麾下，安藝武田家家督武田光和也在同年六月去世，再加上大內義隆親自出陣攻打尼子方的頭崎城，尼子家在安藝國的統治變得岌岌可危。

為了救援頭崎城，尼子詮久中斷了遠征播磨國的計畫，召集軍勢準備侵入安藝國。而尼子經久的弟弟尼子久幸認為不宜輕率行動，向尼子經久進言請求中斷征討安藝國的計畫。病床上的尼子經久則囑咐尼子詮久，要先收納石見國、備後國國眾的人質，而後以計略為主、武力為輔出征安藝國。可是，血氣方剛的尼子詮久如何聽得進爺爺的勸告，反而嘲笑尼子久幸為「膽小鬼野州」（尼子久幸的官途為下野守，俗稱野州）。

六月，尼子詮久命令叔叔尼子國久率領新宮黨三千餘作為前鋒先行進入安藝國，結果被大內方的國人擊退。八月，尼子詮久親自率領三萬大軍途徑石見國進入了安藝國，於九月四日抵達了吉田郡山城北部的風越山。可是，得到了大內軍支援的毛利元就並不是那麼好對付的，毛利軍在九月、十月的戰役中相繼殺死了尼子軍中的大將湯原宗綱、三澤為幸等，取得小

西國篇

勝。十二月三日,大內義隆派遣陶隆房(陶興房之子)率領的大內軍抵達吉田郡山城東部的山田中山。

天文十年(1541年)正月三日,尼子軍遭到小早川軍、毛利軍的偷襲,戰死十餘人。六日,毛利軍在尼子軍於青之町的陣地放火,尼子軍的本陣青山也遭到了大內軍的襲擊,局勢對尼子軍來說十分不樂觀。正月十一日,陶隆房將大內軍的本陣從山田中山遷移到了吉田郡山城山麓的天神山。十三日,得到大內軍作為後援的毛利元就率領三千人對尼子軍發起攻擊。

尼子軍的前鋒高尾豐前守率領的兩千人、二陣黑正甚兵衛率領的一千五百人在毛利元就的攻擊之下很快就被擊潰。不過尼子軍的第三陣吉川興經率領一千餘吉川軍立即補上了前線,與毛利軍死鬥。吉川興經的父親吉川元經與毛利元就曾是盟友,到了吉川興經時代,吉川興經為了實現制霸安藝國的夢想,背叛了毛利家與尼子家交好。驍勇善戰的吉川興經在面對人多勢眾的毛利軍絲毫不落下風,毛利軍、尼子軍自天明激戰至傍晚,戰況逐漸陷入了膠著狀態。

就在此時,尼子軍突然後院起火,尼子詮久在青山的本陣遭到了陶隆房的奇襲。由於尼子詮久將軍勢悉數派往前線,本陣留下的軍勢並不多。為了掩護尼子詮久,被嘲笑為「膽小鬼野州」的尼子久幸一邊大喊著:「好好看著膽小鬼野州的死期吧!」一邊衝向大內軍,在接連斬殺十數人後,尼子久幸戰死。多虧了尼子久幸的奮戰,尼子軍其餘諸部迅速向本陣靠攏,終於擊

退了陶隆房。

　　日落時分,尼子詮久召集了家臣們商議撤軍,尼子軍自去年九月包圍吉田郡山城以來,幾乎就沒有取得勝利,自軍反而因為長期在陣、失去眾多武將的原因士氣低落。

　　正月十四日清晨,尼子軍陣中的篝火突然增多,大內・毛利聯軍懷疑尼子軍想要偷襲自己,加強了戒備。當聯軍得知尼子軍開始撤退時,便嘗試追擊尼子詮久。可惜的是,此時冰雪還未融化,追擊較為困難,因而尼子詮久得以順利返回月山富田城之中。

八州守護

　　尼子詮久自安藝國撤軍以後,安藝國內的從屬尼子家的勢力便大吃苦頭了。二月,頭崎城被大內軍攻陷,此後安藝吉川家、備後三吉家、山內家、宮家等家族紛紛轉投至大內家麾下。嚴島的櫻尾城被大內軍占領,友田興藤自盡而死。而安藝武田家的家督武田信實在失去後援後,也丟棄佐東銀山城流亡出雲國,自鎌倉時代以來就定居在安藝國的名門安藝武田家就此滅亡(安藝武田家嫡流已遷至若狹國)。

　　天文十年(1541年)十月,尼子詮久自幕府將軍足利義晴處拜領一字,改名為尼子晴久。次月,尼子經久在失去安藝國的悲傷中去世,結束了自己波瀾壯闊的生涯,享年八十四歲。尼子經久是個傑出的名將,不僅軍略出眾,還十分擅長文藝,失

去尼子經久的尼子家很快就迎來了滅亡的危機。

天文十一年（1542年），因為安藝、備後、出雲、石見等國的國人邀請，大內義隆決定遠征出雲國，一舉討滅月山富田城的尼子家。正月十一日，大內義隆帶著養子大內晴持、陶隆房、杉重矩、內藤興盛等率軍一萬五千人自山口城出陣，抵達安藝國國府以後，毛利元就、吉川興經等安藝國國眾與備後國、石見國國眾紛紛率軍前來會合。三月，大內軍前鋒攻入出雲國，擋在大內軍面前的，是尼子經久構築的被稱為「尼子十旗」的月山富田城防禦網。

「尼子十旗」指的是出雲國的十座城池，分別是白鹿城、三澤城、古山城、赤穴城（瀨戶山城）、牛尾城（三笠城）、高瀨城、神西城（龍王竹生城）、熊野城（大石城）、真木城、大西城。而在月山富田城與「尼子十旗」之間，又有著被稱為「尼子十砦」的中繼點，「尼子十旗」與「尼子十砦」構築起了一道堅固的防禦網。

六月，大內軍包圍了「尼子十旗」中的赤穴城，城主赤穴光清與援軍田中三郎左衛門拚死抵抗，擊殺了大內軍的前鋒熊谷直續與其家臣荒川與三。七月二十七日清晨，四萬大內軍再次對赤穴城發起猛攻，但是在赤穴光清的頑強抵抗之下，即便是陶隆房、吉川興經等猛將也敗下陣來，大內軍不得不在黃昏時撤軍。遺憾的是，赤穴光清在守城期間中了流矢而亡，失去主將的守軍只好以放其回歸月山富田城為條件開城投降。此後，

大內軍相繼又攻陷了幾座城池,「尼子十旗」中的不少家族都轉投到了大內家的麾下。

天文十二年(1543年)正月二十日,大內義隆在陣中召開軍議,想要將本陣移往月山富田城下的京羅木山。毛利元就對此提出反對意見,表示京羅木山離月山富田城有些太近了,可是大內義隆的寵臣田子兵庫頭卻支持大內義隆的決定,因此大內軍在兩日後將本陣移到了京羅木山。

然而,進軍出雲國的大內軍和先前包圍吉田郡山城的尼子軍一樣,陷入了持久戰之中。三月十四日,尼子軍擊退了內藤興盛、毛利元就等將的進攻。下旬,尼子誠久、尼子敬久兄弟率領新宮黨兩千餘在洞光寺擊敗了來襲的大內軍。大內軍一直受到尼子軍游擊戰一般的騷擾,又遲遲無法打一場決定勝負的大仗,搞得全軍士氣低落不說,許多國眾還因此產生了動搖。

在大內軍陷入戰爭泥沼中之際,大內義隆不想著尋求戰機,反而積極地向神社、寺院祈禱,可是無論是上天還是神佛都沒能聽到大內義隆的祈禱聲。四月下旬,三澤家、三刀屋家、本城家、吉川家、山內家等出雲、安藝、備後國眾重新轉投尼子家,進入了月山富田城之中,大內軍失去了諸多國眾,對月山富田城的包圍網出現多處漏洞,使得大內軍首尾不得兼顧。

五月七日,大內軍開始撤軍,尼子晴久趁機指揮軍勢對大內軍進行反擊。為了躲避尼子軍的追擊,大內義隆一路沿著

石見國返回領地，於五月二十五日返回了山口城。而大內義隆的養子大內晴持與毛利元就就沒那麼幸運了，毛利元就一路被尼子軍給追著打，好不容易才九死一生逃出生天，大內晴持更慘，在乘船走水路時小船被亂軍打翻，淹死在了海裡。

大內家自遠征出雲國失敗以後，便全面轉攻為守，大內義隆也不再醉心於戰事，而是開始陶醉於文藝方面的興趣。尼子晴久則趁著擊敗大內軍的勢頭，再度對外積極地展開戰事，一口氣開創了尼子家的最大版圖。

天文二十年（1551 年）八月，大內家重臣陶隆房與毛利元就合謀發動政變，於大寧寺中逼死了主君大內義隆，尼子家減少了一個強大的敵人。次年四月，尼子晴久從幕府將軍足利義輝處受賜因幡、伯耆、備前、美作、備後、備中六國守護職，加上原有的出雲、隱岐兩國，尼子家一共擁有了八國的守護頭銜。

不過，尼子晴久並沒有辦法完全統御上述諸國，各地都有許多抵抗尼子家的勢力，例如因幡國內尼子家與但馬山名家打得不可開交，備後國、備中國又處於大內家、毛利家與尼子家交戰的前線，備前國、美作國是播磨赤松家的舊領，赤松家、浦上家等勢力也根本不把尼子晴久放在眼裡。

可是，就在尼子家復興在望之際，尼子晴久卻做了一件出人意料之事。

天文二十三年（1554 年）十一月一日，按照慣例每年的這天都是尼子家的一門眾與家老一起前往月山富田城召開評定的日

子。然而這天尼子晴久以生病為由沒有露面，家臣們從早上一直等到了傍晚，個個都肚子餓得打鼓。就在這時，尼子晴久的側近出來對家臣們解釋說主君身體不大舒服，還是改日再召開評定吧。新宮黨的首領尼子國久、尼子誠久二人在離去之時，被尼子晴久埋伏的刺客殺死。得知尼子國久、誠久父子遇害後，新宮黨的成員們紛紛返回新宮谷籠城防守，尼子晴久則在次日率領五千大軍前來征討新宮黨，並將其討伐。

　　新宮黨自尼子經久時代就一直是尼子家的棟梁，尼子晴久剿滅新宮黨被後世的軍記物評價為自毀長城的行為。然而，尼子晴久為何要剿滅新宮黨呢？在軍記物的記載中，尼子國久、尼子誠久等新宮黨靠著自家的戰功驕橫無比、欺侮同僚，引起了尼子家中其他家臣的側目。此時毛利元就恰好準備與大內家翻臉，為了防止在同大內家對決時被尼子家給偷襲老巢，便使出反間計放出謠言說尼子國久想要謀反。尼子晴久恰好看新宮黨不順眼，便中了毛利元就的計策將左右手新宮黨給剷除了。

　　另外，《毛利家文書》中收錄的一封書信則顯示，尼子國久十分寵愛幼子與四郎，此舉引起了嫡孫尼子氏久的不滿，擔心失去繼承人之位的尼子氏久便向尼子晴久誣告祖父國久有謀反之舉，這才導致了新宮黨的滅亡。

　　無論上述原因是否屬實，新宮黨的滅亡的真正原因只怕是沒有這麼簡單。實際上，尼子國久領導的新宮黨雖然是尼子家中的支柱，但是作為庶家的新宮黨卻威脅到了主家的地位，並

且在尼子家中有著很強的自立傾向。例如天文十三年時尼子國久曾帶領新宮黨侵入備後國,而後又席捲了美作國、因幡國等地,當時就有家臣表示侵入因幡國等地並非尼子晴久的命令,勸告尼子國久不要太過張揚,免得功高蓋主惹禍上身。

此外,在出雲國西部地區新宮黨的勢力十分強大,尼子晴久只能間接地透過尼子國久對當地進行統治,這對想要在領地內形成一元化統治的尼子晴久來說自然是無法接受的。任何一個戰國大名都無法容忍自己麾下出現一個實力強大的家臣,例如毛利元就也曾剿滅毛利家重臣井上光兼一族,織田信長在如日中天時將重臣佐久間信盛流放,這都是大名為了強化自身權力削弱家臣團的一種手段,反之大內義隆與陶隆房就是一個典型的反面例子。

尼子再興軍的興亡

弘治三年(1557年)四月,毛利元就率軍攻入山口館,西國霸主大內家滅亡,毛利元就將大內家的舊領周防國、長門國納入自家囊中。同年,毛利軍侵入石見國,石見國的國眾紛紛望旌而降。

面對毛利家對石見國的侵攻,尼子晴久率軍奮起反擊。可是,就在兩家纏鬥之際,尼子晴久卻在永祿三年(1560年)十二月二十四日病逝,享年四十七歲,尼子家家督由尼子晴久的嫡子尼子義久繼承。

尼子家

　　永祿五年（1562年）六月，在毛利家平定石見國以後，「尼子十旗」之一、出雲國國眾赤穴久清背叛了尼子家率軍來投。此後，三澤為請、三刀屋久扶等餘下的「尼子十旗」也相繼前往毛利軍陣中歸降。不僅如此，早年被尼子家驅逐出雲、伯耆國眾也紛紛在毛利家的支持下回歸舊領，尼子家對各地失去了控制。

　　不過，就在毛利家即將對尼子家發起總攻之時，毛利軍的前鋒本城常光卻在陣中被毛利家討伐，剿滅尼子家之事因此不得不往後推遲。毛利元就討伐本城常光的原因也非常簡單，本城常光是石見國山吹城的城主，在石見銀山一帶非常有影響力，威脅到了毛利家對石見銀山的支配，這才導致禍端。

　　永祿八年（1565年），毛利軍相繼奪取了月山富田城的數座支城，將月山富田城完全孤立。次年十一月二十一日，尼子家與毛利家達成和議，毛利家保障尼子義久與月山富田城守軍的人身安全，作為交換，尼子家要讓渡月山富田城，而尼子義久、倫久、秀久兄弟必須前往安藝國居住，也就是被毛利家軟禁，戰國大名尼子家就此滅亡。

　　月山富田城開城以後，尼子家的許多家臣們成為浪人，紛紛流浪諸國，其中包括了一位名叫山中幸盛的武士。永祿十二年（1569年）六月，趁著毛利家在九州與大友義鎮對決無暇東顧之際，山中幸盛與昔日同僚立原久綱等人擁戴新宮黨成員尼子誠久的遺子尼子勝久為主，組成了「尼子再興軍」自但馬國渡海進入出雲國，包圍了月山富田城。

西國篇

　　為了救援月山富田城，毛利元就急忙派遣出雲國眾三澤為請返回領國，正在築前國立花城與大友家交戰的小早川隆景也命米原綱寬等人率軍歸國支援月山富田城。這些歸國的出雲國眾大多數都是尼子家舊臣，面對舊主同僚自然是沒有多大戰鬥熱情的，米原綱寬等舊臣甚至在歸國以後直接加入了尼子再興軍的一方，反而加重了毛利家的負擔。

　　元龜元年（1570 年）正月五日，平定西境的毛利元就命孫子毛利輝元率軍攻入出雲國，解除了尼子再興軍對月山富田城的包圍。到了六月八日時，出雲國內的尼子家據點僅剩下了米原綱寬的高瀨城與尼子勝久所在的新山城而已。九月，因為毛利元就病重的緣故，毛利輝元、小早川隆景率軍歸國。趁著毛利軍主力不在的機會，尼子再興軍再次對出雲國內的毛利家據點發起攻擊，可是孤軍深入的尼子再興軍並未取得多大戰果。

　　元龜二年（1571 年）三月，彈盡糧絕的高瀨城開城投降。八月下旬，尼子家在出雲國最後的據點新山城也堅持不住開城投降，尼子勝久在落城前突圍逃亡，山中幸盛則突圍前往伯耆國，後被吉川元春俘虜。但是，山中幸盛找了個機會再次出逃，前往美作國一帶蟄伏，等待新時機的到來。

　　天正元年（1573 年）三月，尼子勝久、山中幸盛再度在因幡國舉事，但是沒有後援的尼子再興軍很快又被毛利軍給擊敗，戰敗的尼子勝久一路逃亡至京都，尋求京畿的霸主織田信長的幫助。

天正五年（1577年）十月，織田信長任命家臣羽柴秀吉為侵攻西國的總大將，率軍侵入播磨國。十一月末，羽柴秀吉包圍了播磨國、美作國邊境的上月城，毛利家的盟友宇喜多直家率軍來援，被羽柴秀吉擊敗。羽柴秀吉切斷了上月城的水源，又在城外修築了三重鹿角，阻止城兵逃亡。十二月三日，上月城被織田軍攻陷，城內所有守軍皆被羽柴秀吉下令殺死，女眷、孩童則被織田軍帶往播磨國國境，分別公開處以磔刑（長槍刺死）與串刺之刑。

織田軍攻下上月城之後，任命尼子勝久為守將，山中幸盛、立原久綱等尼子再興軍也隨著尼子勝久進入了上月城。

然而，次年二月，播磨國東部的有力國眾別所家突然背叛了織田家舉兵，播磨國的許多國眾也紛紛舉起了反旗。羽柴秀吉陷入了被毛利家、別所家兩面夾擊的境地。四月，毛利輝元出陣備中松山城，同時吉川元春率軍一萬五千、小早川隆景率軍兩萬、宇喜多直家率軍一萬四千侵入了播磨國，將國境上的上月城包圍。

上月城內的尼子再興軍不過只有兩千三百人左右，根本不是毛利軍的對手。為了救援上月城，織田信長在五月一日表示會親自出陣播磨國，可是最終此事也不了了之了。對織田信長來說，尼子家能不能復興是一件無關緊要的事，對織田家來說的大事乃是如何保障陷入重圍的羽柴秀吉。

羽柴秀吉不願意放棄上月城，在與攝津國的荒木村重會合

後，羽柴、荒木兩軍前往上月城附近的高倉山布陣，與毛利軍對峙。六月十六日，織田信長認為織田軍主力未到，羽柴、荒木軍對抗毛利軍是以卵擊石，便下令命羽柴秀吉、荒木村重撤軍，轉而攻打別所家麾下的東播磨諸城。

七月三日，被織田信長拋棄的上月城不得不開城投降。儘管山中幸盛向毛利家祈求放過尼子勝久，但是毛利家依舊下令命尼子勝久自盡，山中幸盛也在被押送往安藝國的途中於備中國高梁川被毛利家殺害，尼子家復興的最後火種就此熄滅。

值得一提的是，尼子再興軍在想著如何復興尼子家時，尼子家的正牌家督尼子義久尚處於毛利家的軟禁之中，所以尼子再興軍擁戴的尼子勝久只是再興軍的主將而已，並非尼子家的家督。

八月十五日滿月之夜出生的山中幸盛曾對著初三的月亮祈禱，願上天給自己降下七難八苦也要復興尼子家。此舉也被後世的日本人認為是忠義武士的典範，江戶時代的漢學家評價山中幸盛為「虎狼世界見麒麟」，認為山中幸盛是禮崩樂壞的戰國時代中獨一無二的傑出武士。

毛利家

毛利家的先祖

　　毛利元就崛起於日本戰國時代的本州島西部，毛利家本來只是一介國人而已，但是在毛利元就的領導之下，毛利家相繼滅亡了大內家與尼子家，成為了西國最強大的霸主。戰國時代結束以後，毛利家作為江戶幕府的大名一直延續到了幕末，並且成功主導了日本歷史的走向。

　　毛利元就的祖先是鎌倉幕府的創業功臣大江廣元的第四子大江季光，由於大江季光繼承了父親在相模國毛利莊的地頭職，因此便以「毛利」作為苗字。毛利季光上頭有三個哥哥，大多數都繼承了父親大江廣元的特長，擅長文職工作，而毛利季光出生於關東，自幼便與關東武士混在一起，自然沾染上了武士的特性，非常喜好武藝。

　　承久三年（1221年），後鳥羽院號召日本各地的武士起兵討伐鎌倉幕府的執權北條義時，毛利季光的哥哥源親廣也被院廳拉攏，參加了院廳的一方，隨後鎌倉幕府組織了東海道、東山道、北陸道三路大軍西征。這一年毛利季光只有二十歲，他

加入了幕府西征軍的主力東海道軍之中，與北條泰時、足利義氏、三浦義村、千葉胤綱等將一同西進。戰後，毛利季光因功加封了安藝國吉田莊的地頭職，大江廣元也將名下的越後國佐橋莊讓渡給兒子。

寬元四年（1246年），隱居的幕府將軍藤原賴經與北條氏庶流名越光時密謀發動政變，想廢掉「得宗家（北條氏嫡流）」出身的執權北條時賴奪回大權。這次政變很快就被北條氏發覺，藤原賴經也被送還了京都。不過，藤原賴經的側近三浦光村（三浦家家督三浦泰村的弟弟）等人卻對北條氏大為不滿，這也讓北條氏下定決心討伐三浦氏一族。在北條氏與三浦氏交戰時，毛利季光原本站在北條氏的一邊，但是由於他的妻子是三浦泰村的妹妹，所以後來又舉兵加入了三浦氏一方。

然而，三浦氏不是北條氏的對手，很快就敗下陣來，毛利季光與兒子毛利廣光、毛利親光、毛利泰光、孫子毛利吉祥丸一同自盡，另外一個孫子毛利文殊丸則被俘虜。另外一邊，毛利家的根據地相模國毛利莊也被北條方的御家人襲擊，留守的郎黨、親族大多戰死，毛利莊的屋敷也被大火付之一炬。此時毛利氏一族僅剩下毛利季光的四子毛利經光倖存，他從父親處拜領了越後國佐橋莊，因而沒有參加這場戰役，幸而生還。

「保治戰役」後，因為毛利季光的姪子長井泰秀在幕府的運作，北條氏赦免了毛利經光，安堵其安藝國吉田莊與越後國佐橋莊的領地，但是將毛利家的根據地毛利莊給沒收了。毛利經

光在晚年將領地讓渡給了兒子毛利基親與四子毛利時親，其中毛利基親雖然繼承了毛利家的總領職，但是只獲得了佐橋莊北條的領地，反而毛利時親繼承了佐橋莊南條以及安藝國吉田莊的地盤，這大概是因為毛利時親的妻子是「得宗家」有力御內人長崎泰綱女兒的緣故。

毛利時親晚年在河內國加賀田鄉隱居，傳聞他曾經給還是孩子的楠木正成傳授兵法，教導其武藝。等到鎌倉幕府滅亡後的建武三年（1336年）時，八十歲高齡的毛利時親將根據地從越後國遷到了安藝國吉田莊，在此扎根下來。

在足利尊氏舉兵之際，毛利氏一族加入了後醍醐天皇的一方，毛利時親的兒子毛利貞親、孫子毛利親衡都在京都作戰，但是老妖怪毛利時親看透了宮方的無能，認為武家政治才是王道，因而與足利尊氏和談，還派遣玄孫毛利元春加入了足利軍，跳反到了足利氏一方。後醍醐天皇方戰敗之後，新田義貞帶著皇子流亡北陸，此時毛利時親將家督讓給了玄孫毛利元春，兒子毛利貞親則隱居出家，回到吉田莊居住。孫子毛利親衡則隨著新田義貞一起逃向北陸，直到毛利元春向足利尊氏請求赦免父親之後，毛利親衡才返回了吉田莊。

南北朝時代的毛利家同其他家族一樣，分裂成了支持南朝與支持北朝的兩方，分別以毛利親衡、毛利元春父子為主，父子倆一邊內鬥，一邊藉著這個機會擴張領地。此後，毛利元春又追隨室町幕府派遣的九州探題今川了俊在九州作戰，還在吉

田莊修築了吉田郡山城作為毛利家的根據地。

在室町時代，毛利氏原本從屬於安藝國的守護山名氏，在應仁之亂爆發之時，毛利家的家督毛利豐元與守護山名是豐（山名宗全次子，與父親不和）一同加入了東軍。不過，毛利家很快就分裂了，毛利豐元在當地豪強安藝武田家家督武田信賢死後加入西軍，投入了大內政弘麾下，與舊主山名是豐交戰，而毛利豐元的弟弟毛利元家則依舊從屬東軍。

毛利豐元死後，其子毛利弘元繼承家督，繼續追隨著大內家，到了毛利豐元孫子毛利興元時代，毛利興元甚至與主君大內義興一同上洛，輔佐被細川政元流放的將軍足利義稙重返京都復任幕府將軍。永正八年（1511年），毛利元就參加了細川高國、大內義興對戰細川澄元、細川政賢的船岡山之戰，是役毛利興元從屬的大內軍異常勇猛，一舉攻破了細川政賢的本陣，奠定了戰役的勝利。

然而，大內義興在京期間，安藝國卻變得不大和平起來。當時大內家在安藝國的從屬勢力主要有毛利家與安藝武田家，安藝武田家自嫡流遷至若狹國以後，在安藝國只留下了一支庶流。這支庶流的家督武田元繁在大內義興的支持下，從宗家獨立，建立起戰國時代的安藝武田家，然而武田元繁卻趁著大內義興在京期間，不斷地在安藝國擴張勢力，引起大內義興的不滿。於是，在大內義興的命令之下，毛利興元帶著毛利軍先行返回了安藝國，與不安分的武田元繁交戰。

可是，永正十三年（1516年）時，先行返回領地的毛利興元突然得了急病病逝，年僅二十五歲。此時的安藝國已經成為大內家與尼子家爭霸的戰場，毛利興元之死給了大內家一個非常大的打擊，這也成為大內義興決定從京都返回領地的原因之一。

毛利興元死後，由於繼承毛利家家督的毛利興元之子毛利幸松丸年僅兩歲，因而便以毛利興元的弟弟毛利元就作為幸松丸的家督後見人，毛利元就也因為這個關係開始登上了歷史的舞臺。

稀代智將毛利元就

永正十三年（1516年），毛利家的家督毛利興元去世時，繼承人幸松丸只有兩歲，雖然有叔父毛利元就擔任家督後見人，但是這年毛利元就不過也只有二十歲而已。

此時，安藝國的武田元繁已經與尼子經久結盟，得知大內家在安藝國的最強國眾毛利氏出現衰弱跡象後，於次年十月包圍了先前被毛利興元攻取的山縣郡有田城。安藝武田家有尼子家作為後盾，並且在鄰國備後國還有從屬尼子家的國眾三吉氏的支持，軍力遠遠比毛利家要強大許多。

十月二十二日，有田城已經危在旦夕。二十一歲的毛利元就以家督陣代的身分，率領毛利軍從猿懸城出陣，這是毛利元就第一次作為總大將出陣，也是他的初陣。同其他戰國武將比起來，毛利元就的初陣著實有些太晚了，因而武田軍也非常輕

侮這個戰場上的新手，武田元繁派遣帶將熊谷元直率領幾百騎武士在冠川東岸的中井手布陣防禦。

讓大家都沒想到的是，毛利元就此時獲得了吉川家的援軍，兵力雖然不及武田軍，但是卻超過了熊谷元直的這支偏師，因而在遭受猛攻之後，熊谷元直因為沒能得到援軍的及時支援戰死。

在有田城下的武田元繁得知熊谷元直戰死，便在有田城下留下伴繁清、品川信定等繼續圍城，自己則率領武田軍本陣朝著毛利軍而來。與之相對的，兵力還不足武田軍一半的毛利元就也不示弱，率領毛利軍直接朝著武田軍的正面進軍。

兩軍隔著又內川展開激戰，毛利元就親自來到陣前鼓舞士氣，揚言今日就是「元就戰死之日」，武田元繁見狀也一邊大喊著「殺死那傢伙」一邊縱馬來到陣前。武田元繁的確是一員猛將，在他的率領下，武田軍越戰越勇，武田元繁殺得興起，甚至親自騎馬脫離了大部隊追擊毛利軍。

然而，就在武田元繁渡河之際，毛利元就突然指著武田元繁大喊到：「那人就是武田元繁，射死他！」緊接著，毛利軍中七八名武士立即引弓朝著武田元繁射去，武田元繁猝不及防，胸口被一支利箭刺穿跌落河中，毛利家的家臣井上左衛門尉立即騎馬趕來，砍下了武田元繁的首級。武田元繁戰死以後，武田軍士氣大崩，全軍敗退。有田戰役被後人們稱為「西國的桶狹間」，這並非是因為「奇襲」，而是因為這場戰役和「桶狹間之

戰」改變東國局勢一樣，徹底改變了西國的局勢，毛利家與武田家的優劣局勢在這一戰後徹底反轉。

有田戰役過後，毛利元就迎娶了吉川國經的女兒為妻。大約在大永二年（1522年）時，由於尼子經久的勢力伸入了安藝國，毛利元就迫於局勢危急不得不背棄大內家臣服於尼子家。次年，毛利家家督幸松丸夭折，年僅九歲，在家臣們的推舉之下，毛利元就繼承了毛利家家督，遷居到了毛利家的本城吉田郡山城內。可是毛利元就的繼位引起了一部分家臣的不滿，這些家臣擁戴毛利元就的異母弟弟相合元綱為主想要發動政變，結果被毛利元就發覺，相合元綱等人均被元就殺死。

大永四年（1524年）五月時，返回領地的大內義興動員起周防國、長門國、豐前國、築前國等地的武士共兩萬五千人，對安藝國發起反擊，想要奪回安藝國的控制權。大內軍兵分兩路朝著安藝國出發，大內義興親自率領一萬人攻打佐伯郡，其子大內義隆則率領一萬五千人侵入佐東郡，包圍了武田光和（武田元繁之子）籠城的佐東銀山城。八月五日，毛利元就收到尼子經久的指示率領安藝國、備後國的軍勢出陣，趁著雨夜奇襲了佐東銀山城下的大內義隆，大內軍瞬間戰死數百人，大軍一路潰敗至大內義興的本陣處。

大內義隆的後見人陶興房也在這次戰鬥中見識到了毛利元就的厲害，在見到大內義興以後，他對大內義興說到：「毛利元就此人非同小可，若他從屬敵方，就是可以置我們於死地的毒

藥,若能夠調略他的話,則能成為大內家的一劑良藥。」

早在有田戰役時,大內義興就聽聞過毛利元就的武功,當時還在京都的他特意給毛利元就下發感狀,稱讚他在與武田元繁交戰時立下的功勳。因此,大內義興決定調略毛利元就,毛利元就也在大永五年(1525年)三月時重新回歸到了大內義興的麾下。

在毛利元就出任家督期間,他開始消滅安藝國的頑固敵對勢力,拉攏一些國眾,例如宍戶氏、熊谷氏在這期間都與毛利家交好,在毛利元就的策略下,毛利家在安藝國確立起國人盟主的地位。

天文八年(1539年),大內家攻滅了北九州的少貳家,同時與豐後國的大名大友氏和解,隨後大內家調轉矛頭,開始把注意力集中在了本州島的東線戰場。次年,安藝武田家家督武田光和去世,由於武田光和沒有嫡子,庶子又非常年幼,因而武田家從宗家若狹武田家迎接了武田信實出任家督。武田信實繼位後,武田家圍繞是否要與大內家議和展開爭論,最終發展成內鬥,嚇得初來乍到人生地不熟的武田信實丟棄佐東銀山城流亡出雲國投靠尼子家。

此時尼子家的家督是尼子經久的孫子尼子晴久,尼子晴久恰好想要收拾毛利元就,便率領三萬大軍侵入安藝國,順便扶持武田信實返回武田家居城佐東銀山城。然而,尼子晴久對吉田郡山城的攻擊很快就因為大內軍的來援敗北,武田信實也丟

掉了佐東銀山城，再度流亡出雲國，安藝武田家正式滅亡。雖然有傳聞武田信實後來在出雲國病逝，但是近年的研究卻發現他可能返回了本家所在的若狹國，後來又出仕了幕府將軍足利義昭，在室町幕府滅亡後，他又隨著足利義昭一同前往了毛利家的領地。

天文十年（1541年），由於尼子晴久在安藝國戰敗，安藝國與備後國的許多國人都轉而投向了大內家，尼子家的老妖怪尼子經久也在這年受不住打擊去世。次年正月，大內家家督大內義隆親自率領軍隊出陣，想要趁著尼子家不穩之際一舉將其滅亡，毛利元就作為安藝國的國人領主也率領毛利軍參陣。

大內軍一路高歌猛進，奪取了尼子家的多座城池，於次年三月正式對尼子家的本城月山富田城發起攻擊。然而，尼子晴久一邊籠城防守，一邊採用游擊戰的戰術，命尼子家麾下的國眾襲擾大內軍的後勤補給線。由於尼子家「新宮黨」的奮戰，大內軍無力在短時期攻陷月山富田城，加上補給線不斷地被尼子軍騷擾，導致月山富田城下的大內軍士氣低弱，許多國眾都產生了厭戰情緒。

進入四月後，歸降大內家的國眾三刀屋久扶、三澤為清、本城常光、吉川興經等國眾突然舉起反旗，進入月山富田城內加入了尼子軍，大內軍陷入劣勢，作戰計劃宣告失敗。五月，大內軍開始撤退，尼子晴久見狀立即展開追擊，大內家的許多家臣都在殿後戰中戰死，而大內義隆的養嗣子大內晴持則在歸

國途中因為乘坐的船隻側翻溺死。

毛利元就與嫡子毛利隆元在這一戰中奉命殿後，毛利軍不但被尼子軍追擊，還被出雲國從事「落武者狩」（獵殺戰敗武士）的土一揆襲擊，毛利元就一度想與嫡子隆元一同自盡而死。好在毛利家的家臣渡邊通穿上了毛利元就的鎧甲，帶著七名武士與追兵死戰，毛利元就才得以趁機返回了吉田郡山城。

大內家的「出雲遠征」與前兩年尼子家的「安藝遠征」幾乎就是一個模子裡刻出來的一樣，兩家都因為遠征而元氣大傷。在這之後，大內家家督大內義隆倍受打擊，從此不再熱心戰事而是轉向和歌等文化娛樂，大內家也因此走向了衰弱。不過，尼子家與大內家的兩次慘敗，卻給了讓毛利家從中漁翁得利的大好機會，毛利元就也趁著這個機會大展宏圖，開始了毛利家在西國的稱霸之路。

嚴島之戰

天文十二年（1543 年），出雲遠征失敗以後，毛利元就的主君大內義隆瞬間一蹶不振，荒廢了軍政不說，還從京都找來了許多藝人與公卿，整日沉迷研究藝能以及文學等公卿文化。作為一個武士，特別是日本戰國時代的戰國大名，大內義隆的做法自然引起了許多家臣的不滿，其中就包括了大內家的「武斷派」家臣陶隆房。

在大內家的譜代家臣中，以陶氏、杉氏、內藤氏三家地位

最高，原本在大內家中，杉氏的家督杉重矩與陶氏的家督陶隆房二人因政見不合對立，但是二人同屬大內家的「武斷派」行列。而自出雲國遠征之後，大內義隆開始重用外樣家臣出身的「文治派」家臣，引起了陶隆房與杉重矩的不滿，導致二人走向了聯合。

此時的毛利元就沒有意識到大內家的變化，天文十三年（1544年）時，與毛利家關係親密的竹原小早川家因為家督絕嗣的緣故，竹原小早川家的家臣們請求迎接毛利元就的三子德壽丸入嗣，但是毛利元就卻以德壽丸年幼為由拒絕了這項提議。小早川家的家臣們不得不請大內義隆做說客，在大內義隆的倡議下，毛利元就最終將三子送入竹原小早川家，元服後大內義隆親自下賜一字，取名「小早川隆景」。後來，小早川氏的宗家沼田小早川家家督小早川繁平染了重病，被家臣們廢黜，小早川隆景便統一了竹原小早川家與沼田小早川家，當然這是後話了。

天文十五年（1546年），毛利元就將家督讓給了嫡子毛利隆元，自己退居二線。次年，吉川家家督吉川興經與吉川氏一族內訌，吉川氏一族與家臣們迎接了毛利元就的次子吉川元春入嗣吉川家。

就在毛利家不斷地發展壯大之際，毛利家的主家大內家隱忍多年的衝突終於爆發了。天文十九年（1550年），大內家的三個家老陶氏、杉氏、內藤氏組成同盟，決定廢黜大內義隆的

家督之位，擁立大內義隆之子大內義尊為家督。陶隆房還在這時候將此事通報給了毛利元就，說明毛利元就早就知道陶隆房準備發動政變，並且對沉迷文化的大內義隆感到不滿的毛利元就也預設了這項行動。陶隆房在十一月二十七日返回領地後就一直稱病不出，大內義隆對此有些防備，還特意寫信給毛利元就，表示萬一大內館發生內亂，希望毛利元就能夠派兵前來保護自己。可是，大內義隆不知道毛利元就早就已經被陶隆房給收買了。

天文二十年（1551年）八月，陶隆房突然舉兵攻向山口大內館，毛利元就也起兵響應，攻擊大內義隆麾下的城池。然而，毛利元就原本只是想廢掉大內義隆，改立大內義尊為主，並沒有殺死大內義隆父子的意願，而陶隆房卻早已與大友家商議好，迎接大友宗麟的弟弟大友晴英前來大內家出任家督，因而擅自在大寧寺殺死了大內義隆父子。陶隆房的做法讓毛利元就背上了弒主的惡名，同時也埋下了陶氏與毛利氏決裂的伏筆。

大寧寺之變後，大內家迎接了大友晴英出任家督，改名大內義長，陶隆房也拋棄了舊名改名為陶晴賢，此時大內家的實權已經落到了陶晴賢的手中。不過，在此期間尼子家又開始活躍，因而毛利元就便隱忍不發，繼續與陶氏交好，以便應對尼子家的攻勢。

天文二十三年（1554年），因為尼子家不再構成威脅，毛利元就便舉兵與陶晴賢決裂，毛利家從已經是空殼的大內家獨

立,開始謀求自己的戰國大名之道。六月五日,陶晴賢派遣猛將宮川房長率軍三千人出陣,毛利元就誤以為這是大內軍主力來襲,動員起全領軍勢,將其擊敗。得知先鋒失利後,陶晴賢開始動員周防、長門、豐前、築前四國兵馬共兩萬人,準備侵入安藝國討伐毛利家,但是由於陸路的隘口都被毛利元就布兵駐防,因而陶晴賢決定走海路進軍。然而陶晴賢沒想到的是,毛利元就一開始就是準備在海面上迎戰大內軍的。

弘治元年(1555年)春,毛利元就派人在嚴島修築了宮野城,此地乃是海上的交通要道,毛利元就判斷陶晴賢不可能對這座城池坐視不理。果然,七月七日,陶晴賢派遣白井賢胤率領大內家水軍對宮野城發起攻擊。九月二十一日,陶晴賢率領大內軍本陣登陸嚴島,大內家的家臣弘中隆兼與毛利元就曾經是好友,他深知毛利元就的聰明才智,認為宮野城是毛利元就的誘敵之計,因此堅決反對在嚴島登陸。

但是,掌握大內家實權多年的陶晴賢早已膨脹,他根本聽不進他人的進言,認為只有五百守軍的宮野城彈指可滅,縱使毛利元就再怎麼神機妙算,丟失了城池以後又能有什麼作為呢?因此,陶晴賢根本沒將宮野城放在眼裡,嚴島的大內軍以及停靠在岸邊的戰船,全都是朝著安藝國布陣,大內軍隨時都準備著渡過海峽登陸安藝國。

另外一邊,毛利元就得知陶晴賢中計後,在吉田郡山城留下了八百守軍,然後親自率領毛利家、吉川家、小早川家三家

以及熊谷等安藝國國眾組成的聯軍,朝著嚴島進軍。此時毛利元就麾下的軍勢只有四千人,與大內軍有著五倍的差距,但是這早就在他的計算之中了。以陸路對決大內軍,毛利軍絕無勝算,但是如果交戰地在嚴島的話,毛利元就可以利用與大內家實力差距不大的水軍決勝負,自己這支陸路的軍勢充其量只是水軍的偏師而已。

當然,陶晴賢不是沒有察覺到毛利元就的想法的。在陶晴賢看來,大內家的水軍戰船數量遠在毛利家水軍之上,他還派遣了使者想要拉攏能島、來島兩家水軍。即便兩家水軍不來參陣,只要他們不加入毛利軍而是作壁上觀的話,大內家水軍在戰場上還是占有絕對的優勢的。因此無論是陶晴賢還是毛利元就,都在賭能島、來島水軍會不會參戰。

九月二十七日,宮野城危在旦夕,能島、來島水軍依舊沒有趕赴戰場。毛利元就已經不能再等了,如果宮野城陷落,大內軍就會立即渡海登陸安藝國,那麼自己的計畫便會被全盤打亂,滿盤皆輸。因此,毛利元就命令小早川隆景做好獨自率領小早川水軍救援宮野城的心理準備,此時小早川隆景麾下的水軍只有一百多艘戰船,而大內軍則有五百多艘。

九月二十八日,能島、來島水軍眾終於率軍趕到了嚴島,兩家水軍共帶來了三百艘左右的戰船,這讓毛利元就吃下了一顆定心丸。促使兩家水軍眾加入毛利軍的不是別人,正是陶晴賢自己。原來,來島、能島、因島三家水軍原本有權在嚴島向

在瀨戶內海往來的船隻徵收被稱為「警固費」的保護費，但是這個特權卻在陶晴賢主政時被廢除，改由陶晴賢的代官進行徵收，過路費也落入了陶氏的個人腰包裡，引起了水軍眾的不滿。

九月三十日，這天夜裡嚴島下起了暴風雨，毛利元就、毛利隆元、吉川元春藉著暴雨的掩護渡海，率領兩千人在嚴島東北岸登陸。毛利元就命令吉川元春率領前鋒朝著陶晴賢本陣後方的尾之丘進軍，而小早川隆景則率領水軍眾繞著嚴島迂迴了一圈，來到了嚴島西北部的海面上，偽裝成九州大友家派來支援的水軍。

十月一日拂曉，毛利元就一聲令下，嚴島立即響起了毛利軍的太鼓聲，吉川元春以及宮野城的守軍立即對大內軍的陣地發起攻擊。由於大內軍本沒有在嚴島長期駐紮的打算，因而營地分布得非常混亂，在遭到毛利軍的奇襲之後，大內軍根本無法組織起有效的反擊，瞬間陷入了混亂，連忙朝著在嚴島西岸停靠的水軍戰船潰退。

與此同時，小早川隆景也對大內家水軍發起奇襲。能島、來島水軍眾在參陣時給毛利軍送了一份大禮，調略了許多從屬大內家的水軍，因而開戰以後，許多大內家的水軍臨陣倒戈，反過來開始攻擊友軍，使得大內家水軍即刻戰敗，丟下了嚴島上的大內軍逃走了。而嚴島上的大內軍見到戰船敗走，士氣大跌亂作一團，根本無心再戰，成為了任人宰割的羔羊。在絕望之中，陶晴賢自盡而死，大內家的精銳部隊也全部葬送在了

西國篇

嚴島。

嚴島之戰與桶狹間之戰、河越戰役一同被稱為「日本戰國三大奇襲戰」，但是與其說毛利家在這場戰役中是靠奇襲取勝，倒不如說是靠毛利元就算無遺策的精采謀略獲勝。在這場戰役中，從陶晴賢起兵開始，就一步一步走進了毛利元就早已規劃好的口袋之中，直到大內軍戰敗為止，這場戰役的每一個細節，都在毛利元就的計畫之中，真是無愧於日本戰國第一智將之名。

弘治三年（1557年）四月，毛利元就率領軍隊攻陷了山口大內館，消滅了名門大內家。此後，毛利元就又侵入了石見國，毛利家也從當初的一個小國眾，成長為了占據周防、長門、石見、安藝、備後五國的超級大名。

對決織田家

消滅大內家之後的毛利家雖然取代了大內家的地位，但是曾經大內家在北九州的領地卻逐漸被九州大名大友宗麟侵蝕。除此以外，出雲尼子家的家督尼子晴久也不是泛泛之輩，毛利家在與尼子家的戰爭中失去了對石見銀山的支配權。

幸運的是，永祿三年（1560年）十二月，尼子家家督尼子晴久得了急病去世，此後尼子家陷入了一片混亂之中，從此以後的尼子家再也不是毛利家的對手。在此期間，毛利元就建立起了以吉川家、小早川家兩家分家作為毛利家宗家輔佐役的「毛利

「兩川」體制，以維護毛利家的穩定。

永祿六年（1563年），毛利元就的嫡子毛利隆元去世，家督由毛利元就的孫子幸鶴丸繼承。由於幸鶴丸年僅十一歲的緣故，毛利元就與吉川元春、小早川隆景一同出任幸鶴丸的後見人。兩年後，幸鶴丸元服，從幕府將軍足利義輝處拜領一字，取名為毛利輝元。

毛利元就晚年，毛利家的戰事主要集中於與尼子家的戰爭中。毛利元就吸取了尼子家的安藝遠征與大內家的出雲遠征兩場失敗戰役的教訓，對尼子家的領地步步蠶食，並且採用「兵糧攻」的戰法，將尼子家的主城月山富田城包圍。永祿九年（1566年）十一月，尼子家家督尼子義久開城投降，尼子家滅亡。

此後，尼子一族出身的尼子勝久在重臣山中幸盛的擁護下，帶著尼子家殘黨退入但馬國依附但馬山名家，企圖復興尼子家。後來，尼子勝久又與京畿的霸主織田信長搭上了線，西國的霸主毛利家與天下人織田家也正式開始交鋒。元龜二年（1571年）六月，年邁的毛利元就終於走到了人生的盡頭，在吉田郡山城去世，享年七十五歲。毛利家在毛利元就的領導之下，僅僅用了一代人的時間就將毛利家從一介國人變成了西國霸主，這不得不說是一個奇蹟。然而，也正是因為這個奇蹟發生得太迅速了，為後來的毛利家埋下了禍根。

話說回毛利家的家督毛利輝元，自從毛利輝元元服以後，京都的政局就發生了天翻地覆的變化──幕府將軍足利義輝被

家臣三好義繼、松永久通殺害。此後，足利義輝的弟弟足利義昭四處流浪，同時號召各地大名起兵上洛討伐三好家，以扶持自己繼承將軍之位。

毛利家也收到了足利義昭的書信，但是畢竟天高皇帝遠的，毛利家的領地也與京畿不接壤，除了譴責一下三好義繼的弒主行為外，毛利家並沒有派出大軍上洛的打算。不僅僅是毛利家，當時收到書信的還有若狹武田家、越前朝倉家、越後上杉家、甲斐武田家等等，但是這些大名們都忙於在地方上搶地盤，同樣沒有心思上洛。不過在這一眾戰國大名之中，還是有忠於幕府的人，那就是尾張國大名織田信長與三河國大名德川家康，當然，雖然家康也收到了將軍的書信，但是主角還是織田信長。

永祿十一年（1568年）九月，織田信長舉兵上洛趕跑了三好家，擁戴足利義昭繼承了幕府將軍之位。此時三好家的家督三好義繼已經被家臣「三好三人眾」給驅逐，「三好三人眾」投靠了三好家的分家阿波三好家。為了與以四國阿波國為根據地的阿波三好家作戰，織田信長與毛利家開始聯繫，而作為織田家外交取次的，正是當時日益受寵的木下秀吉。

然而，元龜四年（1573年）足利義昭突然舉兵與織田信長敵對，為了拉攏毛利家，足利義昭推舉毛利輝元敘任右馬頭官職，同時賜予毛利家幕府相伴眾的地位。不過此時的毛利家與織田家仍未斷交，因而毛利家對足利義昭沒有做出有效的支援，只是作為仲介調解足利義昭與織田信長的關係。

七月，足利義昭被織田信長流放，室町幕府滅亡。此時織田信長並未產生取代室町幕府的野心，毛利輝元便透過木下秀吉向織田信長提出申請，請求讓足利義昭重回京都出任將軍，恰好織田信長需要幕府將軍這面大義旗幟，也有意答應此事。可是，足利義昭在這時候卻不知好歹地要求織田信長向他遞交人質方才願意和談，這讓織田信長徹底斷了與幕府和談的想法，毛利輝元也夾在中間裡外不是人。

毛利家與織田家真正交惡原因，源自西國局勢的變化。在室町幕府時代，備前國、播磨國與美作國是室町幕府「四職家」之一赤松家的領地，在赤松家衰弱以後，家臣備前浦上家取代了赤松家在同地的地位，織田信長也給浦上家家督浦上宗景下賜了承認浦上家對備前國、播磨國、美作國統治權的朱印狀。然而，俗話說螳螂捕蟬黃雀在後，浦上家下克上赤松家的同時，浦上家也在被家臣給下克上著。

天正二年（1574年），浦上家的家臣宇喜多直家與主君浦上宗景對立，由於得到了毛利家的支援，宇喜多直家很快就將浦上宗景驅逐出了備前國。毛利家支援宇喜多家的做法激怒了統治京畿的織田信長，對織田家來說，播磨國、美作國、備前國都不是自家地盤，由誰統治都無所謂，不是重點，而真正的重點是，浦上宗景是織田信長認可的三國之主，織田家麾下的國主竟然被家臣流放，讓織田信長臉上無光。

除此以外，毛利家在天正三年（1575年）時與但馬山名家議

和，兩家締結了同盟。但馬山名家就是應仁之亂時西軍主將山名宗全的後裔，不過這個年代早就不是應仁之亂的年代了，織田信長壓根就不承認山名家對但馬國的所有權，而是將但馬國視作織田家的領地。毛利輝元意識到了織田信長的野心，若但馬國落入織田家手中，那麼下一步就是因幡國，再下一步就是伯耆國、出雲國，然後到安藝國……毛利輝元不敢想像，他與山名家締結同盟就是想告訴織田信長，山名家已經是毛利家的小弟了，不要對但馬國動歪腦筋。

天正四年（1576 年），足利義昭流亡備後國，依附毛利家的庇護。在足利義昭的撮合下，毛利家與大坂本願寺締結了同盟，破棄了與織田家的盟約。七月十三日，為了救援彈盡糧絕的大坂本願寺，毛利輝元派遣毛利家水軍出陣，在大坂灣的木津川口大破織田家水軍，成功地將糧食送入本願寺之中，導致織田家對大坂的攻勢失敗。

織田信長也不甘示弱，他派遣家臣羽柴秀吉（原木下秀吉）侵入西國，支援尼子家殘黨以及浦上家與宇喜多家、毛利家作戰。然而，勢如破竹的羽柴秀吉卻因為播磨國三木城的別所長治以及攝津國有岡城的荒木村重謀反導致攻勢失敗，尼子殘黨之主尼子勝久遇害，山中幸盛在被毛利家俘虜後也被刺殺。

天正六年（1578 年），毛利輝元計劃率軍上洛，同時他邀請盟友武田勝賴從東邊攻打織田家與德川家。不過，毛利輝元的叔父小早川隆景卻認為北九州的大友家與西國尼子家、大內家

的殘黨仍舊具備威脅，反對毛利輝元擅自率軍離開領地。再加上這年十一月毛利水軍再次向本願寺輸送糧食之際，於木津川口遭遇了九鬼嘉隆率領的織田水軍，被織田水軍的「鐵甲船」給打得大敗而歸，因此毛利輝元的上洛計劃最終告吹。

在這樣的情況下，毛利家開始試圖與織田家和談。可是，在兩家協商期間，備前國的宇喜多直家、伯耆的南條元續都被羽柴秀吉調略，投入了織田家麾下，導致毛利家對織田家的誠意產生不信任感，最後和談失敗，羽柴秀吉還因此被信長大罵了一頓。在這以後，毛利家便不再打著「討伐織田家」的旗幟作戰，而是專心在西國對付這些投入織田家麾下的國眾們，以增加日後和談的籌碼。

然而，此時的織田信長早已不是曾經的織田信長了。修築安土城以後，織田信長逐漸將織田政權變為了取代室町幕府的統一政權，各地的反織田勢力也被織田家相繼消滅。等到天正九年時，北條家、島津家、大友家以及奧羽的國眾們相繼向織田家臣服，織田家真正的敵人或可能成為敵人的家族僅剩下毛利家、上杉家、武田家與長宗我部家而已了。

天正九年（1581年）年末，羽柴秀吉請求織田信長出兵西國，織田信長也答應秀吉會在來年秋天全面討伐毛利家。不僅如此，織田信長還寫信給島津家，命令島津家與大友家議和，組成聯軍在來年配合織田家的攻勢從周防、長門登陸，攻打毛利家。

在織田信長的攻擊之下，毛利家的未來又會怎麼樣呢？

西國篇

毛利家與羽柴秀吉

　　天正十年（1582年）正月，長期臥病在床的宇喜多家家督宇喜多直家去世。自臣服於織田家以來，由於織田信長不信任驅逐浦上宗景的宇喜多直家，因此織田軍從未對宇喜多家進行過有效的支援，導致宇喜多家不得不獨自面對強大的毛利家的反擊。

　　二月，備前國的兒島水軍眾被羽柴秀吉調略，毛利家失去了水路交通要害兒島，使得局勢對毛利家越來越不利了。在兒島水軍眾倒戈後，毛利軍立即渡海與其交戰，宇喜多家也派出軍隊支援兒島水軍眾，結果兩軍在兒島灣八浜展開激戰，最終宇喜多軍敗北，大將宇喜多基家戰死。織田信長原本準備在秋季進軍西國，但是由於宇喜多直家的去世與八浜戰役的失敗，讓宇喜多家瀕臨崩潰，在這樣的情況下的，信長為了防止備前國、美作國落入毛利家的手中，便派遣羽柴秀吉率領兩萬大軍，先行進入備前國支援宇喜多家。

　　在同一時間，織田信長對甲斐國的武田家發起大規模的討伐戰爭，僅僅一個月左右，曾經東國的霸主武田家就在織田軍的鐵蹄下灰飛煙滅了。武田家是毛利家的盟友，一直以來都在東線牽制織田家，除了武田家以外，北陸的上杉家也在織田軍的攻擊下節節敗退。織田家在東線的大勝，讓毛利家如坐針氈。

　　進入四月以後，宇喜多家、南條家在羽柴秀吉的率領下對

毛利家的領地發起反攻，連村上水軍眾之一的來島水軍眾以及鹽飽水軍眾都背叛了毛利家，加入織田家麾下，織田軍甚至侵入了備中國，包圍了毛利家的據點備中高松城。

此時羽柴秀吉麾下的兵力加上西國國眾共有三萬餘，而備中高松城內只有五千守軍。不過備中高松城是一座堅城，這座城位於一個盆地之中，東、西、北三面環山，只有南面便於同行，十分易守難攻。高松城守將清水宗治深受毛利家的重用，因而面對羽柴秀吉的勸降，清水宗治堅決不從。

現在很多人都認為羽柴秀吉是攻城能手，實際上，羽柴秀吉的攻城方法與織田家其餘武將一樣，都是學習自主君織田信長的「兵糧攻」戰法，也就是圍城拼後勤。在羽柴秀吉看來，處於盆地之中的備中高松城就只是一副敞著蓋的棺材，只要自己把南面的棺材板釘上，就能困死這支守軍。不僅如此，羽柴秀吉還利用當地的地形地貌，準備將攻城玩出新的花樣。

根據江戶時代的軍記物語記載，羽柴秀吉用大量的財物動員了備中國的鄉民，僅使用了十二天，便在高松城南面修築了一條長度約三公里，高度約七公尺的堤壩，隨後秀吉鑿開了附近的足守川，讓河水倒灌進高松城所在的盆地內，將高松城淹沒。不過，根據學者們的考證，軍記物語中羽柴秀吉修築的堤壩所使用的砂土總量，需要十噸載重的卡車運送六萬多車次才能運輸完成，因此即便在現代這也是國家級的大工程，靠現代技術十二天內也是不可能完成的。根據江戶時代地理學者古川

古松軒的考證，高松城所在的盆地本來就容易積水，只有南面的一個叫「水通」的地方可以排水，羽柴秀吉其實只在水通修築了堤壩，長度也沒有三公里，只有三百公尺左右。

話說回毛利家，備中國、備前國國眾紛紛離反，讓毛利家在此地寸步難行，而兒島水軍眾、來島水軍眾以及鹽飽水軍眾的背叛，也讓毛利家失去了備中國海路的制海權。可是，如果對備中高松城坐視不管，任其自生自滅的話，那這就是武田家「高天神之崩」的翻版——戰國時代大名與家臣之間的主從關係更接近契約關係，家臣向大名效忠，大名則需要保障家臣的生命、財產、領地安全，如果毛利家對高松城置之不理的話，就說明毛利家已經無法保障國眾們的生命、財產、領地安全了，那麼國眾們與毛利家的主從關係就會因此瓦解，毛利家將會像「甲州征伐」時的武田家那樣，面臨眾叛親離的局面。因此，雖然背後還有大友家的威脅以及大內、尼子家舊臣的叛亂，毛利輝元還是隻能硬著頭皮與叔叔吉川元春、小早川隆景出陣。

根據秀吉所言，毛利軍當時人數共有五萬人，但是實際上仔細想想就知道了，毛利輝元在距離高松城二十公里外的猿掛城布陣，小早川隆景、吉川元春來到高松城南面後，也僅敢與羽柴軍對峙。如果毛利軍人數真的超過羽柴軍有五萬人的話，早就對圍城的羽柴軍發起攻擊，解救高松城了。

事實上，毛利軍來到此地只是想給後方國眾一個交代而已，根本沒有辦法也沒有能力救援高松城。因為要在後方留守

軍隊防守九州的大友家，毛利軍的人數大約只有萬餘左右，人數甚至不如宇喜多軍、南條軍等國眾聯軍，並且從五月二十五日毛利輝元的書信來看，此時毛利軍的後勤補給嚴重不足，連兵器、鎧甲供應都出現了問題。

對毛利家來說，他們唯一能做的，就是等待備中高松城的慢性死亡。除此以外，傳聞消滅了武田家的織田信長，也準備率領織田軍大軍出陣，一旦織田軍與大友軍有所行動，看似仍舊坐擁數國的毛利家其實也就是西國版的武田家而已。幸運的是，六月二日織田信長在出陣途中夜宿本能寺，被家臣明智光秀襲擊，被迫自盡。而後，織田家的家督織田信忠也在明智光秀的襲擊下自盡而死，織田家陷入了內亂之中。

得知京都發生鉅變的羽柴秀吉大驚失色，他當即決定率軍返回京都平叛，因此便主動向毛利家示好，利用毛利家的外交僧安國寺惠瓊作為仲介，提出讓高松城開城、清水宗治自盡以及割讓美作、備中、伯耆、出雲、備後五國等條件，經過協商後，秀吉表示可以將五國減少為美作、備中、伯耆三國。毛利輝元立即答應了秀吉的條件，因為美作、備中、伯耆三國的許多地盤早就不屬於毛利家了，割讓這三國可以說是不痛不癢。

在羽柴秀吉撤軍途中，毛利家得知了織田信長已死的消息，這才知道自己被秀吉擺了一道。以毛利輝元的叔叔吉川元春為首的主戰派主張追擊秀吉，而另一個叔叔小早川隆景則反對此事。

那麼，毛利家會做出什麼樣的決定呢？按照常理來說，羽柴秀吉和談時故意隱瞞織田信長已死的消息，這就是違約，應該立即出兵揍他王八蛋的，於情於理都可以理解。可是，毛利軍的真正問題其實並不在於要不要追擊羽柴秀吉，而是能不能追擊羽柴秀吉。

當時備中高松城剛經歷大戰，附近泥濘不堪，不便於大軍行動。除此以外，秀吉撤軍方便那是因為後方都是織田家的地盤，羽柴軍返回京畿一路暢通無阻。而毛利軍呢？要想追擊秀吉的話，就得一路打過去，簡直比星矢闖十二宮還難，更別提秀吉撤退時在高松城還留下宇喜多軍、南條軍等西國國眾聯軍，此刻的毛利軍甚至都不一定是國眾聯軍的對手，追擊秀吉談何容易？最後一點，那就是後勤問題了，這也是最現實的問題。都說人是鐵飯是鋼，一頓不吃餓得慌，即便毛利軍個個都是星矢，能夠一路追著秀吉往東打，那後勤怎麼辦？毛利家的補給線一直都是以海路為主，來島、兒島、鹽飽水軍眾會讓毛利軍的後勤船隊從自己眼皮底下溜走嗎？

所以，從情緒上來說，毛利輝元可能會支持吉川元春，但是從現實問題考慮，追擊秀吉這種事也就只能想想了。再說了，織田信長到底死沒死也沒個定論，萬一沒死呢？到目前為止，擅自撕毀和織田家盟約的戰國大名沒有一個有好下場的。

不僅如此，毛利輝元不但沒有在本能寺之變的時候追擊秀吉，次年發生的賤岳之戰中，幕府將軍足利義昭也一直催促毛

利家發兵攻打秀吉，但是毛利輝元卻對將軍的命令置若罔聞，依舊與羽柴秀吉維持著外交關係。儘管戰後羽柴秀吉再度要求毛利家割讓高松城戰役時約定的領地，差點與毛利家交戰，但是在後來的小牧・長久手戰役時，毛利家再一次以中立的立場出現，維持與秀吉的外交關係，沒有對羽柴秀吉落井下石，這讓秀吉大為感動。

天正十三年（1585 年），羽柴秀吉下令安堵毛利家周防國、長門國、安藝國、石見國、備後國、出雲國、隱岐國七國以及備中國、伯耆國西部的領地，基本上認可了毛利家對毛利元就時代打下的地盤的所有權，讓毛利家成為羽柴家的重臣之一。

毛利家與關原戰役

天正十三年（1585 年），臣服於羽柴秀吉後，毛利家派遣水軍前往紀伊國，支援羽柴秀吉平定當地的一揆。而後，在四國征伐時，毛利輝元又派叔叔小早川隆景率軍四萬人遠征四國，協助羽柴家平定了「羽柴包圍網」的西線，讓羽柴家在與德川家的戰爭中占據了上風，這最終成為德川家康臣服的理由之一。

羽柴秀吉在征伐四國的同年出任關白，而後在次年羽柴家為了支援大友家發起了「九州征伐」，討伐薩摩島津家。諷刺的是，毛利家為了與北九州的大友家作戰，一直以來都與南九州的島津家關係交好，這一次毛利家卻站在了宿敵的一邊，攻打昔日的盟友。平定九州以後，羽柴秀吉一度想要收回毛利家的

西國篇

備前、備後、伯耆、伊予（四國征伐時加封）四國領地，轉封至豐前、築前、築後、肥後等九州領地，不過在毛利輝元的反對之下最終作罷，只將小早川隆景從伊予國轉封至北九州。值得一提的是，毛利輝元的叔父吉川元春在九州征伐期間病死，小早川隆景被轉封至九州，事實上從毛利家獨立，使得毛利元就時期打造的「毛利兩川」制度，僅僅一代人就瓦解了。

文祿元年（1592年），羽柴秀吉發動了侵朝戰爭，毛利輝元身為西國最強大的大名，響應羽柴秀吉的號召，率領三萬毛利軍進入朝鮮。不過由於明軍入朝以後日軍的攻勢受阻，所以當明、日開始交涉和談後毛利輝元便率軍返回了日本。

在侵略朝鮮的同一時期，日本內部也不寧靜。羽柴秀吉早年無子，後來迎接了外甥羽柴秀次為養子，繼承了羽柴家與關白的職位。可是，在秀次出任關白後，羽柴秀吉又生下了兒子秀賴，於是他便有了廢嫡的打算，「秀次事件」的最終結果是羽柴秀次在高野山自盡而死，而秀吉為了強化大名們與羽柴家的關係，要求毛利輝元、德川家康等大名向羽柴家奉納誓書，宣誓效忠於羽柴秀賴。

慶長二年（1597年）六月，小早川隆景去世，小早川家由養子小早川秀秋繼承。小早川隆景死後，小早川家與毛利家的關係更加疏遠，隆景時代拜領的許多毛利家的領地，此刻也需要歸還毛利家。除此以外，毛利輝元早年迎接姪子毛利秀元為繼承人，但是後來兒子秀就出生，導致毛利秀元被廢嫡。羽柴秀

吉最終裁定，讓毛利輝元將出雲國、石見國賜給毛利秀元做領地，再讓吉川廣家繼承小早川隆景的遺領，但是由於秀吉在次年病逝的緣故，這兩件事最終都沒有落實。

讓毛利輝元沒有想到的是，隨著羽柴秀吉的去世，毛利家再一次來到風口浪尖之上。

慶長四年（1599 年）閏三月，羽柴秀吉留下制衡德川家康的重臣前田利家去世，在前田利家的葬禮上，福島正則等七名武將襲擊了石田三成，雖然在德川家康的調解下這件事以石田三成隱居而和平解決，但是此事也導致了這位羽柴秀吉生前最信賴的奉行失勢，羽柴家的實權落入了德川家康一人手中。

值得一提的是，在這時候德川家康以秀吉遺命的名義介入了毛利家的領地分配，要求毛利輝元按照秀吉的裁定給毛利秀元下賜領地。毛利輝元自然是不願意這樣分化毛利家，因此拒絕接受命令。最終，在德川家康的強制要求下，毛利輝元讓毛利秀元繼承了親生父親穗井田元清的遺領，吉川廣家的領地則依舊不變，先前約定給吉川廣家的小早川隆景遺領也被毛利輝元收為直轄領。

慶長五年（1600 年）五月，德川家康發起「會津征伐」，討伐「五大老」中的另外一人上杉景勝，雖然毛利輝元反對此事，但是沒有什麼效果。德川家康出征以後，石田三成在京畿舉兵，擁戴毛利輝元為總大將，宣布討伐權臣德川家康，毛利輝元也率領六萬大軍進入了原本由家康居住的大坂城西之丸。

然而,直到關原戰役結束為止,毛利輝元都在大坂城沒有行動。毛利輝元、吉川廣家、小早川秀秋三人在關原戰役時的神奇操作,也成為了中文日本史板塊裡被人津津樂道的「毛利三神」的反諷梗,即「戰神」小早川秀秋(關鍵時刻反水攻擊友軍)、「食神」吉川廣家(以吃飯為由拒絕參戰)、「宅神」毛利輝元(身為總大將不去前線卻在大坂城不動如山)。

不過,玩梗畢竟只是玩梗,在關原戰役時所謂的「毛利三神」究竟為什麼有這樣的神奇操作呢?歷史上的三人真的就像玩笑話裡那樣不堪嗎?

我們先來說說「戰神」小早川秀秋,在通說裡小早川秀秋加入了西軍不假,但是在關原戰役的當天,與德川家康內通的小早川秀秋在松尾山上首鼠兩端,拒絕參加任何一方,直到被德川家康派出的鐵炮隊攻擊以後,小早川軍才加入了東軍參戰,小早川軍也成為關原戰役中東軍致勝的轉捩點。

首先,德川家康的「問鐵炮」這件事根本不見於任何一次史料,僅在《黑田家譜》、《關原軍記大成》、《高山公實錄》等二次史料中記載。也就是說,德川家康派出鐵炮隊攻擊小早川秀秋之事壓根就是近世的創作而已,到了大河劇裡,大概是擔心鐵炮聲不夠響的緣故,鐵炮更是被劇組擅自替換成了大砲。

其次,關原戰役時小早川秀秋的動向與通說中並不一樣。實際上,早在關原本戰發生的前一天,小早川秀秋就向德川家康交納了起請文,締結了盟約,也就是說在關原本戰前小早川

秀秋就加入了東軍。當時石田三成的打算是以大垣城、岐阜城為防線防禦東軍，但是由於岐阜城的織田秀信不給力，導致岐阜城落入東軍手中，石田三成布置的防線缺了一角。得知小早川秀秋有加入東軍的動向後，石田三成也向小早川秀秋去信，甚至允諾讓秀秋在秀賴成年以前出任關白。然而小早川秀秋不為所動，為了避免被西軍攻擊，小早川秀秋率軍東進，來到了關原附近的松尾山城之中。

小早川秀秋的動向引起了石田三成的警惕，此時在關原布陣的是西軍的大谷吉繼，小早川秀秋若是加入了東軍，將會對大谷軍造成威脅，因而石田三成才率軍從大垣城出陣，趕赴關原救援大谷吉繼。根據石川康通、彥坂元正給松平家乘的連署狀（一次史料）中所言，關原戰役發生於上午巳刻（9時～11時），在開戰時小早川秀秋、脅坂安治、小川祐忠、小川祐滋父子就加入了東軍作戰，一舉擊敗了西軍。也就是說，與通說中不一樣，關原戰役並沒有打了一天，而是一上午就結束了，小早川秀秋也是在開戰時就加入了戰局，根本沒有什麼所謂的問鐵炮等故事。

緊接著，來說說「食神」吉川廣家，吉川廣家之所以背上「食神」這口鍋，主要原因還是因為大河劇將「正在吃飯」這句臺詞安排給他的緣故吧。實際上，吉川廣家在關原本戰以前，就判斷西軍必敗，因此私下裡與德川家內通，約定以安堵毛利家領地為條件加入東軍。當時西軍裡內通德川家的武將非常之

多，毛利輝元也得知了這些事情，但是他無法判斷毛利軍中有誰和東軍內通，因而對毛利秀元、吉川廣家等都有所防備。

在關原戰役發生時，毛利軍大將毛利秀元是想要參戰的，但是和德川家內通的毛利軍前鋒吉川廣家卻拒絕參戰，使得毛利秀元也不敢輕舉妄動。說回來，從血緣上來說毛利輝元、吉川廣家與毛利秀元都是堂兄弟，面對擋在毛利軍面前的吉川廣家，毛利秀元如果想參戰就只能越過吉川軍，或者全殲吉川軍。在當時的日本，如果有人越過前鋒先加入戰局的話，是不符合軍法的，有可能會被處分。再者，毛利秀元要是強行參戰，戰後回去和輝元報告說堂哥在戰場不動如山所以我把他給突突了，這不是正好給了毛利輝元一個處理他的藉口麼？

因此，在面對長束正家派出催促出兵的使者時，毛利秀元只好應付說：「我軍正在吃飯……」由於毛利秀元的官位是正三位參議，參議的唐名是「宰相」，所以後來人們也嘲諷毛利秀元假裝吃飯不出兵這件事為「宰相的空便當」。

說實話，不能怪毛利秀元，挺慘一人。

最後再說回「宅神」毛利輝元，在關原戰役的時候，毛利輝元到底在幹什麼呢？其實，關原戰役發生時，毛利輝元在大坂城坐鎮指揮，不斷地在西國發動戰事。在西軍組成以後，毛利輝元先是出兵阿波國占據了蜂須賀家的領地德島，而後又調略叔父小早川隆景的舊領伊予國的國眾加入己方，同時還支援被除封的大友吉統返回九州豐後國，號召大友家舊臣起兵與東軍

方的黑田家交戰。我們之所以對毛利輝元有一種「關原戰役時啥也不幹」的錯覺，是因為我們將目光都焦距在了東邊的關原，從而忽視了西邊的戰場。與其說毛利輝元宅在大坂城不參加關原戰役，倒不如說毛利輝元壓根沒來得及參戰，他也想不到岐阜城能那麼快失守，而關原戰役的本戰僅僅半天就能打完了。

在西軍戰敗以後，幾乎沒有遭受損失的毛利軍退回了大坂城，此時西軍在大坂城的兵力還有約五、六萬人，毛利秀元、立花宗茂、島津義弘等都主張擁戴羽柴秀賴為主籠城防守，但是毛利輝元卻在私底下被德川家康以安堵領地說服，最終率領毛利軍退卻。

不過，德川家康自然是不會放過毛利輝元的。在進駐大坂城以後，德川家康提出吉川廣家在與德川家內通時曾說毛利輝元與西軍關係不大，但是在德川家收繳大坂城的書信以後，卻發現毛利輝元是以西軍總大將的身分活動。因而德川家康表示先前的安堵領地約定失效，要將毛利家的領地全部沒收，不過因為吉川廣家積極與德川家內通的緣故，可以將毛利家的周防國、長門國封給吉川廣家，讓吉川廣家復歸本家繼承毛利家的家督。

吉川廣家自然不願意幹這種被人戳脊梁骨的事情，再加上德川家重臣井伊直政也進言說家康公你這手直接沒收八國領地也太黑了，德川家康最終同意將原本準備給廣家的周防國、長門國改賜給毛利家。不過領地不是直接賜給毛利輝元，而是以

嫡子毛利秀就出任毛利家家督的形式安堵，因此毛利秀就才是長州藩的初代藩主。由於關原戰役的失敗，毛利輝元失去了祖先長年經營的領地，在江戶幕府建立後，毛利家便以幕府的外樣大名身分活躍，甚至參加了攻打羽柴家的「大坂之陣」。

寬永二年（1625年）四月，毛利輝元在隱居地去世，享年七十三歲。雖然江戶時代的毛利家默默無聞，但是讓誰也想不到的是，這個默默無聞的長州藩，最終能夠成為推翻江戶幕府的重要棋子之一，甚至一直影響到了現在的日本。

長宗我部家

長宗我部家的先祖

　　傳說在秦末之際，秦始皇的一支子孫東渡前往日本居住，便以「秦」為氏，後來秦氏的子孫前往四國島的土佐國居住，成為了戰國大名長宗我部家的祖先。

　　實際上，儘管戰國時代長宗我部國親、元親都自稱秦氏，但是長宗我部家的出身一直成謎，各種系圖對長宗我部家何時進入土佐國居住也是說法不一。有說自古以來就在土佐國居住的，也有說是鎌倉時代前往土佐國的，更有甚者說長宗我部家是室町時代的應永年間才定居土佐國的。不過，根據近年的研究顯示，長宗我部家很可能是土佐國的在廳官人秦氏出身，也就是說他們的祖先至少在武家時代以前就來到了四國島，只是他們究竟是否是秦始皇的後裔，那就得看往後有沒有更新的史料證據被發掘出來了。

　　在室町時代時，四國島的土佐國、讚岐國都是由幕府「三管領」之一的細川京兆家出任守護，所以長宗我部家也作為土佐國的國人成為了細川家的家臣。在戰國時代早期，長宗我部家的

家督長宗我部文兼曾與其子長宗我部元門對立,在父子和談以後,長宗我部家的家督便改由文兼的次子長宗我部雄親繼承。由於當時的長宗我部家還是一個小家族,所以長宗我部家的動向在史料的記載中並不多見,直到長宗我部國親為止。

長宗我部國親出生於永正十二年(1515年),在其六歲之際,因為京都的細川高國、細川澄元對立的緣故,細川京兆家的領地土佐國也一分為二。其中,支持細川高國一方的長宗我部家的居城岡豐城遭到了本山家、吉良家、大平家等國人的攻擊淪陷,國親的父親長宗我部兼序戰死,國親也流亡他鄉,接受在土佐國的公卿一條房家的庇護。

此後,在一條房家的調解之下,長宗我部國親與本山家和解,回歸居城岡豐城,國親迎娶了本山家出身的女子為妻,後來又將女兒嫁予本山家家督本山茂辰為妻。雖然本山家與長宗我部家有著世仇,但是實力不足的長宗我部國親仍舊選擇了隱忍,並且很可能在這一時期由支持細川高國、氏綱一系改為支持細川澄元、晴元一系。

天文十六年(1547年),長宗我部國親將勢力拓展至土佐國長岡郡的鄰郡香美郡。除此以外,長岡郡中的大津、田村等地原本是守護代細川家的領地,由於兩細川之亂的緣故,守護代細川家及其分家也發生分裂,長宗我部國親則趁機介入,消滅了支持細川高國、氏綱一系的家族,又將支持細川澄元、晴元的家族納入自己麾下。

根據《元親記》的記載，在長宗我部國親的晚年，長宗我部家終於與世仇本山家開戰。據說長宗我部國親的兵糧船自長岡郡大津港駛出以後，遭到了自本山家領地而來的船隻的劫掠，儘管本山清茂、本山茂辰父子向長宗我部國親辯解這些海賊並非是本山家麾下所屬，對舊仇念念不忘的國親依然引起了戰端。

不過，本山清茂在天文二十四年（1555年）去世，根據現存文書判斷，其子本山茂辰在父親死後數年依舊統治著本山家的領地。並且長宗我部國親在這期間下發的文書並無涉及本山家的內容，反之卻積極地在香美郡活躍。說明長宗我部家與本山家的開戰時期，恐怕並不像《元親記》中所言，很可能是在永祿元年（1558年）、二年（1559年）方才開戰。當然，殺父之仇只怕也是個藉口而已，爭奪土佐國浦戶灣的霸權才是兩家交惡的真正原因。

永祿三年（1560年）五月，長宗我部國親對浦戶灣對岸的本山家領地長浜城發起攻擊。據說當時長浜城年久失修，本山家為了防禦長宗我部家的攻擊召集了工匠修復城門，長宗我部國親的家臣則趁機混在了工匠之中，在長宗我部國親來襲之時開啟城門，使得長浜城兵不血刃地落入了長宗我部家的手中。得知長浜城陷落後，本山茂辰率軍從朝倉城出陣，於長浜城外與長宗我部軍交戰，最終不敵戰敗。

據說國親的嫡子長宗我部元親在十八歲的時候還不懂得使用長槍，曾被人笑話為「姬若子」，也就是娘娘腔的意思。雖然

長浜之戰是長宗我部元親的初陣（也有說法認為元親的初陣在更早的弘治年間），但是元親在此戰中親自率領五十騎武士突入敵陣之中反覆衝殺，殺死了七十餘敵軍士兵，元親自己則親自砍死了敵軍的兩名騎馬武士。

此外，當本山軍敗退之時，長宗我部元親見敵軍士兵均未逃入本山家的支城潮江城中，便決定率軍攻城。家臣們都勸說長宗我部元親不要無腦冒進，但是元親依舊堅持進軍，當長宗我部軍抵達潮江城時，大家才發現此地已經是一座空城了。

長宗我部元親對家臣們解釋道：「敵軍不敢進入此城，是因為此城中有背叛之人。而背叛敵軍之人如今皆在我軍之中，所以我們不需要猶豫，直接進城就是。」長宗我部元親的活躍讓長宗我部家的家臣們對這位「姬若子」刮目相看，改稱其為「鬼若子」，許多家臣們都認為元親將會是那個統一四國島的霸主。

本山茂辰在戰敗之後逃入長浜城南邊的浦戶城之中籠城，而長宗我部國親則故意延緩包圍浦戶城的速度，誘使本山茂辰棄城突圍，而長宗我部軍則順利接管浦戶城。可惜的是，在長浜之戰後長宗我部國親便突然得了急病，僅僅一個月後，長宗我部國親便因病去世了。

制霸四國島

長宗我部元親出生於天文八年（1539年），母親為山本氏。由於當時長宗我部家的主君土佐國守護細川京兆家走向衰弱，

三好家崛起的緣故，長宗我部國親為了增強長宗我部家與京都的聯繫，便讓長宗我部元親迎娶幕府將軍的側近石谷光政的女兒。

在長宗我部國親去世以後，長宗我部元親繼承了家督之位，隨後又與曾庇護過國親的土佐一條家結盟，一同討伐宿敵本山家。永祿五年（1562年）九月，長宗我部元親對本山茂辰防守的朝倉城發起攻擊，由於本山茂辰之子本山貞茂的活躍，長宗我部軍被本山家給擊退了。然而，在朝倉城攻防戰的同時，土佐一條家也從西邊對本山家發起攻擊，導致本山茂辰不得不放棄朝倉城，退往本山家的根據地長岡郡的本山城防禦。

由於本山家的勢力衰退的緣故，本山茂辰辭去家督之位隱居，由其子本山貞茂繼續領導本山家與長宗我部家作戰。直至永祿十一年（1568年）為止，本山家停止了抵抗，臣服於長宗我部家，本山貞茂也從長宗我部元親處拜領一字，將名字改為本山親茂。

滅亡本山家以後，長宗我部元親又與香美郡土豪香宗我部親秀結盟，討伐了企圖侵略香美郡的安藝郡國人安藝國虎。不過，在長宗我部家攻擊安藝家時，土佐一條家因為與安藝家有著姻親關係的緣故，加入了安藝家的一方，導致長宗我部家與一條家斷交。

土佐一條家的先祖是曾經出任過關白的公卿一條教房，由於當時的京都陷入應仁之亂的戰爭局面中，一條家紛紛離開京

都避難，一條教房則來到了自家的領地土佐國幡多莊居住。一條教房的長子一條政房本在攝津國福原避難，可是在文明元年（1469年）時，從屬東軍的山名是豐率軍攻入福原，一條政房在一片混亂中被亂軍一槍刺死。此後，一條家的家督由一條教房的弟弟一條冬良繼承，而一條教房的次子一條房家因為在土佐國出生長大的緣故，沒有再返回京都，而是單獨開創了土佐一條家。

由於一條家身世顯赫、土佐國守護、守護代均不在國的緣故，一條房家成為土佐國國人們的共同盟主，走向了戰國大名的道路。這也是為什麼在長宗我部兼序戰死以後，一條家膽敢庇護長宗我部國親的原因。

在安藝家滅亡以後，長宗我部元親馬不停蹄地對斷交的一條家領地發起攻擊，於十一月奪取了一條家麾下的高岡郡蓮池城。長宗我部家的攻勢讓高岡郡的國人們感到恐懼，再加上這些國人原本也是因為一條家的軍事壓力方才臣服，在長宗我部軍到來以後，他們紛紛拋棄一條家，改向長宗我部元親效力，使得一條家的勢力退縮至幡多郡一地。

在軍記物的記載中，一條家當時的家督一條兼定是一個無能愚昧的浪蕩公子，家老土居宗珊勸諫一條兼定改正惡習，但是因為長宗我部元親的離間計，反被一條兼定殺害。一條兼定無端殺害老臣的行為導致家臣們組團將其流放，擁立其子一條內政為主。不過，軍記物是站在美化長宗我部元親的立場上所

寫的，實際上土居宗珊的諫言恐怕與一條家同長宗我部家斷交有關。兩家的斷交，直接導致一條家失去了高崗郡的領地，勢力大為縮水。

另外，根據最新的研究顯示，天正元年（1573年）時，因為幕府將軍足利義昭與織田信長敵對的緣故，織田軍武將明智光秀等人在上京縱火，攻擊將軍的御所。此時一條家宗家的家督一條內基藉口上京大火的緣故，於七月下向土佐國避難，途徑長宗我部元親的領地來到了幡多郡。到了九月時，一條兼定被家臣們逼迫出家，其子一條內政在同年元服繼承家業。

種種跡象表明，在一條家衰弱後，家臣們擔心一條兼定的才能不足以領導一條家，便向一條家的宗家求救，最終在一條內基的協助之下，流放了家督一條兼定。一條兼定此後前往岳父大友宗麟處接受庇護，而長宗我部元親則以一條家家督一條內政後見人的身分，控制了一條家。

天正三年（1575年）七月，一條兼定在岳父大友宗麟的支持下渡海返回土佐國，一舉收復了幡多郡的地盤。不過，一條兼定在豐後國時接受了耶穌會傳教士的洗禮，還取了個教名叫唐·保羅，導致土佐國內的寺院紛紛站到了長宗我部元親的一方。九月，一條兼定與長宗我部元親在渡川交戰，由於遭到長宗我部軍的兩面夾擊，一條軍最終不敵敗北，一條兼定也再度流亡。

統一土佐國後，長宗我部元親利用細川京兆家家督細川昭

西國篇

元的關係與當時制霸京畿的織田信長搭上了線。因為明智光秀的家臣齋藤利三的哥哥石谷賴辰成為了元親岳父石谷光政的養子，所以明智光秀也成為了織田政權與長宗我部家聯繫的外交取次。

當時土佐國的鄰國阿波國正由阿波三好家控制，而織田信長與阿波三好家處於敵對狀態，所以同織田信長結盟的長宗我部元親，便趁著這個機會對阿波國發起攻擊。阿波國本來是細川京兆家的分家阿波細川家的領地，可是當三好家崛起以後，三好長慶的弟弟三好實休殺害了守護細川持隆，奪取實權開創了阿波三好家。

為了攻擊阿波三好家，長宗我部元親與細川持隆之子細川真之結盟，於天正四年（1576年）殺死了阿波三好家家督三好長治。然而，西國大名毛利輝元在這年與織田信長開戰以後，給阿波國送來許多援軍，導致長宗我部元親無法立即征服阿波三好家。

隨著織田信長的不斷壯大，阿波三好家與毛利家不再是織田信長的威脅，長宗我部元親也變得越來越不重要了。可是，執著於統一四國島的長宗我部元親不斷地對阿波國、讚岐國、伊予國發起攻擊，甚至與同樣從屬織田家的伊予國西園寺家交戰，引起了織田信長的不滿。

天正九年（1581年），織田信長讓臣服於織田家的三好康長前往四國，攻略阿波國與讚岐國，同時還要求長宗我部家退出

除土佐國以外的四國島領地。長宗我部元親自然是不樂意將到手的鴨子拱手讓人，長宗我部家也因此與織田家走向了對立面。

羽柴軍來襲

天正十年（1582年）六月二日，織田信長的家臣明智光秀在京都發動政變，逼死了主君織田信長與其子織田信忠。明智光秀發動本能寺之變的原因歷來眾說紛紜，但是近些年的說法，更傾向於與長宗我部元親有關。

前文提到過，明智光秀曾是織田家負責與長宗我部家進行外交的外交取次，然而隨著長宗我部家與織田家的關係惡化，明智光秀在織田家的地位也隨之下降。為了自己的前途，明智光秀一直致力於調解織田家與長宗我部家的關係，在織田信長組建了征伐四國的軍團以後，明智光秀自知調解無望，這才發動了本能寺之變。

可是，明智光秀不知道的是，在本能寺之變的前幾日，長宗我部元親就表示願意遵從信長的意思，僅保留土佐一國的領地，但是希望織田信長能夠將阿波國的海部城與大西城賜給長宗我部家。可惜的是，因為戰亂的緣故，這封信並沒有及時送到明智光秀的家臣齋藤利三的手上。

本能寺之變後，由於畿內局勢混亂，謠言四起，長宗我部元親在土佐國按兵不動，觀察京畿的局勢，直到明智光秀於山崎戰役中敗北，長宗我部元親才鬆了一口氣。

西國篇

八月二十八日,長宗我部元親召集了香宗我部親泰、久武親直等家臣,對阿波三好家再次發起攻擊。為了應對長宗我部軍的攻擊,十河存保率領三好軍在中富川與長宗我部元親展開激戰,最終不敵敗北。隨後,長宗我部元親率軍包圍了十河存保防守的阿波國盛瑞城,並順利破城。

此時,羽柴秀吉為了救援阿波三好家,也派出了仙石秀久、黑田孝高、生駒親正等人率領軍隊來到四國,由於盛瑞城淪陷的緣故,羽柴軍只得退往阿波國的木津城與土佐泊城防禦。至此,阿波國除木津城、土佐泊城外全域都落入了長宗我部元親的手中。

是年年末,織田家爆發了由羽柴秀吉、織田信雄與柴田勝家、織田信孝之間的內戰。因為先前羽柴秀吉支持阿波三好家的緣故,長宗我部元親便與柴田勝家、織田信孝聯繫,想要打倒共同的敵人羽柴秀吉。天正十一年(1583年)二月,為了配合柴田勝家的攻勢,長宗我部元親率軍對讚岐國寒川郡的石田城發起攻擊,想要逐個擊破阿波三好家的據點。

四月二十一日,仙石秀久率軍來到讚岐國,對正在包圍大內郡虎丸城的長宗我部軍發起奇襲。部隊遇襲之時,長宗我部元親正在吃飯,得知羽柴軍到來後,長宗我部元親派出重臣桑名太郎左衛門與側近中島與一兵衛重房前往前線支援香川信景等將。長宗我部軍的前鋒原本遭到仙石秀久的奇襲陣腳大亂,直到援軍到來以後方才穩住陣腳,擊退了仙石秀久,兩軍都傷

亡了不少的武士。與此同時，香宗我部親泰也在阿波國方面攻陷了木津城，長宗我部家在四國的幾場戰役均以勝利告終。

然而，京畿方面的柴田勝家卻不給力，柴田軍在賤岳之戰中敗北，柴田勝家、織田信孝也在此後紛紛自盡而死。羽柴秀吉收拾完織田家內部的敵人之後，便決定要好好教訓一下長宗我部元親。面對秀吉的壓力，長宗我部元親也開始認慫，他一邊積極地向幕府將軍足利義昭諂媚，藉助足利義昭的關係與毛利家結盟，一邊又對秀吉表示自己可以讓出讚岐國與阿波國，但是希望秀吉能把伊予國賜給長宗我部家。羽柴秀吉直接拒絕了長宗我部元親的提議，表示伊予國將會賜給毛利輝元，讓元親別再做夢了。

天正十二年（1584 年），織田政權內再度爆發內戰，羽柴秀吉與織田信長之子織田信雄以及織田家盟友德川家康決裂，兩軍在尾張國的小牧·長久手爆發戰役。這一戰中，長宗我部元親又發揮了自己的毒奶特長，與織田信雄、德川家康結盟，騷擾羽柴秀吉的後方。而毛利家因為站在羽柴秀吉的一邊，與長宗我部家斷交。讓長宗我部元親沒想到的是，懦弱無能的織田信雄在十一月就扛不住羽柴秀吉的攻勢與秀吉議和，隨後德川家康也與羽柴秀吉處於停戰談判的狀態，這使得羽柴秀吉能夠抽身來收拾四國島這個爛攤子。

自天正十三年（1585 年）六月末開始，羽柴軍前鋒就在羽柴秀吉的弟弟羽柴秀長的率領下渡海來到阿波國，隨後秀吉的盟

友毛利家派出小早川隆景、吉川元春等人率領毛利軍渡海來到伊予國，宇喜多秀家、黑田孝高等人則率軍渡海來到讚岐國。面對羽柴軍的三路大軍，長宗我部家毫無抵抗之力，羽柴軍幾乎是一路平推，朝著長宗我部家的根據地土佐國出發。

不過，征伐四國的羽柴軍大將羽柴秀長沒有想滅亡長宗我部家的意思。在包圍了阿波國一宮城以後，羽柴秀長向守軍表示，羽柴軍的計畫是在奪取一宮城、脅城後與長宗我部元親決戰。也就是說，如果一宮城被羽柴軍攻陷，到那時長宗我部元親就沒有降服的機會了，與其坐以待斃，不如主動獻城投降，這樣秀吉也會對此感到滿意，秀長也承諾會盡力保障長宗我部家對土佐國的領有權。

得到秀長的保證以後，長宗我部元親決定將一宮城與脅城獻給羽柴秀長，自己也表達了對羽柴秀吉的恭順之意。大概是先前長宗我部家搞了秀吉太多次的原因，秀吉在七月二十七日還曾去信弟弟秀長，表示長宗我部元親不可輕信，如果要收元親做小弟，就要讓他交出一個兒子做人質，再派另一個兒子來大坂奉公，同時長宗我部家的家臣們也都要給羽柴家交納人質。此外，秀吉還告訴秀長，如果秀長決定不收長宗我部家這個小弟的話，可以先殺光一宮城與脅城的守軍，自己會率領大軍渡海來到四國，親自取下長宗我部元親的首級。

也就是羽柴秀長比較厚道，他並未為難長宗我部元親，而是遵照早先的約定，善待長宗我部家，並竭力保障長宗我部家

的土佐國領地。自此，四國島的霸主長宗我部元親正式臣服於羽柴秀吉，成為了羽柴系大名中的一員。

長宗我部盛親的登場

天正十四年（1586年），由於九州島的島津家拒絕接受羽柴秀吉的停戰命令，為了救援搖搖欲墜的大友家，羽柴秀吉派出長宗我部元親等人出陣九州豐後國進行支援。

十二月八日，大友家的鶴賀城被島津家久包圍，羽柴軍的監軍仙石秀久不顧羽柴秀吉的命令決定出陣救援，而長宗我部元親則認為現在的局勢對羽柴軍不利，應當等秀吉的大部隊登陸以後再做打算。對此，仙石秀久堅決不同意，表示即便只有自己一人也要出陣。

當仙石秀久出陣以後，長宗我部元親也只得硬著頭皮出陣。羽柴軍來到了戶次川邊，見到對岸的島津軍人數不多，便渡河發起強攻。沒曾想在羽柴軍渡河之際，島津軍伏兵四起，打了羽柴軍一個措手不及。長宗我部元親調來了鐵炮隊掩護渡河的部隊，結果島津軍的武士根本就不畏懼鐵炮，幾次突擊過後，羽柴軍陣腳大亂，戰死兩千餘人，其中包含了長宗我部元親的嫡子長宗我部信親、十河存保、石谷賴辰等等。長宗我部元親眼見無法阻止敗勢，只得帶著敗兵後撤，甚至一度被島津軍追到了海上，幾日後才重新渡海返回豐後國府內館。

戶次川戰役以後，羽柴秀吉大怒不已，他先是處分了不服

從命令的仙石秀久，隨後又派遣弟弟羽柴秀長率領軍隊出陣九州，自己也做好了征伐九州的出陣準備。

天正十五年（1587年）三月，羽柴軍本隊登陸九州島，隨後羽柴軍如風捲殘雲一般橫掃了九州島，島津軍在羽柴家強大的實力面前根本毫無抵抗之力。戰後，羽柴秀吉曾表示想將原屬於島津家的大隅國賜給在這次戰爭中失去嫡子的長宗我部元親，但是這件事最終卻不了了之，大隅國被羽柴家賜給了島津兄弟中的島津義弘。一方面，大隅國是島津家統治了數百年的地盤，此地的叛亂此起彼伏，非島津家不能治之。另一方面，長宗我部元親認為自己在征伐九州中打了敗仗，沒有立功，也不想無功受祿，惹人恥笑。

長宗我部信親戰死之後，元親的意志變得十分消沉起來，再也沒有當年想要統一四國的那種雄心壯志了。然而，在元親的面前依舊有著一個不得不解決的問題，那就是長宗我部家的繼嗣問題。

在長宗我部元親於戶次川被島津軍擊敗逃亡海上後，因為元親下落不明的緣故，羽柴秀吉下令表示若元親真的戰死，就讓在羽柴家做人質的元親次子香川五郎次郎繼承長宗我部家。可是，長宗我部元親對羽柴秀吉本就有著怨恨，最終元親也沒有選擇讓曾在羽柴家做人質的次子香川五郎次郎、三子津野親忠成為繼承人，而是選擇了四子千熊丸。

在此期間，長宗我部元親還下令讓家臣吉良親實、比江山

掃部助切腹自盡。根據《元親記》等書的記載，此事的起因是因為奸臣久武親直向元親進言說二人反對廢長立幼，想要擁立元親的次子、三子為繼承人，因而招致此禍。不過，二人被整肅的真正原因，恐怕是國人出身的長宗我部元親忌憚吉良家這樣的土佐國名門的勢力，而想要打擊這些家族吧。

千熊丸元服之後，取名為長宗我部盛親，其名字中的盛字，拜領自羽柴政權下的奉行增田長盛的名字。為了鞏固長宗我部盛親的地位，長宗我部元親帶著盛親追隨羽柴政權南征北戰，甚至在日本侵略朝鮮的「文祿・慶長之役」中親自帶隊前往朝鮮。同時，長宗我部家內也開始施行雙頭政治，下發的公文大都由「大殿下」元親與「若殿下」盛親二人一同署名，只有元親在京都、大坂、伏見等地奉公時，才會由盛親單獨署名。

不過，長宗我部盛親作為第四子，其年紀尚輕，作為家督經驗不足，並且盛親的性格與父親元親剛好相反，盛親性格急躁，年輕氣盛。因此，元親特意任命岡豐城附近的瀧本寺住持非有為盛親的輔佐役，非有是當時日本與安國寺惠瓊齊名的僧人，在非有的輔佐下，盛親才一步一步地真正成長為長宗我部家的家督。

慶長四年（1599年）五月十九日，長宗我部元親在伏見城內的長宗我部家的宅邸中去世。元親似乎注意到了羽柴政權內部的不穩定，死前留下遺言說：「若長宗我部家捲入戰爭的話，部隊的前鋒要任命桑名吉成出任，中鋒由久武親直出任，後備由宿毛甚左衛門出任。」

西國篇

　　慶長五年（1600年），關原戰役爆發，長宗我部家和其他大名一樣，被推到了風口浪尖上。究竟應該加入毛利輝元、石田三成主導的西軍呢？還是應該加入德川家康主導的東軍？

　　在《土佐物語》中記載著這麼一則逸話，話說長宗我部盛親在土佐國收到石田三成的書信，信中命令長宗我部家起兵討伐德川家康時，盛親感到十分不屑，對家臣們說到：「秀賴公年僅八歲，怎麼可能說出討伐家康這樣的話，我看這是奉行（石田三成）的私怨吧。先父昔日和家康交情不錯，我們應該加入德川家一方。」隨後，盛親派出使者前往關東，表達自己想要加入東軍意願。可是，長宗我部家的使者在經過西軍一方的長束正家設定的關卡時被西軍阻攔，只得悻悻而歸，此時已經抵達大坂城的盛親得知派出使者失敗，又擔心被西軍圍攻，便只好加入了石田三成的一方。而山內一豐的妻子也派出使者給關東送出密信，使者順利出關，通知東軍石田三成舉兵的消息，給山內家記了一大功，因此後來土佐國才被封給了山內一豐。

　　在這則逸話中，長宗我部家的使者因為膽小不敢透過關卡，害主家失去了土佐國，而山內家的使者膽子大，透過關卡取得功勳，因此獲得了土佐國作為封賞。這個故事本身就帶有很明顯的教育意義，當時長宗我部盛親加入西軍的原因究竟是不是因為使者沒有趕到東軍陣中的真相已經難以查明，但是考慮到盛親與西軍中增田長盛的「烏帽子親」關係，這件事與使者關係可能並不大。

盛親的大坂之陣

根據《土佐物語》的記載，長宗我部盛親參加了七月二十日西軍攻擊伏見城的戰鬥。可是實際上根據當時的書信來看，從土佐國渡海而來的長宗我部軍在這一天方才抵達大坂城，不可能在同日就參加伏見城的戰鬥。

值得一提的是，島津義弘在寫信回國時曾提到說，長宗我部家的軍役要求只有兩千人，但是長宗我部盛親為了向羽柴秀賴表達忠心，卻召集了五千人上洛，同時還攜帶著一千五百挺鐵炮，因此請求島津家也速速派出軍勢上洛。

另外，毛利家起兵之後，毛利輝元立即派遣軍勢占領了阿波國，隨後又出兵伊予國，還給留守土佐國的長宗我部家重臣非有去信，請求長宗我部家出兵伊予國協助毛利軍攻打當地的東軍大名的領地。不過，由於長宗我部盛親召集了太多人馬上洛，此時的土佐國已經不堪重負，所以非有拒絕了毛利家的請求。而毛利軍在伊予國作戰時，被東軍方的武將加藤嘉明的家臣奇襲，戰事也以慘敗告終。

回到京都這邊，長宗我部盛親在八月下旬隨著毛利軍一同參加了對伊勢國安濃津城的攻擊，隨後又與毛利軍一同來到關原東邊的南宮山布陣。然而，九月十四日時，原本是西軍後來卻變節的小早川秀秋擅自來到松尾山布陣，威脅到了在關原布陣的西軍大谷吉繼的部隊，因此石田三成匆忙在夜裡燒毀了大

垣城外廓，出兵關原救援大谷吉繼。九月十五日上午，關原戰役爆發，小早川秀秋在開戰時分就與東軍一同夾擊了大谷吉繼的部隊，導致大谷軍全滅，而長宗我部軍與西軍的其餘軍勢一樣，根本來不及反應就開始潰敗。

長宗我部盛親得知西軍戰敗以後，帶著軍隊從南宮山沿著伊勢國撤退，在撤退途中，長宗我部軍在伊勢國遭到一揆的襲擊潰不成軍。等到長宗我部軍返回大坂城後，又在回國途中於和泉國石津浦與岸和田城城主小出秀政交戰，最終成功逃回了土佐國。

根據軍記物的記載，長宗我部盛親撤退時在大坂城留下了使者，請求德川家的重臣井伊直政能夠出面調解，赦免長宗我部家。可是，在井伊直政出面之際，盛親從家老久武親直處得知哥哥津野親忠也在透過藤堂高虎與德川家交涉，希望獲得土佐國半國的消息後怒不可遏，下令兄長切腹自盡。德川家康得知津野親忠被逼自盡後，怒罵道：「元親的兒子到底是個什麼樣的蠢人？」隨後命令盛親切腹，在井伊直政的請求下才放過盛親一條性命，但是要沒收長宗我部家的土佐國領地，轉封給東軍方的山內一豐。

然而，軍記物中著重刻劃了久武親直的奸臣形象，將長宗我部家的衰弱全都推到了一個人的身上，這必然是不可能的。實際上，長宗我部盛親返回土佐國以後，一邊和島津家、立花家一樣整軍備戰，一邊也在積極地與德川家重臣井伊直政交涉

議和。剛好在這個時間點,盛親的哥哥津野親忠去世,死因不明,雖然並沒有史料能夠證明津野親忠是因為與德川家交涉而被處死的,但是考慮到長宗我部元親曾為了盛親幽禁津野親忠之事,懷抱著仇恨的津野親忠此時反水也不是沒有可能的。

十一月十一日,長宗我部盛親在井伊直政的安全保證下親自來到大坂城,在井伊直政的建議下,長宗我部盛親願意放棄土佐國的領地,減封至他國。然而,就在德川家家臣前往土佐國接收領地之時,土佐國爆發了一揆,這些一揆並非是軍記物中的長宗我部家的不願轉封的下級家臣,而是先前被長宗我部家打壓的吉良家、津野家的殘黨,一揆眾們占據了浦戶城的本丸抵抗,最終在長宗我部家的重臣的協助之下,德川家才順利剿滅一揆。

因為浦戶一揆的原因,德川家康最終決定不給長宗我部盛親轉封領地,而是讓他成為浪人。家康的顧慮並不是沒有道理,若爆發了浦戶一揆這樣抵抗運動,還依舊給長宗我部家封賞領地的話,會給還在抵抗的西軍大名留下「會鬧的孩子才有糖吃」的印象,權衡利弊之後,德川家康決定捨棄長宗我部家這顆棋子保存大局。諷刺的是,長宗我部盛親作為最早投降的西軍大名被沒收了領地,而堅持抵抗德川家的島津家,最早卻得以保存下自家領地。

成為浪人後的長宗我部盛親一直居住在伏見城的長宗我部家宅邸之內,直到慶長十年(1605 年)時,長宗我部家的舊宅被

賜給了德川家臣松平定行，連房子都沒保住的長宗我部盛親只得流浪京都，從此失去消息，直到慶長十九年（1614年）為止。

慶長十九年（1614年），已經建立起江戶幕府的德川家與依舊占據大坂城的羽柴家爆發了戰爭。為了對付德川家，羽柴家下令在全國招募浪人，其中不乏真田信繁、後藤基次、明石全登、毛利勝永這樣的優秀武士，在京都蟄伏的長宗我部盛親也躍躍欲試，於十月七日上午偷偷離開京都前往大坂城，許多長宗我部家的舊臣也紛紛來投。儘管羽柴家的勝算不高，但是浪人之身的長宗我部盛親想要復興長宗我部家的話，也只剩下這一條路可走了。

大坂冬之陣中，長宗我部軍防守的主要方向為南面的松平忠直、藤堂高虎，不過有一部分長宗我部軍加入了真田丸之中。後藤基次屬下的武士長澤九郎兵衛在大坂之陣後曾回憶說：「真田丸實際上由長宗我部軍與真田軍一同防守，但是世人卻以為真田丸只是真田一人的出丸。」

大坂冬之陣的戰鬥最終以和議告終，然而僅僅幾個月之後，德川家康又以羽柴家拒絕解散浪人為由，掀起了「大坂夏之陣」。慶長二十年（1615年）五月六日上午，羽柴軍與德川軍在河內國展開戰鬥，德川軍中的藤堂高虎原本準備率軍前往道明寺增援與後藤基次、薄田兼相交戰的水野勝成、伊達政宗等人，卻因為長宗我部盛親突然出現在八尾而放棄進軍。

藤堂高虎在關原戰役後收了許多長宗我部家的舊臣為家

臣，其中不乏長宗我部元親去世時親自任命的長宗我部軍前鋒桑名吉成。這些長宗我部家的舊臣們被單獨編成了一支軍勢出陣，結果在夏之陣的戰場上被長宗我部盛親的旗本認出，遭到了長宗我部軍的重點打擊，桑名吉成也戰死沙場。

藤堂高虎損失慘重，一度想要撤退，但是藤堂家的家臣們卻堅決反對撤軍，畢竟長宗我部軍兵力單薄又無援軍，靠著一鼓作氣的士氣是難以在戰場上堅持太久的。果然，戰況陷入膠著之後，兵力不多的長宗我部盛親決定撤退，而藤堂高虎則趁勢派出本隊出戰，一舉擊潰了長宗我部軍。

同日，後藤基次、薄田兼相、木村重成等羽柴軍大將在與德川軍的交戰中戰死，次日，真田信繁在天王寺之戰中戰死。逃回大坂城的長宗我部盛親眼見取勝無望，便逃出大坂城突圍，結果在五月十日被蜂須賀家政的軍隊俘虜，此時羽柴秀賴已經在兩天前自盡，德川家取得了大坂之陣的勝利。

五月十五日，長宗我部盛親被押送往京都，在六條河原遭到處刑。長宗我部家如同許多戰國大名家族一樣，被淹沒在了時代的潮流之中。

大友家

戰國早期的大友家

　　大友家是自鎌倉時代以來就定居在九州的武家名門，始祖大友能直是相模國古莊的領主近藤能成與波多野家的女兒所生，成年後領有母方的領地大友鄉，後來被鎌倉幕府的初代將軍源賴朝的心腹中原親能收養。

　　文治四年（1188年）十月十四日，十七歲的大友能直在源賴朝的舉薦之下出任左近將監的官職，《吾妻鏡》中稱大友能直為源賴朝的「無雙寵人」。建久四年（1193年）源賴朝在富士山狩獵時，陣中曾發生「曾我兄弟復仇事件」的騷亂，大友能直在騷亂中死死守在源賴朝的身邊，立下了功勳。三年後，大友能直被封為九州島豐前國、豐後國的守護兼鎮西奉行，從而來到了九州。

　　鎌倉幕府滅亡以後，日本進入了南北朝時代，大友家和許多家族一樣，都陷入了支持南朝和支持北朝的分裂之中。九代家督大友氏繼因為加入了南朝方，被室町幕府剝奪了大友家家督之位，轉交給了其弟弟大友親世，從而開始了大友家的內訌

之路。

應永二十三年（1416年），大友親世將家督之位傳給了哥哥大友氏繼的兒子大友親著，七年之後大友親著又將家督之位傳給了大友親世的兒子大友持直。此後，大友家的家督之位就一直由大友氏繼、親世兄弟的後裔輪流出任，直到第十四代家督大友親隆時期為止。親世流出身的大友親隆將女兒嫁給了氏繼流出身的大友親繁，並指定大友親繁為自己的繼承人，兩系由此統一。

寬正三年（1462年），大友親繁將家督之位傳給嫡子大友政親，此後沒多久京都便爆發了「應仁・文明之亂」，大友家加入了東軍的一方，對西軍方的大內家麾下領地豐前國發起攻擊。

明應五年（1496年）五月，大友家家督大友義右在赤間關戰死，其父大友政親被大內軍俘虜殺害，大友家出現了滅亡危機。好在大友政親的弟弟大友親治站了出來，大友親治讓兒子親匡以大友義右養子的形式繼承家督，自己則以後見人的身分控制大友家。七月，大友親治在戰役中擊敗敵對者，暫時穩定住了大友家。

明應九年（1500年）三月，幕府將軍足利義澄下令，讓大友親治出兵討伐此時在大內家避難的廢將軍足利義稙。為了拉攏大友親治，足利義澄認可了大友親匡的家督之位，任命其為豐前國、豐後國、築後國的守護，同時將軍下賜一字將大友親匡的名字改為「大友義親」，後又改為大友義長。次年文龜元年

西國篇

(1501年)閏六月二十四日,大友家與大內家圍繞著豐前國展開戰爭,在馬嶽城戰役中擊敗了大內軍。

永正五年(1508年)六月,足利義稙在大內義興的支持下復任幕府將軍,大友親治、義長父子很識時務地給新將軍送去賀禮,同時還表達了大友家想與大內家議和的願望。大友親治、大友義長父子是透過非正常手段取得家督之位的,所以大友親治父子需要得到幕府的認可,而幕府將軍是足利義澄還是足利義稙對於大友家來說並不重要。

永正十二年(1515年),大友義長隱居,將家督之位傳給兒子大友義鑑。次年,大友家重臣朽網親滿與大內家密謀發動叛亂,事蹟敗露之後朽網親滿逃亡,許多同謀者在府內館被大友家逮捕殺害。永正十五年(1518年),大友義長去世,朽網親滿再次掀起叛亂,不過此時老家督大友親治尚在人世,在大友親治的指揮下,朽網親滿之亂很快就被平定,大友家也趁著這個機會重新分配並整頓了自家的領地。

在此期間,豐後國鄰國肥後國的大名菊池家日益衰弱,菊池家家督菊池能運年紀輕輕就因為在戰場上負傷,最後傷情惡化病逝,沒有留下子嗣。在臨死前,菊池能運指定年僅十四歲的同族菊池政隆為養子繼承家督。可是,沒多久肥後國阿蘇神社的大宮司阿蘇唯長便與菊池家家臣合謀,流放了菊池政隆,阿蘇唯長奪取了菊池家家督之位,改名菊池武經。

菊池武經性格殘暴不仁,自身又好大喜功,貪圖享受,沒

多久便與菊池家家臣走向對立，最終灰溜溜地逃出了肥後國，複名阿蘇唯長。此後，菊池家家臣擁戴菊池家庶流詫磨家出身的菊池武包繼承家督，但是菊池家還是不可避免地走向了衰弱。

大友義鑑繼承家督之時，大友家內部依舊衝突重重，許多家臣都認為大友義鑑沒有能力統率大友家，想要擁戴義鑑的弟弟菊法師丸繼承家督。在這樣的情況下，大友義鑑對菊法師丸做出妥協，試圖將菊法師丸送入菊池家繼承家督，以換取宗家的安定。在大友家的介入下，菊池家家臣以菊池武包昏庸愚昧為名廢掉了其家督之位，擁戴菊法師丸入嗣菊池家，取名菊池義武。

菊池義武與兄長大友義鑑的關係並未因其繼承菊池家就此改善，有了菊池家作為後盾的菊池義武反而得寸進尺，想要從大友家獨立。大永七年（1527年）十一月，菊池義武與佐伯唯治掀起叛亂，大友義鑑不得不出兵平叛，殺死了佐伯唯治。

享祿元年（1528年）十二月，大內家的雄主大內義興在山口病逝，其子大內義隆繼承家督，大友家與大內家再起爭端。享祿四年（1531年），大友義鑑出兵攻打與弟弟菊池義武勾結的築後國國人星野親忠，大內家則向星野親忠派出援軍。為了對付大內家，大友義鑑與同樣同大內家有著衝突的少貳家結盟，讓少貳家在築前國攪亂大內家的後方。

天文二年（1533年），少貳家重臣龍造寺家兼對大內家的築前國的岩屋城發起攻擊，企圖恢復少貳家的地盤，大內義隆派

出陶興房率軍出陣北九州，一舉扭轉了戰局。此時菊池義武也趁機舉兵，但是被大友軍擊敗，流亡他國。可是，雖然大友家在肥後國取得勝利，但是大內軍依舊攻陷了大友家在築前國的據點柑子嶽城以及立花城。

天文五年（1536年）五月，大內義隆從朝廷受封大宰大貳官位，取得了少貳家上位的的大義名分。九月，陶興房包圍了少貳資元的據點多久城，不久之後少貳資元自盡而死，少貳家滅亡，大友家在北九州失去了一個自鎌倉時代以來的重要盟友。

二階崩之變

自天文七年（1538年）開始，大友家便與大內家達成和睦，在天文十二年（1543年）大內義隆遠征出雲國時，大友家還給大內家派去援軍。不過，大友義鑑晚年寵愛後妻與小兒子鹽市丸，想要廢掉長子大友義鎮的家督之位，導致大友家出現動盪。

天文十九年（1550年）二月，大友義鑑將家臣津久見美作守、田口新藏人、齋藤播磨守、小佐井大和守召至別府談話，表示自己想要立小兒子鹽市丸繼承家督。聽完大友義鑑的發言後，四人紛紛表示廢長立幼將招致禍端，便反對此事。

見家臣們反對，大友義鑑惱羞成怒，下令殺死了齋藤播磨守、小佐井大和守二人，而津久見美作守、田口新藏人見狀，擔心自身難保的二人便舉刀襲擊了坐在大堂二階上的大友義鑑，同時還殺死了大友義鑑的後妻與小兒子鹽市丸。兩天之

後，大友義鑑重傷而死，其子大友義鎮被家臣們喚回了府內，繼承家督。

大友義鎮繼位後，立即下令攻打支持讓鹽市丸繼承家督的入田親廉、親誠父子，入田父子在戶次鑑連、齋藤鎮實的攻擊之下敗逃至肥後國依附阿蘇家。迫於大友義鎮的壓力，阿蘇家家督阿蘇唯豐最終殺死了入田父子，將二人的首級送到了府內館。

同年三月，在大友義鑑死後，菊池義武嗅到了回歸舊領的味道，便在肥前國有馬家的支持下從島原半島渡海而來，進入了肥後國隈本城之中。為了消滅菊池義武，大友義鎮發信給曾經支持過菊池家的豪強相良家，表示自己想要收拾菊池義武，希望相良家不要插手。

四月十八日，菊池義武派遣三池親員侵入築後國攻打大友方的鷹尾城，被守將田尻親種擊退。五月末，菊池義武又派遣同黨攻打肥後國內的大友方據點筒嶽城。閏五月十四日，大友方的阿蘇唯豐率軍攻擊隈本城，被菊池軍擊敗，隨後菊池軍又在津守、木山、隈莊口等地陸續擊敗大友軍。

不過，雖然大友軍在肥後國暫時陷於下風，但是築後國方面的戰事卻十分順利。在菊池義武擊敗肥後國大友軍的同時，築後國方面的大友軍攻陷了支持菊池家的溝口家的本城，而後又包圍了三池家的居城。

七月，大友軍在肥後國擊敗了支持菊池家的國眾們，築後

國的三池城也被大友軍攻陷,大友家一邊收縮對隈本城的包圍網,一邊在築後國進行掃尾作戰。八月九日,大友軍的大將小原鑑元、佐伯唯教給菊池家的家臣去信,表示隈本城已經搖搖欲墜,勸說家臣們棄暗投明。在這樣的情況下,眾叛親離的菊池義武不得不率軍突出重圍,再次前往肥前國依附有馬家。菊池義武在此後相繼又前往薩摩國、日向國尋求庇護,最終又回到了肥後國投靠相良家,可是此時的大友家已經十分強大,在大友義鎮的要求下,相良家只得將菊池義武引渡回豐後國,最終被大友義鎮勒令自盡。

　　平定了肥後國、築後國動亂的大友義鎮準備在北九州大施拳腳,老天爺也非常給面子,很快的就給了大友義鎮一個機會。

　　天文二十年(1551年)八月,大內家的重臣陶隆房發動政變,家督大內義隆在大寧寺中自盡而死,隨後陶隆房擁戴大友義鎮的弟弟大友晴英入嗣大內家,取名大內義長。隨著大內家內部的動亂,大內家在北九州的統治也逐漸瓦解,肥前國的國人江田、小田、神代等家族擁戴少貳資元之子少貳冬尚為主舉兵,少貳冬尚很快就將大內義隆任命的肥前國守護代龍造寺隆信給驅逐出了肥前國。

　　天文二十二年(1553年)七月,龍造寺隆信在大友義鎮的支持下奪回了佐嘉城,此舉引發了肥前國、築前國國人們的反感,許多家族在少貳家的號召下起兵對抗大友家。在這些國眾之中,最為活躍的便是築前國國人秋月文種。弘治二年(1556

年）六月，豐前國宇佐郡郡代佐田隆居率軍侵入築前國與秋月文種交戰，此後不久，豐前國馬嶽城被秋月家奪取，但是很快就被大友家奪回。次年二月，由於豐前國下毛郡郡代野仲重兼加入秋月家一方的緣故，馬嶽城再次落入了秋月文種的手中。

弘治三年（1557年）四月，大內義長在毛利家的攻擊下敗亡，失去主君的豐前國、築前國成為了一塊無主之地，大友義鎮徹底撕破臉皮，對豐前國和築前國發起全面進攻。五月，豐前國上毛郡國人山田隆朝、中八屋宗種在秋月文種的誘惑下舉兵作亂，大友義鎮連忙派遣家臣田原親宏出陣豐前國。儘管山田隆朝想透過佐田隆居與大友家和談，願意將兒子萬千代送入大友家當人質，但是大友家依舊拒絕了請求，向國人們展示了平定豐前、築前的決心。

六月十八日，田原親宏、杉因幡守、佐田隆居、野仲兵庫頭在戰役中擊敗了山田隆朝與中八屋宗種。二十日，田原親宏率軍在上毛郡縱火燒討，次日又攻陷了山田家的居城。山田隆朝雖然逃出生天，但是包括兒子萬千代在內的山田一族皆被大友軍殺死，上毛郡內約八百餘百姓在戰亂中被亂軍殺害，許多女子都被擄往了豐後國。二十七日，中八屋家向大友家投降。七月四日，大友軍攻陷馬嶽城，秋月家駐紮在馬嶽城的守軍共千餘人戰死。

另外一方面，戶次鑑連、高橋鑑種、臼杵鑑續等人率領的築前方面的大友軍也一路披荊斬棘來到了秋月家的本城古處山

城。七月七日，大友軍對秋月家發起總攻，儘管秋月文種拚死抵抗，古處山城依舊在幾日之後落入大友軍手中，秋月文種自盡而死，其子秋月種實在家臣的護衛下流亡毛利家。此後，戶次鑑連繼續攻打秋月種實的盟友築紫唯門，同樣滅亡了築紫家。

門司城戰役

在大友家與毛利家分別瓜分了大內家的舊領之後，領地接壤的兩家很快就起了衝突。永祿二年（1559年）六月，大友義鎮從幕府將軍足利義輝處加封豐前國、築前國兩國守護。十一月，足利義輝任命大友義鎮為「九州探題」，同時還授予大友義鎮指定人選繼承大內家的權力，無論是大友家的同族也好，還是大友義鎮本人也好，幕府都予以支持。

幕府給大友義鎮的任命讓毛利家如坐針氈，如果大友義鎮本人以大內家家督的名義進軍周防、長門國的話，毛利家就將失去統治兩地的大義名分。為了保障毛利家在周防國、長門國的利益，毛利元就暗暗支持許多大內家的舊臣返回豐前國的舊領舉兵對抗大友家。

同年六月左右，大內家的舊臣貫元助在毛利家的支持下奪取了大友家的門司城。九月，大友義鎮派遣田原親宏率軍攻打門司城，很快就奪取了城池，可是沒多久門司城便再度落入了毛利家的手中。

永祿四年（1561年），大友家與毛利家戰端再起。七月，大

友軍再次對對門司城發起攻擊，雖然這次攻擊被毛利軍挫敗，但是毛利元就依然十分警惕地向九州派遣了兒子小早川隆景。

九月七日，毛利家家臣兒玉就方率領的警備船隊在豐前國簑島與大友軍交戰。十月二日，大友軍對門司城發起攻擊，小早川隆景率軍迎戰大友軍。在這次戰役中，毛利軍派遣了許多忍者潛入大友軍陣中刺殺敵軍，引起了不小的騷動。十日，大友軍對毛利軍發起總攻，但是因為小早川隆景麾下的乃美宗勝等人的奮戰，毛利軍最終取得大勝，大友軍不得不開始從門司城撤軍。

永祿五年（1562年）正月，大友義鎮派遣使者上洛，向幕府將軍控訴毛利家的無道行為。由於大友軍在前一年的門司城戰役中戰敗，大友義鎮引咎出家，法號為瑞峰宗麟，下文就統稱為大友宗麟。

就在這一年，發生了一件讓大友家瞠目結舌的事件——大友家在筑前國寶滿城、岩屋城的城代高橋鑑種背叛了大友家，投入了毛利家的麾下，使得大友家在筑前方面僅剩下立花城等城池，陷入了極度劣勢的境地。

高橋鑑種出身自大友家的一門眾一萬田家，後來入嗣筑前國的名門高橋家，還一度成為大內義長的家臣前往周防、長門國。在幾年前與秋月家的戰役中，高橋鑑種還與戶次鑑連等人攻陷了秋月家的本城古處山城，十分受到大友宗麟的器重。

高橋鑑種謀反的原因不明，有說其兄一萬田鑑相被大友宗

麟殺死的,也有說是被毛利家誘惑的,還有說是因為大友宗麟對與高橋鑑種關係不錯的大內義長見死不救等等等等。不過,根據近年來的研究認為,高橋鑑種謀反的真正原因,很可能只是為了實現自己的獨立野心罷了。

不過,毛利家對高橋鑑種也不是一味地接受。高橋鑑種向毛利家提出要求領有築前國十四郡中的六郡領地,但是在這六郡之中,有一部分地盤已經被毛利家賞賜給了國人杉連緒,再加上杉連緒才奪下豐前國的大友方城池香春嶽城,毛利家擔心擅自給高橋鑑種承諾的話,會將杉連緒推向大友家,危急毛利家的據點門司城。

為了鞏固豐前國、築前國的地盤,大友宗麟在九月派遣了名將戶次鑑連率軍包圍了豐前國苅田松山城,然而苅田松山城內的守軍抵抗得十分頑強,因而戶次鑑連在留下部分軍勢後,轉頭攻向了門司城。毛利軍得知大友軍朝著門司城襲來,個個都摩拳擦掌,畢竟前幾次門司城戰役中大友軍都未取得勝利,因而大意輕敵的毛利軍決定出城與大友軍交戰。只是,這一次指揮大友軍的主將可是在未來的遊戲中有家寶的名將戶次鑑連,在戶次鑑連的指揮下,毛利家在門司城任命的城代冷泉元豐等人都戰死在了戰場上。由於苅田松山城依舊被大友軍包圍,門司城戰役中又敗於戶次鑑連,毛利元就、隆元父子開始將注意力從出雲的尼子家轉向了九州。

大友家與毛利家的戰役最終在幕府將軍足利義輝的介入之

下和談，毛利家在九州僅保留門司城作為防衛周防國、長門國的據點，其餘的軍勢全部撤出豐前國、築前國。

毛利家的重心並不在九州，因此在這次和睦之後，兩家很少再有大規模的衝突。可是，在大友家與毛利家互相爭奪門司城的同時，肥前國的國人龍造寺隆信卻趁著這個機會崛起，並從大友家麾下獨立。

龍造寺隆信出身龍造寺家的庶流水江龍造寺家，其曾祖父龍造寺家兼曾經是少貳家的肱骨重臣。然而，在天文十三年（1544年）左右，少貳冬尚、馬場賴周用計屠戮了龍造寺一族，龍造寺家兼雖然逃出生天，但是這次暗殺計劃依舊給龍造寺家造成極大的打擊。兩年後，龍造寺家兼去世，死前讓出家為僧的曾孫胤信繼承家督，胤信則從大內義隆處受賜一字，改名為龍造寺隆信。

永祿八年（1565年），幕府將軍足利義輝被家臣暗殺，大友家與毛利家之間失去了一個調解人。永祿十一年（1568年），毛利家消滅了曾經的山陰霸主尼子家，成為了西國的唯一雄主，騰出手來的毛利家再度將手伸向了九州。

元龜元年（1570年）三月，大友宗麟親自來到築後國高良山布陣，召集築後國、肥前國的國眾前來參陣，準備一舉討伐龍造寺家。八月，大友家一門出身的大友八郎率軍來到佐嘉城西北方面的今山布陣，可是大友軍卻遭到了龍造寺隆信的異父弟弟鍋島直茂的奇襲，大友軍慘敗而歸，大友八郎也戰死沙場。

按照以往的通說，龍造寺隆信在這次戰役以後從大友家獨立成為一個獨立大名，但實際上在九月兩家議和以後，大友家依舊對肥前國保有控制權。

從耳川到關原

天正元年（1573年），大友宗麟將家督之位傳給了嫡子大友義統，自己則以家督後見人的身分隱居幕後。在這個期間，九州島南部的島津家逐漸崛起，開始向北部擴張，威脅到了大友家的勢力範圍內的日向國北部地區。

天正四年（1576年）八月，薩摩島津家家督島津義久與弟弟島津義弘一同出陣日向國，攻陷了高原城、野尻城等地，很快就將當地的豪強伊東家驅逐出了日向國。

天正六年（1578年）正月，日向國豪強土持親成投靠了島津家，隨後大友義統在三月派遣佐伯宗夫、志賀親敦侵入日向國，攻陷了土持家的本城松尾城。七月，伊東家舊臣長倉祐政在日向國石城舉兵，同時擊退了來犯的島津軍。為了救援石城，大友宗麟派遣軍勢進入了日向國，同時還寫信給肥後國大名相良義陽，表示自己將會親自出陣，希望相良義陽能夠策應大友家攻打島津家的領地。在出陣以前，大友宗麟接受了傳教士的洗禮，取了個教名為「方濟各」。

九月十一日，島津義久親自出陣迎戰大友軍，島津軍於十三日進入了野尻城，隨後島津義久給石城方面加派了軍勢。

在島津軍的強攻之下，石城守將長倉祐政並沒能等到大友家的援軍便開城投降了。

島津義久在十月返回了薩摩國，在他看來石城已經淪陷，大友軍沒有理由再冒險進軍。可是，此時的大友軍已經渡過耳川，大友宗麟不願意大友軍無功而返，便包圍了島津家在日向國北部的據點新納院高城。新納院高城的守將是島津家重臣山田有信，為了防備大友軍的進攻，島津義久還派遣弟弟島津家久率軍進入城中守備。島津義久原本準備親自出兵與大友軍對決，但是此時日向國中部的許多國眾掀起了反旗，阻攔了島津家的援軍。

十一月十一日，島津義弘率軍向在松山布陣的大友軍發起攻擊，「耳川戰役」爆發，是夜，島津義久率領的軍隊終於抵達了戰場，島津軍士氣大振。次日清晨，大友軍對島津義弘的陣地發起攻擊，島津軍倉促應戰，接連戰死數員大將，死傷慘重。可是，此時島津義久、島津歲久的援軍以及新納院高城內的島津家久突然率軍攻向了大友軍，被多面夾擊的大友軍先勝後敗，全軍崩潰。除了被島津軍殺死以外，許多大友軍的士兵在逃亡時跳入小丸川中淹死，還有許多敗軍在逃回豐後國的途中被當地的豪強、農民伏擊，從新納院高城至耳川之間處處可見被「落武者狩」的大友軍士兵。

由於大友家素來與織田家關係不錯，島津義久在耳川戰役後給足利義昭的近臣一色朝秀的書信中提到，希望來年春天與

毛利家、龍造寺家一同攻打大友家。另外一方面，大友家在耳川戰役後元氣大傷，迫切希望與島津家和談。京畿方面的織田信長為了包圍敵人毛利家，也請求前關白近衛前久介入九州的局勢進行調解，大友、島津兩家最終在織田信長、近衛前久的調解下於天正九年達成和睦，當然這是後話了。

趁著大友家還未從耳川戰役中恢復，豐前國、築前國的國眾再度掀起了反旗。早年間國眾們的後盾毛利家如今陷入與織田信長的戰爭之中，無力分兵九州，因而國眾們開始轉而尋求肥後國大名龍造寺隆信，龍造寺家也正是趁著耳川戰役才一躍成為一個獨立大名。

十二月，秋月種實與築紫廣門一同自大宰府出陣，對大友家重臣高橋紹運防守的寶滿城、岩屋城發起攻擊。儘管築前國有著高橋紹運與立花道雪（戶次鑑連）坐鎮，局勢對大友家依舊不是很樂觀。另外一邊，豐前國長巖城的野仲鎮兼、本莊城的城井鎮房、香春嶽城的高橋元種等國眾紛紛響應秋月種實舉兵，大友家的領地內四處起火。

就在大友宗麟四處收拾領內的叛亂之際，島津家對肥前國發起了進攻，併成功地在戰場上殺死了龍造寺隆信。龍造寺家臣服於島津家以後，島津家在九州就只剩下了大友家一個敵人。

天正十三年（1585年）年末，繼承了織田政權的羽柴秀吉給島津家去信，秀吉以天皇代理人的身分命令島津家放下武器，與大友家停戰。為了答覆羽柴秀吉的命令，島津家在天正十四

年（1586年）派遣家臣鐮田政廣上洛。

鐮田政廣從羽柴秀吉處得知，秀吉準備將豐後國、築後國、豐前半國、肥後半國賜給大友家，肥前國賜給毛利家，築前國收為直轄領，餘下的九州領地則全部劃給島津家。也就是說，除了島津家原本領有的薩摩國、日向國、大隅國外，島津家只增加了豐前、肥後各半國而已，這對於即將統一九州島的島津家而言，自然是無法接受的。秀吉對鐮田政廣坦言，如果島津家在七月以前沒有上洛表示接受劃分領地的命令的話，自己將親自率軍討伐島津家。

四月，大友宗麟也從豐後國上洛來到了大坂城，請求羽柴秀吉支援搖搖欲墜的大友家，羽柴秀吉則安慰大友家表示有自己的命令島津家暫時不敢亂來。

可是到了七月時，島津家依舊沒有上洛的跡象，反而集結起軍勢對大友家殘餘的領地發起了總攻。築前國方面，岩屋城守將高橋紹運、立花城守將立花宗茂（高橋紹運之子，立花道雪養子）拒絕了島津家的勸降，隨後遭到了島津軍的攻擊。七月二十七日清晨，島津軍對岩屋城發起強攻，到正午時分方才攻陷岩屋城，大友軍守將高橋紹運以下悉數戰死。次月，島津軍對寶滿城發起攻擊，寶滿城守將高橋統增也是高橋紹運的兒子、立花宗茂的兄弟，可是高橋統增明顯沒有父兄的覺悟，很快就開城投降了。築前國僅剩下立花宗茂一人還在苦苦支撐。

九月中旬，由仙石秀久、長宗我部元親率領的羽柴軍先鋒

登陸豐後國，羽柴秀吉命令仙石秀久等人在豐後國按兵不動，靜候大軍的到來。可是，十二月時島津軍對大友家的據點鶴賀城發起攻擊，軍監仙石秀久受不了島津軍的挑釁違背秀吉的命令出城迎戰，結果羽柴軍前鋒在戶次川戰役中被島津軍擊敗，長宗我部信親、十河存保等人戰死。戰後，大友家現任家督大友義統與仙石秀久一同流亡豐前國，豐後國全域落入了島津家的手中。

不過，無視秀吉停戰命令的島津家並沒有得意多久，早在戶次川戰役前，毛利軍就已經在豐前國登陸，開始對島津家的據點發起攻擊。次年三月，羽柴軍的大部隊登陸九州，在實力強大的羽柴秀吉面前，島津家最終還是選擇了低頭臣服。

由於大友義統並未在征伐九州中立下顯眼的戰功，羽柴秀吉只給大友義統安堵了豐後國一國。另外秀吉原本想要將日向國賜給大友宗麟，但是此時的大友宗麟已經對統治領地失去了興趣，拒絕了秀吉的好意，並在島津家臣服以前病逝。

大友家滅亡

大友宗麟在日本是出了名的「吉利支丹大名」，也就是天主教大名的意思。而大友宗麟之所以信仰天主教，很大一部分原因其實是為了利用教會與歐洲各國貿易，尤其是進口鐵炮、大砲、還有硝石等等戰爭剛需品。

在大友宗麟從耶穌會搞到一門大砲以後，便開始在九州仿

製，在與織田家互通友好時還送了一門大砲給織田信長。可是，與大友宗麟不同，新家督大友義統能力平平，對天主教也並不怎麼感冒。大友家也在大友義統的帶領之下，逐漸走向了落日。

天正十六年（1588 年）二月，大友義統上洛覲見羽柴秀吉，並在三月七日受賜豐臣氏與羽柴苗字，同時秀吉還下賜一字給大友義統，將其改名為大友吉統。

文祿元年（1592 年）秋，羽柴秀吉決定出兵朝鮮，大友吉統被編在了侵朝日軍裡的第三軍，率領六千人的軍勢與黑田長政一同渡海前往朝鮮。在出征以前，大友吉統將家督之位傳給了兒子大友義乘。

日軍入朝以後一路勢如破竹，直到文祿二年（1593 年）由李如松率領的援軍來到平壤城下為止。當時平壤城的守將是小西行長，面對明軍的強大攻勢根本無力抵抗，只得向鄰近的黑田長政、小早川秀包以及大友吉統求援，而後被後者以兵力不足為由拒絕。不僅如此，當小西行長從平壤城突圍至鳳山以後，才發現本應駐紮在此地的大友吉統早就逃之夭夭了。

大友吉統之所以會逃跑，是因為他收到了錯誤的消息，以為小西行長已經戰死，因而才會率軍後撤。此外，在島津家出征朝鮮以前，領內爆發了「梅北一揆」，許多人都謠傳大友家是一揆眾的幕後支持者，引起了秀吉的不信任。如今大友吉統再加上了個臨陣脫逃的罪名，被羽柴秀吉罵為「豐後的膽小鬼」，

西國篇

認為此事不關是在日本國內被人嘲笑,還會傳到明軍耳朵裡被明軍恥笑。

在這樣的情況下,羽柴秀吉最終決定將大友家的豐後國領地沒收,大友吉統也由一介大名變成了一介路人,一直在常陸佐竹家接受庇護,直到慶長三年(1598年)羽柴秀吉去世為止才被赦免。被赦免後的大友吉統動向不明,其子大友義乘則在關東受賜約三百石的領地。

慶長五年(1600年),關原戰役爆發,大友吉統在毛利輝元、增田長盛的引薦下覲見了羽柴秀賴,並且獲得了回歸舊領並討伐從屬東軍的黑田官兵衛的許可。此外,羽柴秀賴給大友吉統下賜了一百匹馬、一百柄長槍、三百挺鐵炮與銀幣三千枚。

得知大友吉統想要率軍返回豐後國後,黑田官兵衛託人給大友吉統去信,勸說大友吉統追隨西軍是沒有前途的,況且大友吉統的兒子大友義乘此時身在東軍陣中,不如一起加入德川家一方,戰後還能討些封賞。

然而,大友吉統並沒有理睬黑田官兵衛的勸告,而是率軍在豐後國速見郡登陸。九州的東軍大名除了加藤清正以外大多把精銳部隊帶到了關原,北九州真正的東軍大名只剩下細川忠興的家臣杵築城城主松井康之與中津城的黑田官兵衛。由於豐後國是大友家的舊領,擔心被大友軍包圍的松井康之便想要棄城逃亡,可是當松井康之來到豐前國中津時,當地的百姓都不認識松井康之,不願意把船隻借給這個「落武者」,因此松井康

之又只好返回杵築城。

八月四日，松井康之收到了毛利輝元、宇喜多秀家的書信，命令松井康之將杵築城讓渡給臼杵城城主太田一吉的兒子太田一成。另外書信中還帶著一封副狀，是由石田三成、前田玄以、長束正家、增田長盛等人聯署的，內容與主體相差無幾。次日，加藤清正給杵築城送來了五千發鐵砲彈藥，給松井康之增加了極大的信心，因此松井康之決定拒絕響應西軍的命令。

九月九日，大友吉統抵達豐後國浜脅，隨後朝著附近的立石城進軍。得知大友吉統歸來後，許多大友家的舊臣與浪人眾締結一揆，加入了大友吉統的軍勢之中。例如竹田城城主中川秀成的與力家臣田原紹忍、宗像鎮續等等，大友吉統的兵力達到了五、六千人之眾。

另外一邊，黑田家家督黑田長政在與德川家的交涉中獲得了黑田家在九州展開軍事行動的許可，德川家向其承諾，只要是關原戰役期間被黑田家占領的土地，無論多少都算是給黑田家的恩賞。由於黑田長政身在東軍陣中加入了關原戰役的本戰，奪取九州領地的任務便落到了父親黑田官兵衛的手上。

黑田官兵衛收到黑田長政的消息後也是躍躍欲試，想要增大黑田家的領地，只是此時黑田家的精銳部隊都已經被黑田長政帶走，中津城內僅剩下人數不多的老弱病殘。為了擴充人手，以小氣聞名日本的黑田官兵衛竟然開啟了中津城的倉庫，

西國篇

用庫中的金銀財寶召集兵馬，除了浪人以外，許多當地的百姓也前來參陣，黑天軍七拼八湊倒也湊出了三千六百餘人。

在大友吉統抵達豐後國的同日，黑田官兵衛率領著軍隊從中津城出發，抵達了竹中重利的居城高田城。竹中重利是黑田官兵衛的舊交竹中半兵衛的妹夫，此時雖然不在九州，但也已經從西軍轉投至東軍陣營之中，因此黑田官兵衛要求高田城派出軍勢參陣。竹中重利的家臣表示召集軍隊需要時間，希望黑田官兵衛能夠稍候幾日，而黑田官兵衛則堅決地表示如果竹中家不立即派出軍勢參陣的話，黑田軍將對高田城發起攻擊。在黑田官兵衛的威逼利誘之下，高田城的竹中軍最終加入了黑田軍之中，隨著官兵衛一同行動。

九月十二日，黑田軍包圍了西軍麾下的富來城，富來城城主垣見一直同樣不在九州，黑田官兵衛面對的大多數都是一些兵力薄弱的城池。此時杵築城的松井康之送來告急信，表示自己正遭受大友吉統的攻擊，黑田官兵衛便解除了對富來城的包圍，朝著杵築城而來。得知黑田軍動向的大友吉統只好開始後撤，退往了立石城。次日，黑田官兵衛、松井康之的軍勢朝著立石城而來，大友吉統也派出軍勢迎戰敵軍，是為「石垣原戰役」。此戰中大友軍敗北，宗像鎮續、吉弘統幸等舊臣戰死，大友吉統只得退守立石城。

九月十四日，黑田官兵衛對立石城發起攻擊，由於天降大雨的緣故，官兵衛決定鳴金收兵，次日再對立石城發起攻擊。

可是就在十五日的清晨,大友吉統、田原紹忍便以剃髮之姿來到了黑田官兵衛的家臣母裡友信的陣中求饒,最終被黑田家俘虜。諷刺的是,德川家康原本對大友吉統的兒子大友義乘表示,只要關原戰役取勝,就將豐後國賜還給大友家,而因為大友吉統加入了西軍,這件事自然是告吹了。

關原戰役結束後,大友吉統被處以流放,在秋田接受秋田實季的庇護。慶長七年(1502年)秋田實季被轉封至常陸國,大友吉統也隨之來到常陸國,並在此地去世。此後,大友吉統之子大友義乘以旗本的身分出仕德川家,並在在慶長十七年(1612年)去世,其子大友義親也在元和五年(1619年)去世,大友家嫡流絕嗣。為此,幕府最終讓大友吉統的庶子松野正照的三子鶴千代繼承大友家,大友家也因此得以存活至幕末。

西國篇

島津家

戰國早期的島津家

　　薩摩國位於日本九州島的南部，此地自鎌倉幕府時期開始就一直由豪強島津家統治。鎌倉幕府倒臺以後，薩摩島津家也分裂為嫡流島津總州家與庶流島津奧州家兩個家族，雙方為爭奪領地與嫡流之位打得不可開交。應永十一年（1404年），室町幕府的三代將軍足利義滿將原本應由嫡流總州家出任的大隅國、日向國兩國守護職封給了庶流奧州家，兩年後總州家家督島津伊久病逝，四代將軍足利義持便將薩摩國的守護職也封給了奧州家。自此，島津奧州家取代總州家成為嫡流，薩摩、大隅、日向三國守護職也成為奧州家代代相傳的職役。

　　在奧州家的島津忠國出任家督時期，島津家的一門眾與國眾組成「國一揆」反抗守護，而後在鎮壓「國一揆」中立下戰功的島津忠國的弟弟島津用久則想趁機奪取家督之位，與島津忠國展開內戰。不久後，島津忠國與島津用久和談，到了長祿三年（1459年）時，島津忠國之子島津立久更是將父親忠國流放，而後大力拉攏叔叔島津用久，使得島津用久開創的「島津薩州

家」成為島津家中實力最強的庶流。除了薩州家以外，島津立久的另一個叔叔建立的「島津豐州家」、島津立久的異母哥哥島津友久建立的「島津相州家」都是當時島津家內強大的「御一家」。

不過，在現代影視劇以及遊戲中登場的島津家，其實既不是嫡流奧州家出身，也不是庶流薩州家、豐州家、相州家出身，那麼這又是怎麼一回事呢？

實際上，島津立久建立「御一家」並不是特例，島津家早在鎌倉時代就分出了伊作家、山田家等庶流作為「御一家」。島津立久之所以讓血親創立新的「御一家」，其目的就是想用與自己關係較近的親戚取代血緣關係較遠的家族。在這些舊的「御一家」之中，伊作家在長祿二年（1458年）時絕嗣，伊作家的家臣們便擁戴島津家家督島津立久的弟弟龜房丸入嗣伊作家，我們熟知的島津義弘等人，便是龜房丸的後裔。

繼續說回島津家這邊，島津用久繼承家督之後，薩摩國的國眾便想擁立薩州家的島津用久為主對抗島津立久。為了安定局勢，恰好沒有子嗣的島津立久便迎接叔叔用久之子島津國久為自己的繼承人，與薩州家達成妥協。可是，不久之後島津立久的長子島津忠昌卻出生了，迫於薩州家的壓力，島津立久不得不將親生兒子送到寺院中出家，以示自己的誠意。不過在島津立久得了重病以後，島津國久卻主動提出讓賢的請求，將島津忠昌從寺院中接回繼承宗家家督，自己則回歸薩州家。

文明八年（1476年）時，島津家的御一家薩州家、豐州家等

西國篇

一門眾卻掀起了叛亂,這場叛亂的具體原因不明,內戰持續了一年有餘,終在次年和談。此後雖在文明十六年時再度爆發內亂,但是在大部分時期內,島津家還是比較和平的。不過,文明八年的這場內亂,卻讓島津忠昌簽署了一份協議,承諾讓出許多權力,在島津家內施行與御一家、重臣合議的統治模式。

明應三年(1494年),島津忠昌率軍攻打大隅國國眾肝付氏,由於此次出兵島津忠昌並未與一門眾、重臣商議,違反了文明八年時的協議,因此與肝付家有著姻親關係的島津家重臣新納忠武便拉攏了一批國眾掀起叛亂。這一次叛亂中雖然沒有御一家的身影,但是重臣們的叛亂卻也讓島津忠昌大吃苦頭,最後不得不請求岳父大友政親(豐後國守護)介入,又是割地又是賠款才達成和睦,此舉也加速了島津家宗家的衰弱。

永正三年(1506年)八月,島津忠昌再一次出兵討伐肝付家,這次戰爭同樣因為新納忠武的支援而失敗。撤回居城後的島津忠昌越想越氣,生了重病,兩年之後在家中自盡而死,年僅四十六歲。島津忠昌死後,家督由嫡子島津忠治繼承,可是島津忠治在幾年之後便英年早逝了,又將家督傳給了同母弟弟島津忠隆,結果島津忠隆也是個短命鬼,沒多久就跟著哥哥去了,家督之位落到了二人病怏怏的末弟島津忠兼手中。

在此期間,島津家內部也發生了一些變化。首先便是上文提到的島津家的舊「御一家」伊作家。龜房丸繼承伊作家後,取名為伊作久逸,但是在明應三年(1494年)時,伊作久逸之子伊

作善久被家臣殺害，六年後，伊作久逸也在戰爭中戰死，伊作家的男丁只剩下伊作久逸年僅八歲的嫡孫菊三郎，伊作家陷入了滅亡的危機之中。幸而在這個時候，菊三郎的母親常盤站了出來，據說島津相州家的家督島津運久覬覦常盤的美色，多次向常盤求婚，但是都被常盤以「守節」為由拒絕，最終他甚至開出了讓菊三郎成為相州家繼承人的條件，才成功迎娶了常盤為妻，菊三郎元服之後取名為島津忠良，他便是島津義弘的祖父。

此時島津家宗家日益衰弱，家督島津忠兼不得不四處尋求靠山，他先是迎娶薩州家島津忠興的女兒為妻，又學習祖父島津立久當年的做法，立薩州家的小舅子島津實久為自己的繼承人。可是，大永五年（1525年）時薩州家家督島津忠興去世，此時島津實久只有十四歲而已，薩州家一時也陷入自身難保的境地之中。在這樣的情況下，島津忠兼便另尋他人，選擇了相州家的島津運久、島津忠良父子為自己的新靠山。

雖然江戶時代島津家的系圖與家史之中聲稱島津忠兼為了報答島津忠良，迎接島津忠良之子島津貴久為自己的繼承人，但是實際情況卻並非如此。島津家內部的家臣們原本便有支持薩州家和支持相州家兩股勢力，在相州家崛起後，支持相州家的家臣取得了上風，靠著島津忠良的支持奪得了實權。這些宗家家臣的舉動引起了薩州家的不滿，於是薩州家便對宗家發起進攻，此時相州派家臣的後盾島津忠良雖然出兵，但是卻向島津忠兼提出讓自己的兒子貴久繼承宗家的請求。為了解決燃眉

之急，島津忠兼不得不同意了島津忠良的要求。

大永七年（1527年），島津忠兼宣布隱居，心不甘情不願地將家督之位傳給了島津貴久。可是，乘人之危的島津忠良、島津貴久父子，真的能夠安穩地坐在家督之位上嗎？

三州統一

在島津家家督島津忠兼（宗家）讓位給養子島津貴久（相州家）以後，在島津家內部擁有強大實力的庶流島津實久（薩州家）對此感到非常不滿，於是舉兵作亂。除此以外，島津家宗家的許多家臣不願意承認島津貴久繼承本家，便與薩州家結盟。

島津實久很快就攻陷了伊集院城、谷山城等島津相州家的地盤，隨後又派出使者說服島津忠兼，希望他能夠重新返回家督之位。前文提到，島津忠兼讓出家督之位本就是無奈之舉，因而他立即宣布斷絕與島津貴久的養父子關係，也不承認島津貴久為宗家家督。

不過，儘管如此，宗家內部支持薩州家的家臣們也不原意與島津忠兼和解，很快這些家臣們便放逐了島津忠兼，擁戴島津實久成為宗家的家督，並且得到了除薩摩國以外的大隅國、日向國國眾的支持。薩州家的根據地位於薩摩國北部，而支持薩州家的宗家家臣們則在薩摩國南部起兵，使得薩摩國陷入內亂之中。

幸而，島津貴久的老爹島津忠良是個十分傑出的武士，相州家的地盤在薩摩國南部，與薩州家的地盤之間還隔著許多國眾。島津忠良先是拉攏了這些國眾，作為相州家與薩州家之間的緩衝地帶，避免直接與薩州家發生衝突。另外，宗家家臣擁戴島津實久為家督後，原家督島津忠兼的地位變得十分尷尬，島津忠良便向其伸出橄欖枝，拉攏島津忠兼，也拉攏了宗家內支持島津忠兼的家臣們。

天文五年（1536年），島津忠良、島津貴久父子對島津實久方發起反擊，他們先是奪回了伊集院城，而後又在天文七年時奪取了島津實久在薩摩國南部的據點加世田城。在此期間，島津忠良將薩摩國南部的宗家家臣團進行再編，將這些國眾編入了相州家的麾下。到了天文八年（1539年）時，島津忠良父子在谷山‧紫原戰役中大勝島津實久，相州家與薩州家之間的實力對比開始逆轉，部分國眾開始拋棄島津實久，轉投至相州家麾下。

大約在天文十一年（1542年）、十二年（1543年）左右，被島津忠良父子架空的島津忠兼逃出薩摩國，前往母親的娘家豐後國的大友家避難，占據島津家嫡流之位的島津奧州家實質上宣告滅亡。此後，相州家出身的島津貴久在父親的支持下繼承宗家，還在鹿兒島修築了內城作為宗家的新據點，除了薩州家以外，島津家的庶流以及家臣們紛紛承認島津貴久的宗家地位，島津家也開始走上了戰國大名之路。

西國篇

　　在島津忠良、島津貴久父子統一薩摩國的期間，島津貴久的四個兒子相繼出生：長子島津義久出生於天文二年，次子島津義弘出生於天文四年，三子島津歲久出生於天文六年，四子島津家久則出生於天文十六年。其中島津義久、島津義弘、島津歲久為同胞兄弟，島津家久則是他們的異母弟弟。不得不說，島津忠良、島津貴久的基因是真的好，島津四兄弟個頂個都是傑出的武士，據說島津忠良曾經這麼評價過自己的四個孫子：「島津義久具有三州總大將的才德，島津義弘驍勇雄武，島津歲久足智多謀，島津家久則擅長軍法與戰術。」

　　天文二十二年（1553年），薩州家的島津實久去世，島津貴久在薩摩國的地位已經無人能夠撼動。不過，島津家出任守護職的分國有薩摩國、大隅國、日向國三國，此時島津貴久手上僅剩下一個尚不完整的薩摩國，為了恢復島津家的舊領，島津貴久在次年對大隅國發起軍事行動。

　　島津貴久出兵的理由是島津家一方的加治木城遭到大隅國國眾蒲生家的攻擊。為了救援加治木城，島津軍使了一招圍魏救趙，直接出兵攻打蒲生家的另一處支城巖劍城，這一戰亦是島津義久、島津義弘、島津歲久三兄弟的初陣。雖然浦生家為首的敵人只是大隅國的部分國眾而已，但是島津家侵攻大隅國的戰爭卻進行得異常艱難，島津義弘、島津歲久均在戰爭中負傷，島津貴久本人也差點喪命。幸而持續了三年的戰爭之後，島津家相繼攻取了蒲生家的支城群，將蒲生家驅逐出了西大

隅，恢復了島津家在當地的統治。

永祿三年（1560年），這一年東海道尾張國的戰國大名織田信長在桶狹間討取了有著「東海道第一武士」之稱的今川義元，而島津家也在這一年陷入苦戰。此時島津家的庶流島津豐州家在日向國與新崛起的國眾伊東家對峙，伊東家背後有著大隅國的豪強肝付家的支持，實力非常強大，因而島津貴久派遣最善戰的次子島津義弘率軍前往日向國支援豐州家。次年，島津家在侵攻大隅國之際被肝付家擊敗，島津貴久的弟弟島津忠將戰死，為了挽回大隅國的敗局，島津貴久喚回了次子島津義弘，命其與三子島津歲久一同加入大隅國的戰爭中。在島津義弘、歲久兄弟的努力下，島津軍一舉攻陷了肝付氏的重要據點橫川城，扭轉了島津家在大隅國的敗勢。

永祿九年（1566年），島津貴久宣布隱居，將家督之位傳給兒子島津義久，隨後，島津義久便在弟弟們的支持下發起對日向國、薩摩國北部的戰爭。此時島津家在薩摩國北部的敵人是當地的國眾菱刈氏，菱刈氏有著肥後國相良家的支持，實力不容小覷，島津軍先是突然對菱刈氏的支城馬越城發起攻擊，隨後又以馬越城為據點，不斷地對菱刈氏的領地發起攻擊，終在永祿十二年（1569年）時攻陷菱刈氏的本城大口城，正式統一了薩摩國。

島津家的中興之主島津忠良在島津家統一薩摩國的前一年（永祿十一年）去世，前家督島津貴久則在元龜二年（1571年）

也病逝。趁著島津家的兩大支柱去世的機會，肝付家、伊東家組成聯軍，對島津家的地盤發起侵攻，首當其衝的，便是島津義弘的居城加久藤城。此時島津義弘並不在城內，守軍僅有五十人而已，按理來說兵微將寡的加久藤城幾乎是唾手可得。可是讓肝付家、伊東家沒想到的是，留守城池的島津義弘的老婆實窗夫人也是個猛人，在她的帶領下，伊東家派出的三千軍勢愣是沒能攻下城池，反倒在木崎原被趕回的島津義弘奇襲，自主將伊東加賀守（伊東家家督伊東義祐的弟弟）以下數百人戰死。

木崎原戰役以後，伊東、肝付聯軍士氣大跌，島津義久便趁機派出軍隊出兵大隅國，最終收服了大隅國的豪強肝付家。此後在天正五年（1577 年）時，伊東家家督伊東義祐也被逐出日向國，流亡豐後大友家，歷經島津忠良、島津貴久、島津義久三代人的努力，島津家才重新將薩摩國、大隅國與日向國掌握在自己手中。然而，在達成「三州統一」之後，一個遠遠比曾經的薩州家、肝付家、伊東家更加強大的對手，很快就出現在了島津家的面前，那麼島津四兄弟又會如何突破困局呢？

制霸九州島

在島津家統一薩摩、日向、大隅三國之時，九州島的北部有著一個強大的勢力，此即以豐後國為根據地的豐後大友氏。大友氏自鎌倉時代以來就扎根在九州島，到了戰國時代時，第

二十代家督大友義鑑取得了豐後、豐前、築後、肥後四國守護職，其子大友宗麟更是破天荒地取得了「九州探題」的職役，還收服了肥前國的龍造寺家勢力遍布北九州六國。

島津家在薩摩國掙扎時，大友家本來其實也想插一手的，可是這時候的大友家正忙於與西國地區的毛利家爭奪北九州霸權，因而沒有將主要的精力放在九州島南部和西部，這使得島津家、龍造寺家兩個家族得到了許多發展的空間。

永祿十二年（1569年），由於龍造寺家的獨立傾向越來越強，大友宗麟決定扶持龍造寺家的舊主少貳家回歸肥前國。另外一邊，龍造寺家家督龍造寺隆信很乾脆地掀起反旗，與毛利家結盟，一東一西夾擊大友家。次年（元龜元年），大友宗麟率領六萬大軍出陣肥前國，攻打龍造寺隆信的居城佐嘉城，雖然龍造寺隆信麾下僅有五千人，但是在其出色的指揮下，大友軍根本無法攻陷城池，最終考慮到毛利家威脅的大友宗麟不得不撤軍回國，實際上宣告大友家已經對龍造寺家的獨立無可奈何了。

在此期間，日向國的豪強伊東義祐被日益崛起的島津家給逐出了日向國，島津家的勢力離大友家的領地越來越近，統一三州的島津家也逐漸成為大友宗麟的頭號敵人。

天正六年（1578年）七月，伊東家舊臣長倉祐政等在日向國石城舉兵，隨後島津家派遣島津忠長、伊集院忠棟攻打石城。為了救援石城，大友宗麟召集了五萬軍勢，以擁戴伊東義祐返

回舊領為名發兵日向國。

另外一邊,島津義久也認識到這將是決定島津家命運的一戰,便也傾全領之力迎戰大友軍。九月十一日,島津義久親自從內城出陣,在兩日後進入日向國的野尻城,隨後向石城派遣援軍,石城守將長倉祐政在同月二十九日彈盡糧絕後開城投降。在此期間,大友軍已於九月二十六日渡過了耳川,於十月二十五日包圍了島津家的前線據點新納院高城。

由於大友軍的來襲,島津家領內許多對島津家面服心不服的國眾也紛紛起兵作亂,島津義久不得不派遣弟弟島津歲久、島津義弘分別進入大隅國、日向國。除此以外,島津義久派遣密探潛入新納院高城,向籠城的弟弟島津家久確認戰況。島津家久表示雖然新納院高城在短時間內不會落城,但是城內的火藥與食鹽等嚴重不足,希望能夠儘早決戰。

十一月十一日,島津軍的前鋒在島津義弘的率領下向大友軍的川原陣地進軍,島津軍先是攻陷了松山的大友軍陣地,見此狀況,川原陣地的大友軍主將便祕密與島津軍議和停戰,使得島津義弘得以在小丸川北岸、新納院高城城下著陣過夜。同日,島津義久率領的島津軍本隊也進入根白坂,準備接應島津義弘。

次日凌晨,大友軍突然對小丸川北岸的島津義弘軍發起攻擊,島津軍猝不及防瞬間戰死數員大將敗退至南岸,大友軍也緊隨其後渡過小丸川追擊島津軍。不過,大友軍輕敵冒進,

卻將屁股暴露給了北岸的新納院高城的守軍。很快的,島津義弘、島津歲久以及新納院高城的島津家久都加入了戰鬥,隨後根白坂的島津義久也率軍來援,大友軍在島津軍的強勁攻勢下敗退,許多人落入小丸川內溺死。在島津軍的追擊戰中,朝著耳川潰敗的大友軍戰死三千餘,大友家的許多重臣也都在這一戰中死去,使得元氣大傷的大友家從此開始走起了下坡路。

另外一邊,龍造寺隆信在耳川戰役的同一年統一了肥前國,趁著大友家與島津家交戰、無暇他顧的機會,龍造寺家在北九州大肆擴張。至天正八年為止,龍造寺家的勢力已經擴張至築前、築後、肥後、豐前等地,大友家的勢力大為衰退,九州島出現了大友家、龍造寺家、島津家三足鼎立的局面。

在龍造寺家向肥後國擴張的同時,島津家也在向同一地點擴張,隨著兩家的國境越來越近,龍造寺家與島津家之間的戰爭也無法避免。不過,島津家與龍造寺家的衝突卻並非發生在肥後國,而是發生在並不接壤、與薩摩國隔海相望的肥前國。

天正十二年(1584年),由於肥前國島原半島的豪強有馬家投入島津家麾下,龍造寺隆信親自率領大軍討伐有馬家,島津義久得知此事之後,也派遣弟弟島津家久率軍渡海前往肥前國支援。這一次「沖田畷戰役」與「耳川戰役」時相同,島津軍的兵力均處於劣勢,加上有馬軍一共只有七千人,而龍造寺隆信的軍勢則有五萬七千人,其中能夠投入戰鬥的戰鬥員有兩萬五千人(其餘為後勤)。大概是近幾年過於順風順水的緣故,龍

造寺隆信對島津軍有些輕視，沒把年輕的島津家久放在眼裡。

三月二十四日，龍造寺軍對島津軍發起攻擊，值得一提的是，龍造寺軍的前鋒是五百名鐵炮足輕，在五百支鐵炮齊射之後，持長槍的步卒便對島津軍陣地發起突擊，反觀島津軍這邊，島津軍的火器非常稀少，導致島津家久無法抵禦龍造寺軍的攻擊。在這樣危急的情況下，島津家久來到陣地前線鼓勵士兵們，表示背後就是大海，島津軍退無可退，要是不想去海底兩萬里的話，就以必死的決心與敵軍作戰，絕不給薩摩人丟臉。

儘管島津家久的演說激勵了士氣，但是人數過少的島津軍依舊在戰場上處於劣勢，在這個時候，龍造寺隆信卻給了島津軍一個機會——龍造寺軍的本陣太靠近前線了，而且龍造寺隆信是個大胖子，為了舒服一些，竟然下馬坐在轎子裡進軍。在島津家久的演說之後，島津軍的一名武將川上忠堅率領著麾下軍勢朝著龍造寺軍猛突，結果打著打著竟然鑽進了龍造寺隆信的本陣之中。和當年的今川義元一樣，龍造寺隆信還以為是本陣的小兵吵架，在轎子內大聲斥責士兵們，結果轎伕們被島津軍一陣亂衝四下逃散，丟下轎子裡的龍造寺隆信等死。

雖然現如今有龍造寺隆信的辭世句「紅爐上的一點雪」流傳，但是實際上龍造寺隆信在死前並沒有這麼禪意，而是在唸叨了幾句「南無阿彌陀佛」後被川上忠堅殺死。龍造寺隆信死後，稱霸西九州不過數年的龍造寺家盛極而衰，龍造寺隆信之子龍造寺政家資質平平，不敢與島津家對抗，便向島津家投降。

由於龍造寺家臣服，原本屬於龍造寺家的地盤全部被島津家占領，島津義久派遣島津軍兵分兩路，一路由日向國侵入大友家的根據地豐後國，另一路則由肥後國、肥前國、築前國、築後國迂迴包抄，試圖統一九州島。好在大友家的雄主大友宗麟尚在人世，他一邊親自防守日向國與豐後國的邊境，一邊派遣重臣立花道雪侵入築後國，向島津軍發起反擊，在立花道雪的凌厲攻勢下，大友家一時間奪回了戰場的主動權。然而，天正十三年（1585年）九月，倍受大友宗麟器重的立花道雪病逝，島津軍趁機重新對大友家發起攻擊，不過在立花道雪的婿養子立花宗茂以及立花宗茂的親爹高橋紹運的努力下，大友家暫時阻擋住了島津軍的攻擊。

只是，明眼人都能看出，此時的大友家已經無力抵抗島津家的攻擊了，為了挽救大友家，大友宗麟不得不在天正十四年（1586年）時親自上洛，覲見稱霸京畿的羽柴秀吉，向其邀請援軍。

九州征伐

島津家雖然地處偏遠的薩摩國，但是作為一方霸主，島津家也和戰國時代的其他家族一樣，時時刻刻關注著京畿的局勢，並且對新晉崛起的織田信長、羽柴秀吉有著一定的認識。

早在天正九年（1581年）時，織田家尚且與毛利家處於戰爭狀態之下。當時經歷耳川戰役的慘敗後，豐後的大友家已經早

西國篇

早地做了織田信長的舔狗,所以在大友宗麟的請求下,織田信長寫信給島津義久,表示織田家將在來年征討毛利家,命令島津家立即與大友家停戰,到時組成聯軍配合織田家,從西部侵入毛利家的領地。

島津義久也算是比較識趣,他在回信中不僅滿口答應了信長的要求,還尊敬地稱呼織田信長為「上樣」,以示島津家的臣服之意。可是,次年的本能寺之變,卻讓島津家的外交政策發生了巨大轉變,和北條家一樣,島津家認為失去織田信長、織田信忠父子的織田家已經四分五裂,因而又繼續了原先預定的統一九州島的計畫。

在此期間,織田信長的家臣羽柴秀吉成為了信長的繼承者,他在內鬥中相繼擊敗了柴田勝家、織田信雄、德川家康等織田家的殘黨,開創了一個全新的「武家關白」政權,也就是羽柴政權。在天正十三年(1585年)時,羽柴秀吉一邊與德川家康對戰,一邊派遣弟弟羽柴秀長、外甥羽柴秀次率領偏師征討四國的長宗我部元親。當時長宗我部元親已經幾乎統一了四國島,但是這位四國霸主,在羽柴軍風捲殘雲般的侵攻下也僅僅堅挺了一個月而已,最終以保有土佐國一國為條件臣服於羽柴家。

對羽柴秀吉來說,島津家只不過是另一個長宗我部家而已。所以在天正十四年(1586年)陷入窘境的大友宗麟上洛請求秀吉派出援軍時,秀吉非常自信地告訴大友宗麟,自己已經向

島津家下達了「總無事令」的命令，請大友家放心。

島津家的家臣們非常瞧不起秀吉，當初的織田信長好歹自稱是平家小松殿平重盛的後裔，可是現在的羽柴秀吉不過是一個地位低下的平民出身的傢伙，這樣的人能夠竊據關白之位純粹就是暴發戶而已，長久不了。不過，島津義久作為島津家的家督，對當下的局勢卻有著相當冷靜與準確的判斷，但是他依舊決定，要延續島津家統一九州的既定策略。這並不是島津家不自量力，而是島津義久想透過統一九州島來給羽柴秀吉施加壓力，為將來島津家與羽柴家和談時增加籌碼，不至於像長宗我部元親那樣被揍回只剩土佐一國。

於是，在大友宗麟上洛的同年七月，島津家無視了羽柴秀吉的停戰命令，分別對築前國、豐後國發起攻擊。阻擋在島津家面前的，是大友家重臣高橋紹運防守的岩屋城。

七月十四日，人數約達到五萬人的島津軍包圍了岩屋城，此時城內的守軍僅有八百人。二十三日，島津軍逮捕了一名試圖潛入岩屋城的密探，從中搜出了毛利家給高橋紹運的書信，毛利家在信中表示毛利軍不日就將渡過海峽馳援大友家，希望高橋紹運能夠固守待援。這封書信讓島津軍意識到羽柴秀吉派出的軍勢已經離九州不遠了，因而島津義久最終決定強攻岩屋城，在羽柴軍到來以前奪下此城。

守將高橋紹運早已做好戰死的準備，在島津軍包圍岩屋城之前，高橋紹運就給防禦第二道防線立花城的兒子立花宗茂送

去書信，表示岩屋城最少也能抗住島津軍十幾天。待岩屋城陷落後，希望立花宗茂防禦的立花城也能夠堅持二十天，守住豐後國的大門，守住大友家最後的希望，等待羽柴秀吉的援軍。因為高橋紹運的決心，許多本在後方的大友家武士主動要求進入岩屋城協防，極大地刺激了城內守軍的士氣。在這樣的情況下，島津軍決定強攻岩屋城，自然是沒有什麼好果子吃的。

七月二十七日，經過數日強攻後島津軍終於攻陷了岩屋城的本丸，高橋紹運也在抵抗一番之後，退入了本丸的櫓中自盡。但是為了攻取岩屋城，島津軍付出了傷亡四千五百人的代價，也正是因為高橋紹運的堅守，島津軍最終放棄了一口氣征服豐後國的計畫。

不過，此時的大友家在島津家的侵攻下，僅剩下有毛利軍支援的築前國北部以及圍繞本城府內館的豐後國的一小部分，九州島其餘的地盤以及豐後國大部都已經落入了島津家的手中，眼瞅著是活不到新年了。為了救援大友家，羽柴秀吉派遣長宗我部元親、十河存保等四國大名率軍出陣，以家臣仙石秀久為軍監，組成了一支約六千人的羽柴軍在九月十二日登陸豐後國，進入府內館防禦。不過，此時防守府內館的大友家家督大友義統是個無能之輩，十河存保出身的阿波三好家與土佐長宗我部家又長年是敵對關係，面和心不和，再加上軍監仙石秀久是個小肚雞腸的鐵廢物，最終導致羽柴軍在九州的初戰失利。

十二月七日，島津家久率軍包圍了大友家的鶴賀城，對此

仙石秀久表示應該立即出陣迎戰，救援鶴賀城，但是長宗我部元親卻認為應該遵守羽柴秀吉的命令，堅守府內館等待援軍。可是，仙石秀久的身分是秀吉派來的軍監，通俗點說就是欽差，其說話的重量也比長宗我部家這樣的外樣大名要重許多，所以在仙石秀久的堅持下，長宗我部元親只好率軍出陣。

十二月十一日，羽柴軍抵達戶次川西部的鏡城，得知羽柴軍出陣的島津家久立即撤除了對鶴賀城的包圍，退至南面的坂原山布陣。見島津軍後撤，仙石秀久顯得非常不屑，表示敵人的舉動已經表明了他們懼怕羽柴軍的威名，準備渡河作戰。而長宗我部元親則再一次跳出來表示反對，認為應該先等待其餘援軍到達後再與島津軍交戰。

長宗我部元親的保守觀點，讓仙石秀久覺得此人也是個廢物，難怪在四國島只堅持了一個月，所以在十二月十二日凌晨時，仙石秀久沒有通知元親，擅自率軍渡過了戶次川。長宗我部元親得知仙石秀久出兵以後大怒不已，但是又有些無可奈何，若眼睜睜地看著欽差大人去送死什麼也不做的話，將來必然會被羽柴秀吉追責。因此，長宗我部元親也只好率領長宗我部軍渡河追趕仙石秀久的部隊。

到了這天的傍晚時分，仙石秀久的軍勢突然遭遇了島津軍的反撲，仙石軍幾乎是一觸即潰，仙石秀久見狀一邊大喊羽柴軍永不團滅一邊立即拋下軍隊騎著馬就逃走了。長宗我部元親在一番激戰之後也率軍退卻，但是其子長宗我部信親和十河存

保則沒有這麼幸運了，二人在島津軍的重重包圍下戰至了最後一兵一卒，全員玉碎。此後，鶴賀城也落入了島津軍的手中。

「鬼石曼子」的誕生

戶次川戰役之後，島津家取得大勝，使得大友家被迫放棄了根據地府內館。另外一方面，羽柴秀吉得知派往豐後國的羽柴軍戰敗以後，立即決定投入更大規模的軍勢出陣九州。

三月時，羽柴軍的前鋒羽柴秀長登陸豐前國。羽柴秀長與仙石秀久不同，他早年和哥哥一樣侍奉織田信長，參加過許多戰役，作戰經驗和能力在羽柴家內均算得上是高手，島津家自知不敵秀長，便決定暫且撤出北九州。在島津軍撤退之際，許多降服的北九州國眾也紛紛起兵響應羽柴家，例如前兩年臣服的龍造寺政家，此時就與羽柴家內通，派兵追擊島津軍。

三月末，兵力達十萬人的羽柴秀長橫掃北九州，隨後進軍日向國，其軍勢後還有羽柴秀吉的本隊，總數共十八萬人。四月十七日，不甘心被羽柴軍追擊的島津義弘、島津家久等人率軍在日向國的根白坂阻擊羽柴軍，島津軍憑藉著數千挺鐵炮死守陣地，但是由於羽柴軍人數優勢過大，島津軍最終還是損失慘重，被迫撤退。

島津家的家督島津義久算是見識到地方霸主與天下人的實力差距了，他派遣筆頭家老伊集院忠棟前往羽柴秀長陣中洽談投降，隨後又在五月三日親自覲見秀吉表示臣服。在遞交人質

之後，羽柴秀吉表示會安堵島津家薩摩一國的領地。

不過，島津義久投降之後，島津家的根據地薩摩、日向、大隅還有許多國眾籠城死守，島津義弘、島津歲久、島津家久也都在自己的居城籠城。島津兄弟此舉並非是想違抗到底，而是希望透過抵抗的方式，來讓秀吉做出更多的讓步。秀吉原本想將大隅國賜給失去兒子的長宗我部元親，將日向國賜給大友宗麟，然而恰好在五月二十三日時大友宗麟病逝，於是秀吉便決定改變原定計劃，將大隅國賜給島津義弘，次年秀吉又將日向國賜給義弘，基本上恢復了島津家對三國的統治。

令人意外的是，島津四兄弟的四分五裂，正是從臣服羽柴家開始。六月五日，島津家久在居城佐土原城突然死去，通說中都說島津家久是在五月末與羽柴秀長一同前往野尻城時，被羽柴秀長毒殺，然而實際上根據當時的書信來看，島津家久在前往野尻城以前就已經病重，返回了佐土原城。不過，當時的日本各處都流傳著羽柴秀長畏懼島津家久的能力而將其毒殺的傳言，連傳教士路易士以及明朝人都聽聞過此事，所以這件事未必就是空穴來風。

天正二十年（1592年），在羽柴秀吉派出軍隊侵略朝鮮之際，島津家爆發了反抗出兵他國的「梅北一揆」，這次一揆雖然迅速就被鎮壓，但是由於島津歲久的一些家臣加入了一揆眾中，導致羽柴秀吉最終下令處死島津歲久。在島津四兄弟之中，島津義久與島津歲久的關係最為要好，島津歲久不願意讓

哥哥觸怒秀吉，便在託付後事之後自盡而死。

除了島津家久、島津歲久的不得善終外，僅存的島津義久、島津義弘兄弟也因為對羽柴家的態度不同，關係變得微妙起來。島津義久看不慣島津義弘在臣服羽柴家後變成秀吉的舔狗，而島津義弘則認為自己不斷地舔秀吉，率領超出此時島津家能夠承擔軍役人數以上的軍隊出征朝鮮，這是在強化島津家在羽柴家的大名地位。因為這個緣故，島津義久開始疏遠在統一九州時被確立為家督繼承人的島津義弘，表示會越過弟弟將家督之位傳給姪子島津久保（島津義弘長子），不過由於久保在出兵朝鮮途中病死，島津義久最終將家督傳給了島津義弘的次子島津忠恆。而島津義弘直到在哥哥死後五年，才敢偷偷以島津家十七代家督自居，這也是為什麼如今的島津家系圖都會將島津義弘當做家督的緣故，當然這些都是後話。

天正二十年（1592年，文祿元年），島津義弘率軍出陣朝鮮，由於經歷九州征伐以後島津家財政陷入困境，根本無力支持這樣大規模的軍事行動，導致島津義弘籌備齊兵糧和人馬以後在五月三日時才在釜山登陸。此時的小西行長、加藤清正等人早已一路勢如破竹，攻陷了朝鮮的首都漢城，因而島津義弘的這次出陣也被恥笑為「日本第一遲陣」。諷刺的是，在這次被稱為文祿之役與慶長之役的侵略戰爭中，原本想在秀吉表現一番的島津義弘，直到秀吉死後方才得到表現的機會。

慶長三年（1598年）八月，一意孤行侵略朝鮮的羽柴秀吉終

於病逝。在羽柴秀吉死前日軍已經陷入了戰爭的泥潭之中，大名們普遍產生了厭戰的情緒，但是秀吉卻堅持要在朝鮮作戰，甚至準備在次年還要大舉增兵朝鮮。想必秀吉留下的後手，便是德川家康、前田利家等尚未踏足朝鮮的大名了，好在這一切都隨著秀吉的病逝而沒有發生。在秀吉去世的同月，明朝、朝鮮在漢城集結了超過十萬人的大軍，準備對當時負隅頑抗的日軍發起總攻，將他們趕下海去，聯軍的攻擊目標之一，便有島津義弘防守的泗川新城。

泗川位於朝鮮半島南岸，朝鮮原本在此處就有一座泗川城，但是島津義弘為了強化防禦，在泗川城附近修築了一座日式城堡，因而朝鮮的泗川城被稱為泗川舊城，日本新修的則被稱為泗川新城。

八月二十五日，德川家康等人派出使者通知在朝大名撤軍，不過使者隱瞞了秀吉已死的消息，只是提到秀吉病重，急招大名們回國。聯軍方面也洞察到了日軍的動向，於是在九月十八日時，聯軍中路軍在明朝大將董一元的率領下占領了被島津家放棄的晉州城，而後又繼續朝著泗川進軍。為了對抗來襲的聯軍，島津義弘決定集結僅有的兵力死守泗川新城。

此時的島津軍尚未集結，若董一元大膽率軍進軍的話，或許能夠取得前所未有的戰果也說不定。然而董一元卻沒有名將的魄力，他時刻擔心著其他幾路聯軍會被日軍擊敗，因而故意慢吞吞進軍，直到九月二十九日才抵達泗川舊城，給島津軍留

下了充足的集結時間。不僅如此，人數達三萬餘的聯軍在攻打僅有數百人防守的泗川舊城時竟然被島津軍給打得十分狼狽，連參將李寧、游擊盧德功都在攻城時中彈而死，最終還讓守將川上忠實逃出生天。

不過，雖然聯軍遇上了點小挫折，但是聯軍還是靠著人數優勢奪取了泗川舊城，於十月一日包圍了島津義弘防守的泗川新城。泗川新城內的島津義弘麾下的軍勢僅有七千人左右，此時日本在朝鮮南部的諸城也都遭到了聯軍的攻擊，無力分兵前來救援，島津義弘的泗川新城已是一座孤城。

面對這樣的局勢，聯軍也不著急攻城，而是拉來了許多大砲，對著泗川新城一陣猛轟，島津軍雖然有許多鐵炮，但是射程和大砲相差甚遠，也只能龜縮在城內捱揍。就在這個時候，泗川新城下的聯軍陣地卻突然發生了聚變——聯軍的砲兵陣地突然炸了。根據朝鮮方面的記載，聯軍的砲兵陣地之所以爆炸，是因為島津家派出死士冒死潛入陣中引起的，但是島津義弘這麼大的功績在日本方面卻不見於記載，因而所謂遇襲爆炸，應該只是聯軍的託辭而已。

總之，聯軍的砲兵意外地在前線陣地引發了連環爆炸事故，而後方聯軍部隊不明就裡，以為是島津家拿出了大規模殺傷性武器，嚇得立刻拋棄了前軍後撤。前軍感到背後涼颼颼的，一見後軍消失，便也糊里糊塗地跟著逃了起來，原本占盡優勢的聯軍瞬間成為了潰軍。

島津軍見到城下的聯軍突然開始逃跑以後，便也立即出城追擊，取得了日本方面聲稱的「泗川大捷」。這一仗明、朝聯軍輸得莫名其妙，島津義弘也贏得莫名其妙，戰後島津家的首實檢更是出現了殺敵三萬餘的記錄。不過，根據朝鮮方面的記載，明軍在泗川之戰中陣亡人數大約為七千餘，加上朝鮮軍的死亡人數，也達不到三萬這個數字。至於島津軍的士兵們為什麼會取得這麼多的首級，只能說是苦了朝鮮的老百姓們了，在聯軍逃跑以後，那些幫助過聯軍的朝鮮村落、城鎮都遭到了日軍的屠殺報復，這些平民百姓的首級也都被士兵們當做是「敵軍首級」給送到陣中。

島津家與關原戰役

慶長三年（1598 年）十一月十七日，為了救援被明軍圍困的小西行長，島津義弘、立花宗茂等突圍成功的日軍將領決定重返順天城。次日未明，日軍與明朝、朝鮮水軍相遇，兩軍隨即展開激戰，日軍的驍勇善戰超出了明‧朝聯軍的意料，最終這次「露梁海戰」以日軍的勝利而告終。

在三國的史料中，對「露梁海戰」的記載爭議頗多，例如朝鮮方記載俘虜日軍戰船百餘艘，摧毀兩百艘，斬獲日軍首級五百餘，俘虜一百八十餘，溺死者無數，而日本方面的記載中，作為主力作戰的島津家戰死人數不過數十人而已。從我個人的角度出發，我認為日方的記載應當是較明朝、朝鮮方的記

西國篇

載可信的,因為在「露梁海戰」中,日軍將領無一陣亡,而明‧朝聯軍卻戰死了明軍副將鄧子龍、朝鮮軍主將李舜臣這樣的大將,連主帥陳璘都一度陷入日軍的包圍之中。

若不論傷亡,只談勝敗的話,有些人認為日軍落荒而逃,所以應當是明‧朝方面取得勝利,這實際上也是不對的。島津義弘、立花宗茂等人在「露梁海戰」時的作戰目標本來就是營救小西行長撤退,而不是與明‧朝聯軍對戰,所以從結果來看,明‧朝聯軍沒能成功阻止日軍撤軍,而日軍卻順利救出了被困的小西行長,因此此戰應當是日軍獲勝。承認失敗並沒有什麼可恥的,從中吸取經驗教訓才是關鍵。

說回島津家這邊,從朝鮮戰場回國之後的島津家並不太平。慶長四年(1599年)三月九日,島津義弘之子島津忠恆(家督)將筆頭家老伊集院忠棟招致伏見城內的島津家府邸內,隨後將其殺害。伊集院忠棟是島津家統一九州時就非常活躍的家臣,在九州征伐以後又親自上洛面見羽柴秀吉,為島津家的存續立下了很大的功勞。島津忠恆殺害伊集院忠棟的原因不明,大概是因為島津忠恆在朝鮮時後勤不濟,因而認為伊集院忠棟沒有盡心盡力的原因吧。伊集院忠棟死後,伊集院忠棟的嫡子伊集院忠真在領地內掀起叛亂,島津忠恆也獲得許可返回九州鎮壓內亂,這場「莊內之亂」最終在德川家康的介入下以和談而告終。

慶長五年(1600年),島津家再一次遇上了難題。由於在羽

柴秀吉死後，德川家康在羽柴政權內獨斷專行，政治野心展露無疑，引起了其他大名的反撲。羽柴政權中的「五大老」（正式稱謂應為「五奉行」，被慣稱為「五奉行」的石田三成等人的正式稱謂實為「五年寄」）之一上杉景勝自前一年返回會津領地後，便在領內加固城池、招兵買馬，同時還拒絕了德川家康提出的上洛要求。為此，德川家康最終以羽柴政權為大義名分，召集了大名們組成聯軍，準備出征會津討伐上杉家。

六月十六日，德川家康率領聯軍從大坂城出發，為了守備空虛的後方，德川家康邀請島津義弘率軍進入伏見城協防。在德川家康東進以後，毛利輝元、石田三成等人突然舉兵，宣布了德川家康的罪行，決定天下大勢的關原戰役爆發。

根據通說，由於石田三成等人的動向不穩，因此在島津義弘請求進入伏見城時被守將鳥居元忠拒絕，導致島津義弘一怒之下加入了毛利輝元為首的西軍，實際上這件事很可能並非如此。江戶時代島津家自言石田三成在七月二日至十七日曾多次派遣使者勸誘島津義弘加入西軍，但是都被島津義弘給拒絕。然而，事實上島津義弘在七月十四日就曾派遣使者返回薩摩，表示京畿局勢混亂請求援軍，甚至還與上杉景勝互通書信，從島津義弘的表現來看，他一點也不像是被迫加入西軍的。

實際上，我們現在之所以會誤以為島津義弘被迫加入西軍，其實都是被影視劇與遊戲這些藝術作品給誤導的。在這些藝術作品之中，西軍主導者這個位置經常落到了石田三成的手

西國篇

中,所以讓我們產生了錯覺。實際上,關原戰役時西軍的主將乃是毛利輝元而不是石田三成,島津家與毛利家在戰國時代本來就是共同對付大友家的盟友,因此島津義弘加入毛利家的一方也不是什麼奇怪的事情。令島津義弘沒有想到的是,西軍與東軍的戰爭,僅僅在一天之內便在美濃國的關原決出了勝負。

現如今對關原戰役過程的記載大都出自後世的創作,現如今我們看到的關原戰役布陣圖也是後世人們在軍記物基礎上想像繪製的,更別提那個非常有名的德國教官斷言「西軍必勝」的逸話了。那麼,真實的關原戰役究竟如何呢?

根據吉川廣家的回憶,九月十四日夜裡,石田三成得知德川家康率領的東軍已經抵達距離大垣城不遠處的岡山後,擔心大谷吉繼的安危,便決定趁著夜色向關原轉進。實際上,除了擔心大谷吉繼外,當時小早川秀秋的動向不明也是促使石田三成離開大垣城的契機之一,此外大垣城作為一座小城,難以容納過多軍勢,並不利於西軍防禦。也就是說,關原並非像小說和電視劇中那樣是石田三成事先找好的決戰戰場,石田三成率軍前往關原實則是多方因素導致的無奈之舉。

島津義弘也隨著西軍大名們一同朝著關原進軍,由於兵力不多,島津義弘的布陣位置實則距離戰場較遠。與通說中激戰了數個小時不同,歷史上的關原戰役其實在開戰時刻就已經決定了勝負。根據島津家家臣的回憶,當西軍的大谷吉繼與東軍接戰以後,布陣位置位於大谷軍後方的小早川秀秋、脅坂安治

等人便立即倒戈加入了東軍，將孤軍深入的大谷吉繼圍殲（並未發生德川家康炮擊小早川秀秋之事），此時的宇喜多軍也遭遇了東軍福島正則部的攻擊，而石田三成則尚未做好迎戰準備。

從上述的過程來看，關原戰役其實並不是一場正面交戰的戰鬥，而是一場猝不及防的遭遇戰。西軍為了救援身處關原的大谷吉繼被迫朝著關原進軍，結果在尚未做好迎戰準備時便遭到了東軍的襲擊，大谷吉繼部在東軍的夾擊之下全軍覆沒。隨著大谷吉繼的戰死，東軍便朝著石田三成猛撲過來，石田軍無力抵擋東軍的進攻，只能向後方的島津軍陣地潰退。

在此期間還發生過一個小插曲，當石田軍遭到東軍攻擊以後，石田三成派遣使者八十島助左衛門來到島津豐久陣中求援。與通說中不同，島津豐久軍與島津義弘軍並不像電視劇中那樣在一起，而是分開的兩支部隊，石田三成求援的對象其實是島津豐久，而不是島津義弘。由於八十島助左衛門在豐久陣中未下馬行禮，而是直接在馬上向島津豐久傳令的緣故，讓島津軍感覺自己受到了侮辱而產生了衝突。此後，石田三成親自來到島津豐久陣中，請求島津軍進軍，但是島津豐久卻拒絕了石田三成的請求。

島津豐久為何在西軍受到攻擊時拒絕進軍呢？這恐怕也是因為關原戰役是一場遭遇戰的緣故吧。身為主將的毛利輝元並不在戰場，西軍進軍關原時又來去匆匆，沒有事先商議，再加上石田三成在西軍內部並無指揮島津軍的許可權，島津軍若

就這樣被石田三成肆意使喚的話，對島津家來說是一種莫大的侮辱。

石田三成離開後不久，石田軍便全線潰敗，朝著島津豐久、島津義弘的陣中潰逃。此時的島津義弘還在陣中搖著扇子，連鎧甲都沒來得及穿上，得知石田軍竟然在這麼短的時間內潰敗後也是一臉懵逼。為了防止己方軍勢被敗軍影響，島津義弘下令對島津軍陣前出現的軍勢進行無差別射殺。

當東軍殺近時，島津豐久下令主動出擊，與東軍交戰直至戰死，島津義弘則認為直接西逃遲早會被追上，便決定趁亂朝著伊勢國撤退。島津軍撤退沿途不斷地與東軍相遇，人數稀少的島津軍並未像電視劇中那樣一路衝到德川家康的本陣前，而是在幾波衝擊之後，以犧牲部分軍勢為代價掩護島津義弘逃亡。

從關原返回薩摩國後，德川家康一度想要討伐島津家。但是由於剛剛經歷關原戰役這樣的大戰，為了穩定日本的局勢，再加上多方勢力的斡旋，政治重心擺在取代羽柴家的德川家康最終決定赦免島津家，島津家也得意在此後成為江戶幕府的藩主，一直存續到幕末為止。

後記

　　寫完尼子家的故事，這本書就算是完稿了，由於篇幅所限，一些比較有名的家族例如今川家、大內家、龍造寺家等等都沒有進行單獨創作，而是融入到了其他家族的故事之中。

　　關於日本戰國時代的故事與爭議一直很大，爭議最多的，恐怕就是日本戰國時代的「村戰」說了。實際上，若從參戰人數來看，日本戰國時代的戰爭參戰人數在同時代世界史範圍內並不算少，單純以人數多寡判斷其為「村戰」實在有失公允。此外，一些人會以「日本戰國早期勢力多參戰人數少，後期勢力少參戰人數多」來反駁「村戰」說，這也有些矯枉過正。「日本戰國」與「春秋戰國」是完全不一樣的，即便是日本戰國時代早期，坐擁數個令制國的守護大名也比比皆是。更何況，戰爭從來都是政治的附屬品，日本戰國時代除了精采的戰役以外，還有許多「合縱連橫」的政治、外交鬥爭，這才是日本戰國時代被稱為「戰國」的原因。

　　本書完全摒棄了通說，大多採用了日本歷史學界最新的研究成果，描繪出一段更加殘酷、真實的日本戰國歷史。有些顛覆性的內容可能會讓人難以接受，例如尊王禮佛的織田信長、脾氣火爆的德川家康、戰鬥力十分有限的真田信繁等等。去除

後記

了那些神仙濾鏡,這些日本戰國時代的武將們是不是變得更加真實、更加像一個「人」了?

早年間曾對好友誇下海口,說自己要「寫一本與市面上完全不同的日本戰國史」,如今也算是磨磨蹭蹭地兌現諾言了。在創作本書期間,受到了多位好友提供的幫助與支持,這才促使我堅持創作完成本書,在此再次向我的好友們表示感謝,也十分感謝眾多讀者的支持。

北條早苗

國家圖書館出版品預行編目資料

日本東西大名決戰：戰國末期武士家族的權謀、背叛與最後一戰 / 北條早苗 著 . -- 第一版 . -- 臺北市：複刻文化事業有限公司, 2025.03
面；　公分
POD 版
ISBN 978-626-7671-82-5(平裝)
1.CST: 家族史 2.CST: 戰國時代 3.CST: 日本
783.17　　　　114002906

日本東西大名決戰：戰國末期武士家族的權謀、背叛與最後一戰

作　　者：北條早苗
發 行 人：黃振庭
出 版 者：複刻文化事業有限公司
發 行 者：崧燁文化事業有限公司
E - m a i l：sonbookservice@gmail.com
粉 絲 頁：https://www.facebook.com/sonbookss/
網　　址：https://sonbook.net/
地　　址：台北市中正區重慶南路一段 61 號 8 樓
8F., No.61, Sec. 1, Chongqing S. Rd., Zhongzheng Dist., Taipei City 100, Taiwan
電　　話：(02) 2370-3310　傳　　真：(02) 2388-1990
印　　刷：京峯數位服務有限公司
律師顧問：廣華律師事務所 張珮琦律師

-版權聲明-

本書版權為淞博數字科技所有授權複刻文化事業有限公司獨家發行電子書及繁體書繁體字版。若有其他相關權利及授權需求請與本公司聯繫。
未經書面許可，不可複製、發行。

定　　價：550 元
發行日期：2025 年 03 月第一版
◎本書以 POD 印製
Design Assets from Freepik.com